수퍼맘 박현영의
하루 15분
영어책 읽기의 기적

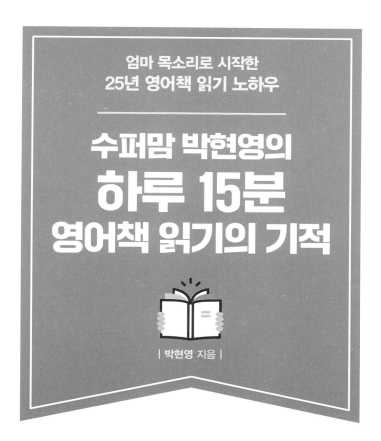

엄마 목소리로 시작한
25년 영어책 읽기 노하우

수퍼맘 박현영의
하루 15분
영어책 읽기의 기적

| 박현영 지음 |

테라코타

이 책이 엄마 목소리로 시작하여
영어책 읽기를 아이와 함께하는 출발점이 된다면
얼마나 멋진 일이겠는가.

엄마는 아이의 최고 리딩 파트너

나는 1990년대 국내 1세대 스타 영어 강사로 이름을 알렸고 동시통역사, 라디오 DJ, 외국어 전문 MC 등으로 활동해 왔다. 2009년 스토리온(Story On)의 리얼리티 프로그램 〈수퍼맘〉을 통해 똑 부러진 자녀 교육법을 선보이면서 딸 현진이가 영어는 물론이고 일본어와 중국어까지 능숙하게 구사해 외국어계의 '엄친딸'이라는 별명까지 얻으며 주목받았다. 그래서 "영어 강사이니 현진이 영어 교육은 거저 하셨겠어요"라는 말을 하는 사람이 많았다.

내가 영어 강사이고 현진이가 외국어 천재니까 '척하면 착, 쿵하면 짝' 이렇게 술술 영어 공부가 풀렸으면 얼마나 좋았겠는가. 수십 년간 영어 강사로 일해 온 나에게도 딸 현진이 영어 교육은 정말 길고 힘든 여정이었다. 나는 '쿵' 하는데, 현진이는 '짝' 하고 장단 맞춰 줄 때보다 '쾅'할 때가 많았다. 내 배 속에서 나온 아이인데 척척 장단 맞추기가 이렇게 어렵다니…. 가슴에서 쿵쾅 소리를 내며 천둥과 번개가 칠 때도 한두 번이 아니었다. 그래서일까. 에너지 넘치기로는 어디서 뒤지지 않는 나지만 현진이 영어 공부를 시키면서는 지치고 힘 빠질 때가 많았다.

현진이의 영어 교육을 시작할 때도 그렇고, 지금도 나는 워킹맘이다. 현진이가 한창 엄마표 영어책 읽기를 시작했을 때 방송, 라디오, 통역 일이 쏟아지면서 자정이 다 돼서야 귀가했다. 몸은 이미 녹초였고 책 한 권 읽기는커녕 내 몸을 가눌 힘도 없었다. 그래도 늘 미안한 마음이 들어 열정을 쏟아 하루 15분씩 영어책을 목이 터지도록 읽어 줬다. 당시만 해도 인터넷을 통해 교육 정보를 얻기 쉽지 않을 때라 정보가 부족했지만, 다양한 자녀교육서도 사서 보고 해외 영어 교육 정보들을 모으면서 박현영만의 스타일로 현진이에게 영어를 가르쳤다. '영어라면 내가 전문가'라는 자신도 있었다.

그런데 내가 그렇게 '쿵쿵쿵' 할 때 현진이가 늘 '짝짝짝' 하고 받아 주는 게 아니었다. 집중해서 듣는 날도 있고 딴짓하는 날도 있었다. 그러다 큰 충격을 받은 일이 있었다.

일찍 퇴근해 집에 온 어느 날, 현진이가 할머니와 깔깔 대면서 신나게 한글책을 읽고 대화를 나누고 있는 게 아닌가. 반응이 폭발적일 뿐 아니라 할머니에게 "너무 재밌어요. 할머니. 또 다른 얘기 해 주세요"라면서 조르고 있었다. 할머니가 "떡 하나 주면 안 잡아먹지"라고 하니까 현진이는 집이 떠나갈 정도로 신이 나서 "떡 다 드세요.

아이가 묵묵히 듣기만 할 때

서로 티키타카 하며 책 읽기를 할 때

배 터지게 드세요"라면서 장단을 맞추는 것이었다.

충격도 충격이지만, 동시에 서운한 감정도 생겼다. 엄마가 영어 동화책을 읽어 줄 때보다 할머니 얘기에 수천 배 더 크게 반응하다 니…. 허탈하기까지 했다. 서운하다고 현진이 영어책 읽기를 포기할 순 없었다. 나는 엄마가 아니던가.

그날 밤 곰곰이 나의 영어책 읽기를 뒤돌아봤다. 생각해 보니 나 혼자 신나서 읽어 줄 때가 많았다. 청자를 생각하지 않고 일방적으로 '쿵쿵'만 하고 있었던 것이다. 내가 흥이 나는 영어책 읽기가 아니라 현진이가 재미있어 하는 영어책 읽기를 해야 했는데 그걸 놓친 거다.

그날부터 어떻게 읽었을 때 현진이 반응이 좋았고, 웃음이 터졌는지 살피기 시작했다. 지금까지 참고했던 영어책 읽기 지침서 내용은 싹 잊고 현진이를 위한 책 읽기를 시작하게 된 것이다. 들려주기 위한 읽기가 아니라 우리 아이의 영어 말문이 터지고, 눈이 뜨이는 엄마표 영어를 위해 어떻게 해야 할지 본격 연구했다.

이 책에는 현진이를 키우면서 내가 직접 경험한 기술과 시행착오, 그리고 성공 비결을 그야말로 알차게 담았다. 아이와 같이 뒹굴면서 영어책을 읽어 줄 시간은 항상 부족했지만 단 한 권을 읽어 주더라도 온몸을 던져가면서 그야말로 모든 힘을 다해 목이 터지게 읽어 줬다.

《알리바바와 40인의 도적》을 읽어 줄 때는 이 책에 나온 단 하나의 골든 센텐스(Golden Sentence, 황금 문장) "Open Sesame"를 익히게 할 목표로 온 집 안의 문이 부서지도록 수백 번을 여닫았다. 우렁찬 목소리로 손짓과 발짓을 다해 가면서 온갖 과장 연기로 하나의 문장을 반복해 나가던 어느 날, 두 살짜리 현진이가 방문을 열면서 드디어 입을 뗐다.

내가 "Open(열려라)!"이라고 외치자 현진이 입에서 드디어

"Sesame(참깨)!"라는 말이 나오는 게 아닌가. 별거 아닐 수도 있지만 나와 현진이의 아웃풋 장단이 착착 맞아떨어지는 잊지 못할 순간이었다. 너무 신나서 손뼉을 치며 속으로 생각했다. '바로 이거다! 이렇게만 하자'라고. 엄마와 아이가 함께하는 '영어책 읽기의 기적'이 시작되는 순간이었다.

현진이가 SBS 〈스타주니어쇼 붕어빵〉에 나왔던 귀여운 모습을 기억하는 분들이 많을 텐데, 2024년 6월 프랑스 파리 소르본대학교를 졸업했다. 현진이는 응용언어학과에서 영어-스페인어-프랑스어 3개 국어의 언어 상관관계 및 동시 통번역학을 공부했다. 현진이의 엄청난 독서량 덕분에 재학 당시 치른 영어시험에서 20점 만점에 19점으로 과에서 최고 높은 점수를 받았다. 영어 어휘 시험에서도 과 전체 최고점을 받아 'Highest Score'를 기록하기도 했다. 이렇게 현진이가 영어책을 자유자재로 읽고, 매일 먹고 자는 것처럼 자연스러운 습관으로 자리 잡기까지의 성장 과정은 그저 순탄하지만은 않았다. 영어 교육 전문가인 나도 "현진이는 너무 늦었다"라며 영어학원에서 퇴짜를 맞았고, 조바심 때문에 현진이 수준을 높이려고 채근하다가 되레 현진이가 영어와 멀어지게 만드는 실수도 했다. 책 열 권으로 써도 모자랄 만큼 어마어마한 시행착오를 나라고 피할 수 있었겠는가. 나도 이번 생에 '엄마'라는 완장을 처음 달았는데….

　엄마표 영어책 읽기 강연을 다니면서 수많은 엄마와 교감을 해 왔

소르본대학교 재학 시절
현진

소르본대학교 영어시험
최고 점수

소르본대학교 어휘시험
과 전체 1등

다. 현진이와의 경험을 매개로 했지만, 엄마들이 꺼내 놓는 수많은 고민을 함께 나누면서 경험과 노하우가 더 켜켜이 쌓였다.

2010년 개설해 14년이 훌쩍 넘은 네이버 카페 수퍼맘스토리 (https://cafe.naver.com/supermomstory)를 통해 16만 명 넘는 회원들과 다양한 소통을 했고, 유튜브 '박현영TV'에서도 여러 엄마의 고민을 상담하고 나누었다.

지난 2010년 《박현영의 슈퍼맘 잉글리시》를 출간했을 때 엄마들이 "정말 현실적이다" "활용도가 높다"라고 칭찬을 많이 해 주셨다. 그때만 해도 엄마표 영어책 읽기 정보가 거의 없었다. 엄마들이 읽어 줄 만한 영어책도 많지 않았고, 어쩌다 있는 안내서도 현실에 맞지 않을 정도로 빡센 기준으로 일반 엄마들이 따라 할 수 없는 '선무당이 사람 잡는 식'의 책이 많았다. 이후 14년 만에 출간하는 이 책 《수퍼맘 박현영의 하루 15분 영어책 읽기의 기적》에는 25년간 현진이와 영어책 읽기를 하면서 현진이를 7개 외국어 능력자로 만들 수 있었던 노하우를 모두 다 담아냈다. 이 책의 목표는 다음과 같다.

첫째, 이 책을 읽다 보면 영어 까막눈이든 영어 울렁증이든 어떤 엄마든지 누구나 아이에게 엄마표 영어책 읽기를 시작해 볼 수 있다. 영어 발음이 좋고 영어를 유창하게 구사해야만 영어책을 읽어 주는 것이 아니기 때문이다. 방법만 안다면 대한민국 엄마 모두가 아이에게 영어책을 읽어 줄 수 있단 말이다.

둘째, 우리 아이가 진심으로 영어책 읽기를 좋아하게 만들고 더

나아가 영어책 읽기를 공부가 아닌 '습관'으로 자리 잡게 만드는 것이다. 아이마다 책을 읽는 방법이 다르다. 식습관이 다르듯 독서 습관도 마찬가지다. 자기 주도 읽기도 엄마 품 안에서 어떻게 시작했느냐에 따라 효과가 달라진다. 유아기부터 시작해 자기 주도 읽기가 가능한 초등학교 저학년부터 고학년까지 나이대별로 필수 서적과 읽기 방법을 체계적으로 정리했다.

셋째, 너무 많이 넘쳐나는 정보의 홍수 속에서 엄마들에게 정확한 정보와 누구나 쉽게 따라 할 수 있는 영어책 읽기 방법을 알려 주는 것이다. 온라인에는 지극히 한 개인에만 국한된 성공 사례가 넘쳐난다. 유튜브만 보면 된다는 식의 내용도 많은데, 어휘와 읽기가 균형 있게 진행되지 않으면 절대 영어 실력이 늘 수가 없다. 아랍어를 배우겠다고 아랍어 방송을 종일 틀어 놓는다고 해서 과연 아랍어가 다 들리고 이해가 될까? 절대 그렇지 않다. 10년을 틀어 놓아도 단어를 못 알아들으면 절대 안 들린다. 어떤 영어 교육 전문가는 우리말로 절대 번역해 주지 말고 영어로만 읽어 주면 아이가 다 해석하고 영어식 사고방식을 갖게 된다고 주장한다. 이거야말로 너무나 위험한 방식이다. 배경을 모르면 아예 이해가 안 되는 어휘나 문장이 있고, 논픽션 과학 스토리북에서는 어휘의 뜻이 완전 다르게 쓰일 때가 많아서 모르는 어휘나 문장이 나오면 정확한 뜻을 알려 주는 것이 엄마표 영어책 읽기에서 가장 중요하다. 그렇지 않으면 영원히 잘못된 의미로 알고 넘어가서 낭패를 보게 된다. 예를 들어《One of a kind》라는 책 제목을 직역하면 '어떤 종류나 무리 중 하나'이지만 실제 제목의 의미는 '독특한, 특별한 사람, 동물, 물건'이다. 또 다른 예로 《The monkeys go bananas》라는 책 제목을 직역하면 '원숭이들이 바나나로 간다'이지만 실제 이 표현은 '무엇에 미쳐 버리다, 흥분하다'라는 뜻으로 책 제목은 '원숭이들이 미쳐 버리다'라는 의미다. 또한 'focus'는 '집중하다'의 뜻이지만 논픽션 영어과학 스토리북 《focus》에서는 '화산 폭발의 진원지'를 뜻한다.

넷째, 엄마표 영어책 읽기가 단지 책 읽기만으로 끝나지 않고 책 읽기를 통해 영어 성적 향상과 평생 써먹을 수 있는 독해력을 키울 수 있도록 만드는 것이다.

다섯째, '수준별 맞춤 리딩'을 하도록 도와주고 이끄는 것이다. 엄마들은 내 아이의 수준이 아닌 연령별, 레벨별 책 읽기에 집중하는 실수를 많이 한다. 좋은 책을 소개하면 "몇 세에 보는 책인가요?" 또는 "리딩지수가 몇인가요?"라는 것부터 묻는다. 그런데 이건 말이 안 된다. 똑같은 8세 아이라도 초등학교 들어가서 알파벳을 배우는 아이와 3~4세 때부터 일찌감치 영어를 접한 아이들은 어휘력이나 독해력에서 차이가 나기 때문이다. 처음 영어책 읽기를 시작할 때는 나이, 레벨, 리딩지수보다 현재 내 아이의 어휘력과 문해력을 정확하게 파악하는 게 중요하다.

현진이는 선행학습을 하는 또래 아이들에 비하면 영어가 좀 늦은 편이었다. 하지만 차근차근 단계를 밟아가면서 영어책 읽기를 했기

해석해 주지 않으면 잘못 알고 넘어가게 되는 표현

에 정말 단단한 기초를 쌓았다고 자부한다. 그래서 나이별이 아닌 수준별 맞춤 학습이 중요하다. 다독으로 영어 실력을 다지는 아이도 있고, 한 권만 파고드는 게 적성에 맞는 아이도 있다. 엄마가 똑같이 영어책을 읽어 줘도 첫째 아이 실력과 둘째 아이 실력이 다를 수 있다. 그런데 옆집 아이가 영어유치원이나 영어학원에서 어려운 하이 레벨로 공부한다고 하면 동공 지진이 나서 똑같은 학원으로 아이를 내몰고 똑같은 하이 레벨의 책으로 배우게 하는 엄마들이 있다.

레벨과 분량으로만 다그칠 게 아니라 현재 내 아이의 수준에 맞춰야 한다. 나는 이 책을 통해서 **나이와 레벨에 집착하지 않고 우리 아이의 성장 속도에 맞춰서 영어 리딩 실력을 꾸준히 올리는 뚝심과 끈기가 중요함을 보여 주고 싶다.**

이 책은 영어책 읽기에 관한 최신 정보를 모두 담았다. 책도 발전한다. 영어책도 교육 트렌드에 맞춰서 진화한다. 20년 전에는 거의 다 픽션 그림 스토리북만 보여 주었다면 이제 대세는 논픽션 리더스다. 시험 지문에 논픽션 비중이 압도적으로 높기 때문이다. 논픽션과 픽션은 5 대 5로 공부해야 하는데, 아직도 아이에게 픽션 그림 영어책만 보여 주는 엄마들이 있다. 논픽션 리더스를 재미없어하기 때문이라는데, 싫어하는 것도 좋아하도록 만드는 게 엄마의 힘이다. 영어 점수가 안 나오는 아이들을 보면 대체로 한 장르에 치우친 편독을 한 경우가 많다. 필수 영양소인 비타민은 부족하면 건강이 나빠지지만, 너무 많이 먹어도 그냥 배출된다. 피와 살이 되는 필수 영양소는 아이들이 좋아하는 정크푸드에 골고루 들어 있지 않다. 이 책은 논픽션 영어책의 중요성이 점점 커지는 등 변화하는 영어책 읽기 시장의 최신 트렌드에 맞춰 다양한 독서가 이루어질 수 있도록 구성했다.

난 지하철에서 누런 재생종이로 된 영어 원서를 몰입해서 읽다 안내 방송을 듣고서야 서둘러 책을 덮고 내리는 사람, 커피숍에서 핸드폰 화면만 뚫어져라 보는 대신 영어 책장을 손으로 넘기는 사람을 멋지다고 생각해 왔다. 현진이도 이런 멋진 사람으로 키우고 싶었다. 유튜브로 예능 프로그램을 보거나 게임을 하는 대신 영어책을 보면서 낄낄거리는 아이, 시키지 않아도 영어책을 찾아서 읽는 아이로 키우고 싶었다. 책을 읽는 사람은 어디서나 빛나지만, 그게 영어책이라면

얼마나 더 멋지게 보일까.

이제는 영어책 읽기가 자유자재인 그야말로 멋진 사람이 된 현진이는 나에게 예전이 그립다고 푸념한다. 프랑스 철학자의 책을 읽다가 막힐 때면 혼자가 아니라 엄마랑 함께 책을 읽던 어린 시절이 생각난다고 한다. 그러면서 "엄마는 나의 베스트 리딩 파트너"라고 엄지를 치켜세운다. 엄마 옆에서 꼭 달라붙어 앉아, 엄마의 목소리로 함께 읽었던 '리딩 타임(Reading Time)'이 차곡차곡 쌓여 있으므로 엄마는 변함없는 최고의 리딩 파트너라는 것이다.

이 책에는 현진이와의 리딩 파트너가 된 시작부터 끝을 담았다. **엄마들에게 이 책이 자녀와 평생 베스트 리딩 파트너가 될 수 있는 길의 출발점이 된다면 얼마나 멋진 일이겠는가.**

PART 1 | 영어책 읽기의 기적을 만든 비법

1~3세 : 영어책 읽기 시작의 골든타임

4~6세 : 엄마표 영어책 리딩의 최적기

PART 3 엄마표 영어책 읽기 클리닉
피가 되고 살이 되는 Q&A

PART
1

영어책 읽기의
기적을 만든
비법

아이와의 영어책 읽기는 공부가 아니라 '즐거운 놀이시간'이 되어야 한다. 그 시간을 통해 아이가 엄마와 함께 재미있게 읽고 크게 외쳤던 영어 문장이 입 밖으로 술술 터져 나온다면 제대로 영어책 읽기를 한 것이다.

01

아이의 영어 레벨은
엄마가 정한다

20대에 영어 방송인으로 데뷔해 수십 년간 영어 강사로 일한 내 경력 때문일까. 아니면 7개 국어를 능숙하게 하는 현진이의 외국어 실력 때문일까. 사람들은 내가 현진이를 어렸을 때부터 극성스럽게 영어 선행학습을 시킨 걸로 오해한다. 사실 현진이는 8세가 돼서야 제대로 된 알파벳 쓰기와 파닉스를 본격적으로 시작했다. 현진이가 8세 때 유명 영어학원이 동네에 생겼길래 호기심이 생겨 아이를 데리고 갔는데, 수험료를 내고 레벨 테스트를 봐야 한다고 했다. 수강료 낸다고 다 다닐 수 있는 학원이 아니었다.

레벨 테스트를 마치고 온 아이의 얼굴이 너무 어두웠다. 문제 수준을 들어보니 초등학생 영어시험이라고 하기엔 난도가 너무 높았다. 영어를 모국어로 쓰는 미국 초등학생 나이에 맞춘 시험이니, 독해 문제 수준이 상당했다. 현진이의 성적은 당연히 형편없었다. 현

8세가 돼서야 시작한
알파벳 쓰기

진이 레벨 테스트 결과를 살펴본 학원 담당자는 비관적인 말을 쏟아 냈다. "현진이는 우리 학원에 다니는 또래 아이들보다 훨씬 뒤처져 있어요. 이러면 중고등학교 가서 못 따라가요."

마치 현진이가 이미 '영어 포기자'가 돼 앞으로도 손을 쓸 수 없는 상태인 것처럼 불안감을 조성하면서 나를 '가스라이팅'하려고 했다. 나는 어이가 없어서 "우리 아이는 고작 여덟 살이에요. 여덟 살에 맞는 영어책도 제가 매일 읽어 주고 아이도 엄청 즐거워해요"라고 설명했다. 그랬더니 비웃는 말투로 "우리 학원의 초등학생 1학년은 미국 교과서 초등 4~5학년 수준의 책으로 공부하는 애들이 수두룩해요"라면서 겁을 줬다. 학원에서 무시당하고 나와서 집으로 돌아가는데 현진이 눈에는 눈물이 그렁그렁 고여 있었다. 불안감 조성하는 학원의 마케팅 수단에 놀아나고, 아이의 자존감에 심한 상처를 준 그들에게 화가 났다. 그때 나는 "현진이가 늦은 게 아니라, 현진이를 몰라

보는 저 학원이 바보야. 저런 학원 다니지 말고 엄마랑 신나게 공부하자"라고 크게 외쳤다. 주변에서는 현진이를 학원에 보내서 선행학습을 시키라고 했지만, 나는 자신이 있었다. 내 아이의 영어 레벨을 정확히 파악하고 그에 맞춰 차근차근 밟아가면 반드시 영어 실력은 빛을 발하게 될 것이라고. 결국 현진이는 영어학원을 다니면서 선행학습을 했던 또래 친구들보다 더 단단한 영어 실력을 갖추게 됐다.

유명한 영어학원도 맞춤식 학습은 어렵다

영어학원은 매일매일 정해진 진도를 빼야 해서 수강생 각각의 레벨에 맞는 맞춤형 수업을 제공해 주지는 못한다. 어떤 영어 유치원은 영단어를 하루에 200개씩 외우게 한다. 유치원에서 다 외우게 하는 게 아니라 외워 오라고 숙제를 내 준다. 영어책 읽기도 마찬가지다. 영어책도 일부 페이지만 읽어 주고 나머지는 집에서 읽어 오라고 한다. 결국 아무리 좋은 영어 유치원도 우리 아이에게 모든 걸 꼼꼼히 가르쳐 주고 소화시켜 주지 못한다. 내 아이에게만 꼭 맞는 맞춤형 영어책 읽기를 해 줄 수 없기 때문에, 결국 엄마랑 함께하는 '홈 리딩'이 중심이 돼야 한다. 우리 아이의 정보를 파악한다는 것은 내 아이를 어디에 맞춰야 하느냐가 아니라, 무엇이 내 아이한테 맞는지 아는 것이다. 내 아이의 정확한 영어 실력, 독서 능력, 취향, 취약점을 파악할 수 있는 유

일한 사람은 엄마다. 아이의 영어 실력뿐 아니라 아이가 하루 중 언제, 얼마 동안, 어떤 책에 집중하는지를 알 수 있다.

책을 선택할 때도 어떤 영어책이 베스트셀러라 해서 무조건 살 게 아니라, 내 아이의 영어독서 정보부터 먼저 파악해야 한다. '이 책이 유명하다'가 아니라 '내 아이가 이 영어책을 좋아할까?'부터 생각해야 한다.

미국의 AR지수는 머릿속에서 지워라

인터넷 강국인 대한민국에 살고 있기 때문일까. 엄마들이 얻을 수 있는 교육 정보는 과잉이라고 할 정도로 넘쳐난다. 수많은 정보 속에 담긴 일부 잘못된 내용도 마치 사실인 것처럼 유통되어 엄마들이 혼동을 일으킨다. 대부분 엄마들은 유명한 육아 교육 사이트에서 '이때는 이걸 읽어야 한다'는 식의 리딩 로드맵을 정해 놓으면 무조건 따라야 한다고 생각한다. 실제로 수많은 영어 교육 사이트에 들어가 보면 AR(Accelerated Reader)지수, SR(Star Reading)지수, Lexile지수 등 영어책의 '레벨'을 정해 놓은 곳이 많다. 가파른 속도의 레벨에 따른 권장 도서 리스트에 도서 목록이 빽빽하게 들어차 있다. 레벨과 리스트를 보면 숨이 턱턱 막힌다.

내 아이가 연령별 레벨보다 쉬운 책을 읽고 있으면 왠지 뒤처지는 것 같고 왠지 너무 늦은 것 같다는 강박관념에 시달리며 결국 내 아이를 하이 레벨에 끼워서 맞추려는 엄마들이 많다. 요즘에는 인스타그램이나 유튜브에서 엄마표 영어 전문가를 자처하는 사람들이 늘어나다 보니 이런 현상이 더 심각해졌다. 이런 걸 볼 때마다 분통이 터진다. 대체 누구를 위한 영어책 읽기란 말인가? 왜 우리가 미국 아이들하고 똑같은 리딩 실력을 갖춰야 할까? 이건 마치 노르웨이에 사는 초등 3학년 학생들이 우리나라 초등 3학년 학생들이 보는 교과서와 소설책을 보려는 것과 똑같다. 1년 365일 24시간 내내 영어를 모국어로 쓰는 미국 아이들과 학교나 학원에서 1주일에 몇 시간 영어를 배우는 한국 학생의 리딩 실력이 어찌 같을 수 있을까? 리딩지수가 낮게 나오면 엄마는 불안감 때문에 아이를 달달 볶으니 아이는 주눅이든다. 불안해하고 절망하는 것이 아이의 영어를 위한 영어일까?

특히 대치동, 목동 엄마들 중에 AR지수에 목매는 분들이 엄청나게 많다. 툭하면 "AR지수가 어떻게 되나요?"라고 묻는다. AR지수는 미국에서 자국 아이들을 대상으로 영어책 난이도를 표시하는 기준일 뿐이다. 땅덩어리가 넓은 미국은 주마다 수준이 다르고, 이민자들도 많고, 공립이냐 사립학교냐 또는 홈스쿨링이냐에 따라서도 실력 차이가 크다. 그런 상황을 고려해 참고용으로 만든 지수일 뿐이다.

그런데도 내 아이가 초등 3학년이라고 해서 무작정 미국 초등 3학년이 보는 리더스북을 똑같이 읽을 필요는 없다. 리딩지수는 참고만 하되, 아이의 수준에 맞춰 가장 낮은 레벨부터 하나씩, 스텝 바이 스텝으로 공부하면 된다.

사실 나는 지난 십수 년간 시중에 나온 엄마표 영어책을 거의 다 사서 읽어 봤다. 20여 년간 100권 넘는 엄마표 영어 관련 책을 읽어 봤는데, 미국의 리딩지수를 강조하고 있었다. 단언컨대, 이제 AR지수는 인생에서 지워 버려라. 한국식 'KR지수'도 없지 않은가. 그러므로 미국식 리딩지수에 목숨 걸 필요가 없다.

엄마표 영어책 읽기의 최대 강점은 우리 아이 수준에 꼭 맞춘 리딩이라는 점이다. 아이가 가장 쉬워하는 책으로 읽기를 시작하면 된다. 아이가 7세라면 미국 아이 5~6세용 책을 읽어 주는 것이 효과적이다. 언어 실력이란 모국어가 월등히 앞서는 게 지극히 정상이며 모국어 어휘력과 이해력이 훨씬 앞서 있을수록 영어책 읽기에도 훌륭한 도우미가 돼 준다.

책 한 페이지를 펼쳤을 때 모르는 단어가 아예 없거나 또는 5개 미만인 책이 내 아이에게 딱 맞는 수준이다. 그 정도가 흥미를 잃지 않으면서 신나게 읽을 수 있는 수준이다. 한 페이지에 모르는 단어가 너무 많으면 시작도 전에 어려워서 뒷걸음치거나 지레 포기하게 된다.

영어책 읽기, 시작도 안 하는 게 창피한 일

"애가 초등학생인데 유치원용 책을 읽게 하기는 좀 창피해요."

이렇게 생각하는 엄마들에게 이런 말씀을 드리고 싶다. 우리 자신을 한 번 되돌아보자. 고등학교 3학년 수능 시험이 끝나면 그렇게 열심히 공부했던 영어를 대부분 까먹는다. 미친 듯이 외웠던 고급 단어들은 시험이 끝나자마자 기억 속에서 사라진다. 진짜 단어 하나도 떠오르지 않는다. 그런데도 대학생이 되어 '다시 영어를 공부해야지' 마음 먹고 바로 영어학원의 '뉴스위크'나 '영자 신문' 독해 반에 접수를 한다. 실제 어휘 실력은 중1 수준이지만, 창피하니까 자기 수준에 맞지 않는 반에 들어간다. 이거야말로 돈과 시간을 버리는 것이다. 자기 수준에 맞는 영어 독해를 해야 하는데 어려운 '뉴스위크'나 '영자 신문'으로 공부를 하면 무슨 소용이 있을까.

엄마표 영어는 아이랑 집에서 마음 편하게 하는 것이다. 아이만을 위한 학습공간인 집에서 하므로 남들 눈치 볼 것도 없고 창피할 일도 없다. 아이의 레벨부터 파악해 보고, 글을 못 읽으면 파닉스부터, 파닉스는 아는데 영어 문장을 잘 모르면 한 줄짜리 영어책부터 한 권씩 읽어 주면 된다. 모르는 게 창피한 게 아니라 아예 시작도 안 하는 게 창피한 거다. 최저 레벨 리딩부터 일단 시작하면 된다.

책이 쉬워야 이해도 잘 되고, 충분히 이해할 때 비로소 따라 외치게 된다. 즉, 아웃풋은 완벽한 이해력을 바탕으로 할 때 가능하다. 이것이 내 아이를 위한 진정한 책 읽기다.

엄마표 영어책 읽기의
목표는 1타 3피

엄마표 영어책 읽기도 목표가 있어야 능률이 올라간다. 뚜렷한 목표
는 어두운 망망대해의 등대처럼 확실한 지표가 돼 준다. 수퍼맘 박현
영의 엄마표 영어책 읽기는 1타 3피를 지향하려고 한다.

첫 번째, 영어책 읽기의 습관화다. 아이가 집에 돌아오면 핸드폰이
나 패드부터 손에 쥐는 것이 아니라 항상 책을 읽는 습관을 만들어
주는 것이다. 공부 시간을 따로 정하지 않더라도 자투리 시간을 내서
책을 읽고 영어 리딩의 습관을 만드는 걸 목표로 한다. 내 아이가 아
직 영어책을 읽지 못 하는 나이엔 엄마에게 "얼른 책을 읽어 주세요"
라고 떼를 쓰고, 하루라도 영어책을 읽거나 듣지 않으면, 눈이나 귀
에 가시가 돋는 아이로 만드는 것이다. 평생 영어책 읽기 습관을 유
산으로 물려주는 게 목표다.

두 번째, 영어에 대한 흥미와 재미를 느끼게 해 주는 것이다. 중고

등학교에 들어가서는 영어시험 점수에 대한 스트레스가 커질 수밖에 없으므로 영어에 재미를 붙이기는 좀 어렵다. 영유아 시기나 초등학교 때야말로 영어를 신나게 즐길 수 있다. 영어에 재미와 흥미를 느끼게 되면 어떤 어려운 순간이 와도 해낼 수 있는 버팀목이 된다. 그러나 영어를 처음 접했을 때부터 어려움을 느끼면, 나중에 점점 레벨이 올라갈수록 영어 과제에 지레 겁을 먹는다.

세 번째, 영어책 읽기를 통해 풍부한 어휘력과 강한 문해력을 갖게 해 주는 것이다. 영단어를 아무리 달달 외워도 쉽게 까먹지만, 책 읽기를 통해 익힌 영단어는 평생 기억에 남는다. 또한 문해력은 '문제집'이 아닌 오직 '책 읽기'를 통해서만 실력이 쌓인다.

영어에 재미를 붙이면 가속도가 붙는다

나는 전업주부인 어머니, 그리고 외화 수입과 영화 제작에 종사하셨던 아버지 사이에서 태어나고 자란 순수 국내파다. '어릴 때 외국에서 오래 살다 왔다'라는 건 과장된 얘기다. 어릴 적에 일본 오키나와에 있는 국제학교 2년, 미국에서 1년 반 정도 살았지만, 말문이 좀 트이려고 했던 시점에 귀국해서 영어 실력이 중급은커녕 기본기를 겨우 갖춘 정도였다.

오히려 영어에 흥미와 재미를 느낀 건 어머니의 팝송 사랑 덕분이다. 어머니는 영어를 잘하시진 않았지만, 팝송을 즐겨 들으셨다. 어머니가 후렴구를 흥얼거리시면 나도 따라 노래를 불렀다. 당시만 해도 유치원 때부터 팝 음악을 듣고 자란 아이가 드물었다. 그때 반복해서 듣고 따라 부른 팝송 덕분에 영어를 좋아하게 됐다.

중학생이 되면서 "I am Tom. You are Jane. I am a student." 같은 한 줄 문장을 큰 소리로 따라 읽는 시간이 너무나 즐거웠다. 그런데 중2 때부터 문법이 복잡해지면서 영어가 지루해지기 시작했다. 돌파구는 역시 팝송이었다. 문법을 배워야 하는 학교 영어는 지루했지만, 집에서 팝송 듣고 가사를 따라 부르는 것은 그렇게 재밌을 수가 없었다.

중학교 소풍 장기자랑 시간에 아이들 앞에서 팝송을 불렀는데, 그걸 본 선생님이 나를 따로 부르셨다. 선생님이 "발음이 정말 좋은데 외국에서 살다 왔니?"라고 물으셨다. 나는 너무 신나서 "네, 아주 잠깐요"라고 말했다. 집에서 팝송 많이 듣고 따라 한 발음일 뿐이었지만 학교에서 영어 실력을 인정받으니 자신감이 생겼다.

선생님은 나를 학교 방송실로 부르셨다. 당시 내가 다니던 학교(서울사대부여중)가 영어 듣기평가 시범학교로 지정됐다. 원어민을 데려오기 어려운 상황이라 고민을 하던 중에 내 영어 발음을 듣고, 듣기평가 문제 녹음을 맡기셨는데, "Listen and choose the right answer. Number one…" 같은 문장을 읽는 거였다. 나는 마치 성우가 된 듯 신이 났다. 그때부터 친구들이 나를 '영어 듣기평가 성우'로 불렀고 그때 생긴 자신감이 내 영어 인생의 큰 전환점이 됐다.

고등학생이 되면서 새로운 고난이 닥쳤다. 외워야 할 단어나 숙어도 급격히 늘어났고 독해 지문이 너무 어려워졌다. 어마어마한 영어 독해에 지칠 때쯤에도 팝송과 영어잡지가 나를 지탱해 줬다. 휘트니 휴스턴, 듀오그룹 웸(Wham!)의 조지 마이클, 신디 로퍼 같은 가수들이 인기가 많았고, 브룩 쉴즈, 소피 마르소, 피비 케이츠 같은 배우들이 '책받침 여신'일 때였다. 나는 학교에서 웸의 팬클럽 회장까지 하게 됐다. 지금처럼 인터넷 검색을 하는 시절이 아니었다 보니 조지 마이클의 최신 소식은 남대문시장에서 파는 〈빌보드〉〈롤링스톤즈〉 같은 팝 관련 잡지를 직접 사다가 원문을 읽고 해석할 수밖에 없었다. 빨리 원문을 읽어서 '조지 마이클이 게이냐 아니냐?' 하는 걸 궁금해하는 팬클럽 친구들에게 전해 줘야 하니 졸린 줄도 모르고 새벽까지 사전을 찾으며 읽고 또 읽었다. 그런데 팝 잡지는 사전에 없는 미국식 슬랭(slang)이나 신조어도 많아 해석이 안 되는 부분도 있었다. 어느 날은 한남동에 있는 외국인 성당까지 찾아가서 거기 있는 미국인 신도를 붙잡고 "이 문장은 무슨 뜻인가요?" "그래서 조지 마이클이 어쨌다는 건가요?" "게이다(gaydar = gay+radar : 게이끼리 서로 알아보는 능력)라는 단어가 무슨 뜻인가요?"라며 물어보기도 했다. 그렇게 혼자 알아낸 영어 가사와 최신 팝 뉴스를 직접 정리하여 쓰고 복사해서 팬클럽 친구들에게 나눠 줬다. 누가 시킨 것도 아니고 좋아하는 것을 즐기면서 하다 보니 독해와 어휘가 어마어마하게 늘었다. 영어 말하기와 발음에도 자신이 있어서 '영어 말하기 전국대회'의 대상을 여러 번 휩쓸었다.

학교 영어 공부로 지치고 힘들 때마다 엄마와 함께 듣던 팝송과 그 당시 읽었던 수백 권의 영어 잡지로 영어를 꾸준히 할 수 있었고, 지금의 내가 있게 된 것이다. 지금은 내가 어렸을 때와 비교할 수 없을 정도로 좋은 영어 동화책과 워크북, CD와 MP3 파일이 넘쳐난다. 그러므로 엄마표 영어로 아이가 스스로 재미와 흥미를 느껴서 하루한 권씩이라도 영어책을 읽도록 한다면 영어책과 평생 친구가 되는 토대를 닦을 수 있다.

"천재는 노력하는 자를 이길 수가 없고, 노력하는 자는 즐기는 자를 이길 수가 없다."

영어책 읽기만 잘해도 최고 영어 점수 받을 수 있다

엄마표 영어책 읽기의 최종 목표 중 하나는 바로 영어책 읽기를 통해서 영어시험 최고 점수를 받는 것이다. 솔직히 말해서 엄마들이 영어책을 사주는 이유는 영어시험에서 높은 점수를 받도록 하기 위해서다. 이것이 엄마들의 가장 현실적인 목표다.

아이들은 초중고 내내 영어시험을 본다. 대학교 진학을 위해 모의고사, 내신 영어시험, 수능 영어시험을 봐야 한다. 대학교 입학 후 토플, 토익, 텝스, IELTS 등 입사를 위해 수많은 영어시험을 봐야 한다. 미국 대학교에 입학하려면 SAT, 영국·호주 대학교에 입학하려면 IELTS, 대학원에 들어가려면 GRE, GMAT에서 높은 점수를 받아야 한다.

또한 입사한 후에도 승진할 때 토플, 토익 등의 영어 점수를 제출해야 한다. 평생 영어시험의 굴레 속에서 벗어날 수가 없는 것이다. 그런데 모든 영어시험의 공통점은 길고 복잡하고 어려운 지문을 제한된 시간 안에 정확하게 읽고 문제를 풀어야 한다는 것이다. 이런 능력은 단기간에 저절로 생기지 않는다. 엄청나게 많은 영어책 읽기를 통해 충분히 쌓을 수 있고, 어려서부터 습관화한다면 평생의 영어시험 스트레스에서 조금이라도 자유로워질 수 있다.

아이의 두뇌를 자극하는
엄마 목소리의 힘

2011년 EBS 〈다큐프라임〉이란 프로그램에서 '언어발달의 수수께 끼'라는 주제로 언어발달 과정의 비밀을 탐구하는 다큐멘터리를 방송해 큰 화제를 모았다. 이 방송에 출연한 학자들과 전문가들은 인간의 언어습득 능력은 타고나는 것이며 이는 배 속에서부터 시작된다고 이구동성으로 말했다. 엄마 배 속에서 싹튼 언어를 체득하는 힘은 주변 자극을 받아 순식간에 이뤄진다고 한다. 그중 가장 큰 '소리 자극'은 배 속에서부터 들었던, 태어난 후에는 매일 같이 살을 비비면서 듣는 소리, 바로 '엄마 목소리'라는 것이다.

신생아부터 만 6세까지 언어를 학습하는 데 있어서 엄마 목소리는 가장 큰 영향을 끼친다. 엄마가 아기와 교신하는 데 사용하는 특별한 목소리인 모성어(motherese)는 강력한 힘을 지닌다. 아이가 학교에서 서울 표준어를 듣고 배워도 엄마, 아빠가 집에서 경상도 사투리를 쓰면 아이도 경상도 사투리를 쓰게 되지 않는가. 이는 엄마가 평소 아이에게 쓰는 어휘나 억양이 아이의 어휘 습득과 언어발달에 가장 큰 영향을 끼친다는 결정적 증거다. **그러므로 영어책 읽기의 첫 출발은 무조건 '엄마 목소리'로 시작해야 한다.**

어떤 기계음도 엄마 목소리를 이길 순 없다

나는 현진이가 배 속에 있을 때부터 한국어와 영어, 두 가지 언어로 들려주었다. 현진이는 1999년 제왕절개 수술로 태어났다. 제왕절개가 자연분만보다 회복이 느린 데다 나는 출혈까지 많이 해서 출산 후 한 달 넘게 고생했다. 갓 태어난 현진이는 다른 신생아들처럼 종일 잠만 잤다. 신생아는 시야도 아직 뿌옇게 보이지만 배 속에 있을 때부터 들었던 엄마의 목소리를 들으면 안정감을 느낀다고 한다.

몸은 힘들었지만 내 목소리는 듣겠지 하는 마음으로 현진이가 잠깐 깨서 젖을 먹을 때, 기저귀를 갈 때 내 목소리를 두 언어로 들려줬다. 생후 1~3개월 때는 긴 문장을 들려줄 필요도 없다. 주로 하는 말이 "현진아, 잘 잤어?" "배고파?" "왜 울어?" "우유 줄까?" 같은 짧은 문장들을 "Good morning!" "Are you hungry?" "Why are you crying?" "Do you want some milk?"라며 큰 소리로 외쳤을 뿐이다. 열심히 말을 해도 별다른 반응을 보이지는 않았다. 그래도 젖병을 물고 내가 외칠 때마다 내 눈을 빤히 보며 집중하는 현진이를 보면서 '아이가 듣고 있구나'를 확신할 수 있었다.

실제로 현진이는 엄마인 내 목소리를 들으면 친숙하게 느껴서 그런지 울음을 그쳤다. 할머니가 안고 있을 때는 칭얼대다가도 "Here's your milk(여기 우유 있어)" 하는 내 목소리를 들으면 울음을 뚝 멈췄다.

책 읽어 주는 엄마 목소리에 집중하는 현진이

이 작은 아이가 내 목소리를 듣고 엄마인지 아는구나!

어떤 엄마들은 아기가 잠자고 있을 때도 영어 스토리북 CD를 틀어 놓는다고 한다. 그러나 갓 태어난 아기들에게 CD나 오디오에서 나오는 소리는 그저 낯선 기계음이나 소음일 뿐이다.

나도 처음에 미국 성우가 읽어 주는 스토리 CD를 틀어 준 적이 있었는데, 현진이가 그 소리를 듣더니 마구 울어대는 것이었다. 그래서 얼른 CD 플레이어를 끄고 아이를 안아 주면서 "Don't cry, baby(울지 마, 아가야)" 하면서 내가 잠자리 영어 동화를 읽어 주니 그제야 집중하며 듣다가 스르르 잠이 들었다. 아무리 멋진 발음을 가진 외국인의 목소리라도 배 속에서부터 들었던 엄마의 목소리만큼 아이를 안정시키지는 못한다.

영어 전문가인 나도 현진이를 낳은 후에는 어떻게 키울 것인지, 영어는 어떻게 가르칠 것인지 걱정이 태산이었다. 나도 이번 생에 엄마는 처음인지라 내 아이 영어 교육이 막막한 건 여느 엄마들과 똑같았다. 스피킹과 리스닝만큼은 정말 유창하게 만들어 주고 싶었는데, 워킹맘이다 보니 절대적인 시간이 부족했다. 당시 새벽 라디오 생방송부터 시작해 각종 TV 방송 녹화를 마치고 집에 오면 한밤중이었다. 그래서 현진이와 함께하는 시간은 15분이든 30분이든 정말 최선을 다했다.

매일 단 15분 만이라도 아이에게 다정한 목소리로 영어책을 읽어 줄 수 있다면, 누구나 최고의 엄마표 영어 회화를 완성할 수 있다. 그렇게 쌓이다 보면 어느 순간 아이가 매일 반복해서 들었던 말들을 입 밖으로 말하는 순간이 온다. 처음 'Mommy' 하고 아웃풋을 내뱉을 때의 감동은 말로 표현하기 힘들다. 그리고 'milk'를 외치다가 어느 순간 문장으로 'I want some milk'가 될 때까지 아이들의 귀는 엄마의 목소리를 기억하고 말문도 트이게 된다. 그러면서 'I want to go to the playground' 등등 쉴 새 없이 봇물 터지듯 문장이 튀어나온다.

엄마 목소리로 1차 전달해야 하는 가장 중요한 이유는 아이의 피드백을 끌어낼 수 있기 때문이다. 본토 '버터 발음'이라고 해도 기계음으로 들려주면 아이가 지루해하고, 신나게 따라 하는 아이의 피드백까지 끌어내기는 불가능하다. 하지만 엄마가 아이와 눈을 맞추며 재미있게 책을 읽어 주면 아이도 신나서 몸을 흔든다. 발음과 목소리도 좋은 성우가 계속 똑같은 톤으로 읽어 준다면 어떨까? 아이는 중간부터는 지루하게 느끼고 흥미를 잃을 수 있다. 반면, 엄마 목소리는 아이에게 있어 가장 강력한 작용을 한다. 특히 1~3세 아이들에게는 더 강력하다. 배 속 신경을 통해 10개월간 들어온 엄마 목소리는 세상에서 가장 먼저 들은 소리이며 가장 집중할 수 있기 때문이다. 무조건 엄마 목소리로 전달해야 효과를 얻을 수 있다. **엄마가 익숙한 목소리로 변화무쌍하고 다양하게 연기하면 아이는 더 집중해 듣는다.**

내 아이를 가장 잘 아는 사람은 엄마 아닌가. 엄마가 영어를 못한다고 기죽을 것 없다. 아이의 체질과 입맛은 엄마가 제일 잘 아는 것처럼, 아이 입맛에 제일 잘 맞는 영어 공부 파트너가 돼 줄 수 있는 사람은 다름 아닌 엄마다.

엄마표 영어책 읽기는 아이가 책을 친숙하고 흥미 있는 것으로 느끼게 만드는 목적이 크다. 아이의 발음 교정을 완벽하게 해 주는 것이 1차 목표가 아니기 때문에 발음 교정의 역할은 책에 딸린 원어민 CD나 MP3에 맡기면 된다.

현진이에게도 그렇고, 수많은 아이의 사례를 통해 실험해 봤다. 아이에게 스토리북이나 베드타임 스토리 CD를 들려주는 게 좋다고 해서 많은 엄마가 무작정 CD부터 틀어 준다. 하지만 아이는 중간에 딴청을 부리며 돌아다닌다. 아무리 멋진 발음의 원어민이 읽어 줘도 따라 하지도 않고, 아웃풋도 잘 나오지 않는다. 그 이유는 책의 내용을 이해하지 못한 상태에서는 CD 속 원어민의 목소리로 들어도 내용을 모르기 때문이다. 또한 이야기의 기승전결을 알아야 재미를 느끼는데, 외국어 '기계음'부터 먼저 들려오니 흥미가 생길 수 없다. CD는 결국 기계음일 뿐이라 엄마가 읽어 줄 때처럼 어떤 부분이 감동적이고 클라이맥스인지를 알 수가 없다. 이 세상에 그 어떤 기계음도 엄마 목소리를 이길 순 없다.

아이들은 커갈수록 책 속의 내용을 이해하고 친숙하게 느껴야만 소리에 집중한다. 내용을 모르는 아랍어를 백날 들려줘도 집중을 안하는 것과 똑같은 원리다. 엄마가 아이의 특성과 눈높이에 맞춰 재밌게 여러 번 읽어 주면 아이가 그 책에 흥미를 느낀다. 그런 다음 밤에 잘 때 아이 옆에 같이 누워서 낮에 읽어 준 책의 CD를 들려줘 보자. 아이가 "어, 이거 엄마가 읽어 준 스토리랑 똑같네" 하면서 비로소 집중하게 된다. 내용을 다 알고 외우다시피 할 정도로 반복해서 읽어 준 후 CD를 틀어 주면, 엄마가 들려줬던 핵심 문장도 생각나고 집중도 돼서 CD 소리가 아이 귀에 확 꽂힌다.

무엇보다 중요한 건, 처음에 엄마 목소리로 읽어 줘서 내용을 숙지시킨 후, CD를 들려줘서 오리지널 발음을 익히도록 하는 것이다. 영어책은 엄마가 읽어 주기만 해서도 안 되고, 그렇다고 처음부터 CD만 들려줘서도 안 된다. 엄마가 읽어 주기만 하고 끝내면 아이가 정식 발음으로 교정할 기회를 놓치고, CD만 계속 들려주면 아이는 낯선 소음으로 들을뿐 제대로 집중하지 않는다. 이 두 가지가 항상 함께 결합해야 한다.

아이는 스스로 발음을 교정한다

영어책을 읽어 줄 때 엄마들이 고민된다며 가장 많이 질문하는 것이
바로 '발음' 문제다.

"안 좋은 제 발음으로 읽어 줘도 정말 괜찮은 걸까요?"

"제 영어 발음이 좋지 않은데 읽어 줘도 되나요? 아이 발음도 저
처럼 안 좋아지면 어쩌죠?"

주눅이 들다 못해 심지어 죄책감까지 느끼고, 걱정하면서 시작하
기도 전에 지레 포기하려는 엄마들을 너무나도 많이 봤다. 나의 대답
은 걱정하지 말라는 거다.

**엄마표 영어책 읽어 주기는 아이에게 책과 친숙하게 만들어 주고
흥미를 느끼게 하며 책의 이해를 돕기 위한 것이지 아이의 발음을
원어민처럼 만들기 위한 게 아니다.** 발음은 책에 딸린 원어민 CD나
사운드펜(책의 표지에 실린 아이콘을 펜으로 찍으면 본문에 실린 문장을 들을 수
있는 전자펜)에 맡기면 된다. 이 시기의 아이들은 엄마가 아무리 '후
진' 발음으로 읽어 줘도 원어민의 발음을 들으면 스스로 교정하는
'자가 발음 교정 능력'이 있기 때문이다. 약 13세 이전까지 모든 아
이의 뇌는 좋은 발음을 들으면 스스로 교정하는 놀라운 언어 능력

영어책 읽어 주는 소리 나
는 토킹펜

을 갖추고 있다. 엄마는 발음이나 영어 실력에 자신이 없어 영어책 읽기를 주저할 필요가 없다. 낮에 엄마가 battery를 '밧데리'라고 읽어 줘도 밤에 CD로 여러 번 들려주면 아이가 스스로 '배러뤼'로 교정한다. **단, CD를 들려줄 때 '자기가 알아서 교정하겠지' 하고 가만히 있지 말고 엄마도 옆에서 같이 듣고 따라 하는 시늉도 하면 "아, 저렇게 발음하는구나" 하면서 같이 교정하는 효과가 배가된다.** 발음이 자신 없다고 죄책감을 가질 게 아니라, 기왕이면 아이랑 같이 즐겁게 배우면 된다.

어찌 보면 기분 좋은 행복한 에피소드이기도 한데, 나도 중국어책을 읽어 주다 발음 문제로 현진이에게 서운했던 적이 있다. 중국어를 배운 게 아니니 현진이에게 중국어책을 읽어 주면서 같이 익히고 있었다. 유아 때는 비록 내 발음이 좀 서툴러도 잘 따라 하더니, 초등학생이 되자 현진이 발음이 점점 현지인 발음으로 바뀌면서 엄마의 중

중국어책 읽는 현진이

국어 발음을 지적하는 것이었다. 어느 날 "엄마, 발음이 그게 뭐예요. 성조도 엉망이야"라고 하는 게 아닌가. 어찌나 서럽던지 나도 모르게 눈물이 왈칵 쏟아졌다. 누구 때문에 중국어를 잘하게 됐는데, 인제 와서 엄말 이렇게 무시하다니! 나도 모르게 소리를 버럭 지르며 "엄마가 읽는 대로 그냥 따라 해!" 하며 엉망진창 중국어 발음과 성조로 읽어 내려갔다. 속으론 '이게 아닌데'라는 생각이 들었다. 마음을 가라앉히고 "현진아, 그럼 어떻게 하는 게 제일 좋을까?"라고 물어봤더니 "엄마가 한두 번만 읽어 준 다음 제가 CD를 많이 들을게요" 하는 것이었다.

사실 아이가 엄마의 발음을 지적할 정도가 되었다는 건 아이의 발음이 그만큼 좋아졌다는 뜻이다. 엄마들도 이런 상황을 즐겁게 받아들이면 된다. 아이가 내 발음을 지적하고 원어민 발음을 구분하는 수준이 되었다는 건 얼마나 기특한 일인가! 그런 아이와 함께 CD를 들으며 스스로 발음 연습도 해 보고, "우와 너 진짜 멋지다! 엄마 발음은 이 정도밖에 안 되는데 네가 엄마 좀 가르쳐 줘라. '레드'가 아니라 '뢰드'라고? '밧데리'가 아니라 '배러뤼'라고?" 하면서 칭찬해 주고 CD를 같이 듣고 따라 하면서 아이 스스로 학습하게 도와주면 된다.

아이는 알고 있는 것을 반복하지, 모르는 것을 예습하지 않는다. 영어책 읽기를 즐거워하도록 해 주는 게 엄마의 역할이며, 그 후에 CD를 들려주면 아이의 발음은 놀랍게 교정된다. 책 읽어 주기의 단계는 1단계가 무조건 엄마의 목소리이고, 2단계가 CD의 발음이다. 명심하자. 그러니 엄마 발음이 나쁘다고 걱정할 필요도 없고 자격지심 가질 것도 없다.

엄마표 영어책 읽기의
골든타임

엄마들은 엄마표 영어책 읽기가 좋다는 것은 알고 있더라도 막상 시작하려고 하면 막막함부터 느낀다.

'너무 빨리 시작해서 한글 익히기에 영향을 주는 게 아닐까?'

'너무 늦게 시작해서 남들보다 뒤처지는 게 아닐까?'

나막신 장수와 짚신 장수 아들을 둔 엄마처럼 이래도 걱정 저래도 걱정이다. 고민만 하다가 정작 골든타임을 놓쳐 버리는 엄마도 부지기수다. 영어책 읽기에는 늦는다는 게 없다. 우리 시어머님은 노인 학교에 다니시며 알파벳을 처음으로 배우셨다. 열심히 공부하시면서 간단한 영어 동화책도 조금씩 읽게 되셨는데 너무 즐거워하셨다. 언제든 읽기의 기쁨과 즐거움을 느낄 수 있고, 늦었으면 늦은 대로 더 많이 읽으면 된다. 하물며 어린아이라면 더 즐겁게 읽고 말문이 언제 트이느냐가 관건이지, 누가 더 빠르고 늦고는 상관이 없다.

집중력은 떨어지지만 1-3세 때가 책 읽어 주기의 골든타임

10세 아이는 10~30분 동안 책 읽기가 가능하다

물론 영어를 일찍 시작하면 장점이 많으므로 걱정할 시간에 하루라도 빨리 읽기 시작하는 게 정답이다.

그런데도 최적의 시작 타이밍을 꼽자면 앞에서도 언급한 대로 엄마 목소리의 힘이 가장 강력하게 발휘할 때인 1~3세가 골든타임이다. 누군가는 너무 이른 게 아니냐고 묻겠지만 1~3세가 아이가 거부나 반항도 안 하고 들어주는 시기라서 매일 엄마 목소리로 책을 읽어 주면 영어책 읽기가 '습관'이 된다. 그래서 '세 살 버릇 여든 살까지 간다'라는 말이 있는 것이다. 이때부터 영어책 읽기 습관을 들이면 아이는 커서도 영어책을 보는 '평생 습관'으로 자리 잡는다. 4세부터 아이는 자기 의사 표현을 시작하고, 6세에 고집부리기 시작한다. 아이의 고집을 이기기 힘들다. 7~9세에는 자기주장과 호불호가 강해진다. 싫어도 해야 한다는 건 알지만, 안 하려고 하기 때문이다.

수퍼맘 박현영의 하루 15분 영어책 읽기의 기적

1~3세 때 시작해서 밑바탕을 다져 놓으면 평생이 수월하다. 고민할 시간에 무조건 시작부터 하라고 말해 주고 싶다. 다만 이 시기를 놓쳤다고 낙담할 필요는 없다. 늦게 시작했을 때의 장점도 있기 때문이다. 유아 때부터 일찍 영어를 시작하면 발음이 더 좋아지는 건 사실이다. 어감이 더 빨리 발달하고, 두 언어를 습득하는 능력, 즉 외국어를 모국어처럼 거부감 없이 받아들이는 습득 능력도 좋다.

영어책을 읽어 줄 때는 할리우드 배우가 돼라

그렇다면 영어책 읽기를 어떻게 해 줘야 할까. 어떤 아이들이든지 밋밋하게 영어책을 읽어 주면 백이면 백 집중하지 못한다. 이때 필살기가 할리우드 액션이다. 아이가 처음 보는 그림일수록 귀를 기울이게 하려면 시선을 끄는 몸동작이나 재밌는 의성어를 섞어 읽어 주자. 그러면 효과가 배가된다.

　　현진이는 어려서부터 많이 아팠다. 심장도 약하고 천식도 심해서 항생제도 자주 복용해야 했다. 몸이 약하고 아프다 보니 어려서부터 책에 집중을 오래 하지 못하고 산만한 편이었다. 내가 열심히 책을 읽어 줘도 정신없이 돌아다니고, 제자리에 앉아서 얌전히 듣지도 않았다. 자기가 하기 싫을 때는 떼까지 쓰니 엄마표로 뭔가를 해 주기엔 최악의 조건은 다 갖추고 있었다. 특히 밋밋하게 읽어 주면 집중

엄마는 할리우드 액션 배우

을 더욱더 안 했다. 그래서 '영어책 읽기'에 집중시키기 위해 모든 방법을 총동원했다. '체포당하다'라는 뜻의 'arrest'를 설명할 때도 그냥 말로만 하지 않았다. 휴지로 몸을 묶고 아빠한테 잡혀가는 척하며 '생쇼'를 했다. 그렇게 해 주니 아이가 깔깔 웃으며 'arrest'를 따라 외치고 영어책 읽기를 엄청 즐겼다.

"Let's spread jam on the bread(빵에 잼을 펴 바르자)"라는 문장이 나오면 입으로만 읽어 주지 않고 식빵에 잼을 펴 바르는 걸 눈앞에서 보여 주며 문장을 말해 줬다. '신맛'을 표현하는 영어 문장이 나오면 진짜 레몬을 사 와서 맛을 보여 주며 "으으으, It's sour"라고 읽어 줬다. 영어책을 읽어 줄 때만큼은 '이 구역의 미친년은 나'라는 생각으로, 손 동작과 얼굴 표현을 충분하게 해야 한다.

하루에 아무리 많은 단어를 공부하더라도 액션을 가미해서 읽는 것과 밋밋하게 읽는 것은 천지 차이다.

의성어와 의태어는 최고의 MSG

"pitter-patter(주룩주룩), huff huff(훅훅), oink oink(꿀꿀)."
영어 동화책을 읽다 보면 의성어, 의태어가 자주 등장한다. 의성어와
의태어야말로 영어책 읽기의 백미다. 아이들은 재미나게 반복되는
의성어, 의태어를 유난히 좋아한다. 초등 고학년만 되도 유치하게 느
끼지만, 유아와 초등 저학년 아이들은 의성어, 의태어는 재미있어 하
므로 가장 먼저 따라 외친다. 의성어, 의태어부터 따라 읽게 하면 기
본적인 아웃풋을 유도할 수 있다.

　나는 현진이에게 영어책을 읽어 줄 때 일부러도 의성어, 의태어
를 만들어서 읽어 줬다. 예를 들어 루이 암스트롱이 우주선을 타고 달
표면에 내리는 장면에서 "Finally he arrived on the moon(드디어 달
에 도착했습니다)"이라고 읽어 줄 때 아이가 지루해 졸고 있었다. 그래
서 거기에다가 사운드 효과를 팍팍 넣어 줬다. "Let's walk outside.
Thump! Thump!(밖에 걸어가 보자. 쿵쿵! 쿵쿵!)" 이렇게 읽어 줬더니 현
진이가 관심을 보이며 듣기 시작했다. 루이 암스트롱이 달 표면에 깃
발을 꽂고 미국의 영웅이 되는 이야기에 재미난 의성어, 의태어로 양
념을 더하며 실감 나게 읽어 주니까 초집중하며 듣는 것이다.

따라서 영어책을 고를 땐 의성어, 의태어가 많이 있는 책이 좋다. 엄마가 액션만 가해 준다면 의성어, 의태어만으로도 모든 영어책이 흥미로울 수 있다. 때로는 생소한 의성어, 의태어도 있고 사전에 뜻이 없는 것도 있다. 그래서 영어 리더스북은 무조건 번역본을 제공하는 곳에서 사지 않으면 해석이 어려워서 엄청 헤매게 된다. 방귀 소리가 영어로 'pfft'라고 나왔다면 우리말로도 '뽀오오옹~~'이라면서 성우처럼 '오버' 연기를 하며 읽어 주면 된다. '티끌 모아 태산'이라는 말처럼, 재미난 의성어를 따라 외치면서 시작된 아웃풋들이 하나둘씩 모여 아이의 자산이 된다.

많은 엄마가 책을 굉장히 조용하고 무덤덤하게 읽어 준다. CD 속 성우처럼 차분하게 읽어 주는 게 정답이라고 생각하는데, 이는 엄마표 영어책 읽기의 강점을 살리지 못하는 거다. 만약 신데렐라가 예쁘게 변신하는 장면이라면 정말 감탄하면서 기뻐하는 표정과 목소리로 읽어 줘야 한다. 아이는 책 자체보다 엄마와 함께 책을 읽는 그 시간을 더 좋아한다. 짧은 시간이라도 엄마가 '쇼'를 하면서 읽어 주면 마치 한 편의 연극을 눈앞에서 보고 있는 것처럼 책 읽기를 즐기게 된다. 책 읽는 시간은 기분이 '업'되고 신나야 한다. 리듬감 있게 목청 높여서, 강약을 충분히 살려 입을 크게 벌리고 큰따옴표 부분은 할리우드 배우 뺨치게 액션도 섞어 가며 열정적으로 읽어 주자. 역동적인 리듬과 액션이 없으면 책 읽기는 금세 질린다. 아이는 순간순간의 리듬으로 문장을 기억한다.

아무리 뛰어난 학원강사나 원어민이라도 아이를 제일 잘 아는 엄마만큼 해 주진 못한다. 내 아이를 위한 맞춤형 배우, 가수, 성우, 래퍼가 될 수 있는 사람은 엄마뿐이다. 그래서 나는 강연장에서 다음과 같이 늘 강조한다.

"엄마표 영어책 읽기는 체력이 뒷받침돼야 해요. 목청을 높여 강약을 살리면서 입 크게 벌리고 신나게 생쇼를 하며 매일 읽어 주려면 체력이 필요하거든요."

05

리딩 인풋이 없는
회화 아웃풋은 없다

"영어책을 많이 읽어 줬는데도 말문이 시원하게 안 터져요."

이런 고민을 털어놓은 엄마들을 자주 본다. 매일 열심히 해도 한 만큼 늘지 않는다는 고민은 어쩌면 당연하다. 외국어 실력은 수직 상승이 아니라 계단식 상승이다. 영어는 절대 모국어와 같은 속도로 늘지 않고, 쏟아부은 시간과 정비례해서 아웃풋이 나오지 않는다. 외국어 아웃풋은 답답할 정도의 정체기를 거친 후 어느 순간 터져 나온다. 앞에서 영어책은 한글책보다 쉽고 낮은 레벨로 읽으라고 했던 이유도 바로 이 때문이다.

아이가 크면서 우리말은 하루가 다르게 늘고 책도 다음 단계로 쭉쭉 넘어가지만 이상하게도 영어는 1~2년 내내 비슷한 말만 하고 비슷한 수준의 책만 찾는 시기가 온다. 같은 높이의 그래프가 2년 동안 이어질 때 '와이드 와이드 리딩(Wide Wide Redaing)'으로 다져야 한다.

'와이드 와이드 리딩'은 비슷한 레벨의 여러 책을 충분히 읽으면서 해당 레벨의 실력을 다지는 것으로 가장 중요한 영어책 읽기 방식이다. 예를 들어 한 줄짜리 레벨 1의 책 30권을 읽었다고 하자. 그러면 성미 급한 엄마들은 레벨 2의 책들로 넘어가는데 아이는 갑자기 글밥이 많아지고 내용이 어려워진 책에 재미를 못 느끼게 된다. 이렇게 리딩 레벨을 급하게 올리면 아이들은 흥미를 잃고 급기야 영어책 읽기를 거부하는 증상을 보이기도 한다.

현진이가 초등 1학년 때 "현진이의 리딩 레벨이 너무 낮은 것 같다, 요새 대치동 초등생들은 미국 청소년들이 보는 챕터북을 읽는다"라며 주변에서 걱정하는 얘기를 많이 들었다. 그래서 나도 급해진 마음에 레벨 2의 책으로 올려서 읽어 줬더니 너무나 힘들어했다. 모르는 단어가 많아지고 지문이 복잡해지니까 문해력 부족이 드러났다. 그래서 다시 원래대로 한 줄짜리 레벨 1의 다양한 책들을 1년 동안 읽게 했더니 다음 해에 레벨 2의 책들을 술술 읽어 나가는 것이 아닌가! 역시 '와이드 와이드 리딩'의 힘은 강하다. 그 어떤 외국어라도 마찬가지다. 비슷한 레벨 안에서 최소 1년은 켜켜이 다져줘야 다음 단계로 넘어갈 수 있다. 비슷한 수준에서 맴도는 것 같지만, 사실은 '다른 레벨'로 가기 위해 단단해지는 시기다.

반복해서 읽어 주면 황금 아웃풋이 나온다

흔히 축적된 것이 발산된다고들 하는데, 리딩 인풋(input)이 켜켜이 잘 쌓여야 회화 아웃풋(output)으로 연결된다. 인풋이 많아야 아웃풋도 따라온다. 유아나 초등학교 때 영어 회화에 사용하는 어휘를 보면, 어려운 용어는 쓰지 않고 대부분 일상 용어만 쓴다. 초등학생만 되더라도 국어 시간에 배운 '고립' '피폐' 같은 어려운 단어를 일상 회화에 녹여 낼 수 있는데, 영어는 성인이 돼서도 이런 용어를 구사하기가 쉽지 않다. '지하도로 가라' '육교로 건너가라'라는 말은 일상적인 말인데도, 막상 영어로 말하려고 하면 'overpass(육교)' 'underpass(지하도)' 같은 쉬운 단어도 잘 떠오르지 않는다.

나는 "음식을 먹은 게 없는데 어떻게 똥이 나오겠냐?"라는 말을 자주 한다. 음식을 먹어야 똥이 나오고 많이 먹을수록 똥의 양도 늘지 않는가. 특히 황금 변을 보려면 많이 먹는 것도 중요하지만 무엇을 먹느냐도 중요하다. 회화의 고퀄리티 아웃풋을 얻고 싶다면 확장된 어휘를 익힐 수 있는 인풋을 해야지, 도긴개긴, 그 나물에 그 밥 같은 비슷한 회화 표현만 익혀서는 안 된다. 만약 늘 사용하는 표현만 쓰면 평생 유아용 회화만 내뱉을 수밖에 없으므로 책에 나오는 고급 레벨의 영단어도 익혀야 한다.

예를 들어 'white coat'는 직역하면 '흰색 코트'지만 '의사 또는 실험실 연구원들이 입는 '흰색 가운'을 뜻한다. smart는 '똑똑한, 영리

한'이란 뜻으로만 알고 있는데 'smart clothes'라는 표현으로 사용되면 smart가 '깔끔한, 맵시 있는'이란 뜻으로 정장, 깔끔한 옷이란 의미다. 이런 다양한 어휘들은 영어책을 읽다 보면 자주 접하게 된다.

영어책 읽기를 다독 또는 다지기 리딩으로 하는 아이들은 고퀄의 회화 아웃풋이 나온다. 특히 엄마가 영어책을 많이 읽어 준 아이들은 엄마 목소리로 반복돼 나오는 수많은 일상 회화 표현을 자연스레 익힌다. 그냥 눈으로만 읽을 때는 흡수를 잘 못 해도 리듬감 있는 엄마 목소리와 할리우드 액션으로 표현을 듣다 보면 회화 활용까지 이어진다. 많이 읽어 줄수록 아이들이 자신의 아웃풋으로 내뱉는다.

부모가 아이들에게 하는 말은 범위가 한정된다. 한국말도 마찬가지다. 아이에게 주로 하는 말은 "밥 먹었어?" "들어가서 자" "숙제했니?" 정도이지, 인생과 철학을 논하지 않는다. 나도 아이랑 1년 내내 "밥 먹어" "왜 안 일어나" "숙제 했니?" 같은 유아 수준의 쉬운 말만 했다.

미국에 살다 오지 않아서 고급 표현을 사용하며 유창하게 말을 못한다고 한탄하는 엄마들이 많다. 그런데 미국에 살다 오는 것과는 상관이 없다. 미국 엄마들도 다르지 않다. 아이에게 하는 말은 "Hurry up(서둘러)" "Come and have some breakfast(와서 아침 먹자)" 같은 말이다. 미국에 살다 오지 않아서 고품격 영어 회화를 못 한다는 건 말도 안 되는 소리다. 책을 많이 읽으면서 인풋을 많이 하면 고품격 영어 회화라는 아웃풋을 끌어낼 수 있다.

'인풋'은 어떤 개념일까. '들려주는 소리의 양이 많을수록' 또는 '읽은 책의 권수가 많을수록'이라고 생각하는 엄마들이 의외로 많다. 어학에서의 인풋은 '반복해서 읽어 주는 횟수가 많다'라는 개념에 더 가깝다. 그러니까 무조건 소리를 많이 들려주거나 무조건 많은 책을 읽어 주는 것이 아니라, '짧은 시간이라도 매일', 그리고 '한 권이라도 여러 번 반복해서' 읽어 줘야 인풋이 아웃풋으로 연결된다. 왜냐하면 영어책을 고작 한 번만 읽고 덮어버리면 책 속의 중요 어휘, 문구, 회화 표현을 금세 까먹기 때문이다. 아무리 재미있게 읽었어도 한 번만 읽는다면 책 속 표현을 기억해서 아웃풋으로 끌어내기 힘들다.

충분히 반복된 인풋이 이뤄졌을 때, 짧은 문장을 여러 번 따라 읽었을 때 아웃풋도 기똥차게 터진다. 단 한 권을 읽어 주더라도 아이와 함께 외쳐가며 여러 번 반복해서 읽어 줘야 한다. 아이가 그 책의 문장을 평소에도 입 밖으로 내뱉으며 써먹을 정도가 되지 않으면 결코 '아이의 것'이 되지 못한다. 그런데도 '우리 애가 몇 번을 반복했는지가 아니라 몇 권을 뗐다'는 것에 뿌듯해하며 숫자 늘리는 데만 집중한다면, 그것은 엄마의 자기만족일 뿐이다.

아이한테 음식을 먹일 때 너무 많은 양의 음식을 한꺼번에 주면 소화도 못 시키고 결국 토하거나 설사를 할 것이다. 하지만 한 가지라도 너무나 맛있게 꼭꼭 씹어 먹고 운동까지 하면 황금색 변이 나온다. 책 읽기가 이와 똑같다. 건강한 황금색 변 같은 효과를 내는 건 다독이 아닌 '반복 리딩'이다. **100권을 한 번씩 읽는 것보다 한 권을**

100번씩 읽어 주는 것이 아이의 아웃풋으로 이어지는 책 읽기다.

아이의 영어 실력을 다지는 와이드 와이드 리딩

영어책 한 권을 여러 번 읽고 외쳐서 완벽하게 이해했다면, 그다음 레벨의 책으로 올라가는 게 아니라 비슷한 수준의 다른 영어책을 읽어 줘야 한다. 나는 이것을 '와이드 와이드 리딩'이라고 부른다. '와이드 와이드 리딩'은 아이의 영어 실력을 땅 다지듯 굳게 다져준다. 비슷한 레벨의 책들을 읽다 보면 어휘들이 반복되어 나오기 때문에 자연스럽게 그 어휘들을 자동으로 외우게 되고 다양한 영어 회화 표현으로 활용할 수 있다.

유초등 시기의 영어책 읽기에서 '진도'는 큰 의미가 없다. 얼마나 진도를 나갔느냐가 중요한 게 아니라, 책을 얼마나 자기 것으로 만들었느냐가 더 중요하다. 꼭꼭 씹어 먹고 소화를 잘했는지가 중요하지, 배 속에 무조건 많이 쑤셔 넣는 게 중요한 것은 아니다. 다양한 어휘와 문장을 쓰는 아웃풋이 나오려면 와이드 와이드 리딩을 통해 어휘가 차츰차츰 확장돼야 한다. 아이가 소화해서 내뱉을 수 있는 아웃풋의 문장 길이는 한계가 있다. 너무 긴 문장으로 된 책보다는 짧고 단순한 문장으로 된 책부터 읽는 것이 중요하다.

'I go to school' 'I help my mom'과 같은 형식의 한 줄짜리 문

레벨 1_한 줄짜리

레벨 2_두 줄짜리

레벨 3_세 줄짜리

네다섯 줄 이상의 챕터북

장으로 된 책들을 1년 동안 읽었다면 'I eat bread and it's yummy'
라는 형식의 문장도 읽을 수 있다. 살을 하나씩 붙여 나가면서 아이
의 영어는 더 단단해진다. 아이에게 다음 레벨의 책을 읽혀도 되는지
안 되는지는 확장 능력을 보면 알 수 있다. 같은 단계의 다른 책을 읽
었는데 거의 다 이해한다면 그 다음 단계로 넘어가도 된다는 뜻이다.

수퍼맘 박현영의 하루 15분 영어책 읽기의 기적

영어책을 읽어 줄 때 가장 큰 방해꾼은 엄마의 조급증이다. '빨리 그다음 레벨도 떼야 하는데' 하면서 조바심을 낸다. 아이에게 레벨1의 10권을 다 읽혔다고 하자. 대부분 엄마가 '우리 애가 드디어 레벨1을 다 뗐다'라고 생각하고 레벨2의 책들을 주문해서 읽힌 다음 또 레벨3의 책으로 넘어갈 것이다. 영어책은 레벨마다 수준의 차이가 상당하다. 갑자기 확확 길어지는 문장과 복잡한 문법과 어려운 어휘에 아이는 숨이 찰 수밖에 없다. 그렇게 되면 영어책 읽기에 대한 흥미도 잃는다. 만약 영어책 읽기를 좋아하던 아이가 어느 날 갑자기 영어책 읽기를 거부하거나 집중해서 듣지 않는다면 십중팔구 어렵기 때문이다. 어려우면 이해를 못 하고 이해를 못 하니까 집중을 안 하는 것이다. 집중을 못 하기 때문에 꾸준한 독서가 안 되는 것이다.

레벨1의 책을 몇 권 읽었다고 레벨1을 끝냈다고 생각한다면 큰 오산이다. A출판사에서 나온 레벨1의 10권을 다 읽었으면, 그다음엔 A출판사의 레벨2가 아니라 또 다른 B출판사에서 나온 레벨1의 책들을 읽힐 차례다. 이런 식으로 1년 내내 레벨1 수준의 책들을 다양하게 와이드 와이드 리딩을 해야 한다. 한번 익힌 어휘가 여러 책에서 반복하여 등장하면서 아이는 어휘와 문장을 충분히 익히고 레벨1 수준의 영어를 탄탄하게 다지게 된다. 레벨2로 올라가는 건 조금 더 나중에 해도 늦지 않다. 빨리 다음 단계로 올라가려는 조급증 때문에 그동안 쌓아 놓았던 공든 탑까지 무너질 수 있다는 사실을 잊지 말자.

영어책 읽기의 가장 중요한 비법은 큰 소리 낭독이다

현진이가 초등학교 4학년이 됐을 때쯤 현진이의 친구들을 보니 엄청난 선행학습을 하고 있었다. 영어 유치원부터 시작해 영어학원을 수년간 다니던 아이들이 중학교 준비를 한다면서 주니어 토익에 응시하기도 하고, 심지어 성인 토플 시험 문제를 푸는 아이도 있었다. 현진이 친구들을 보면서 조바심이 나지 않았다고 하면 거짓말일 것이다. 내 방법이 맞는 것인지, 내 방법대로 하면 책 속에 있는 말들은 아웃풋 할 수 있어도 영어 실력은 뒤처지는 게 아닐까 수없이 고민했다.

책을 제대로 많이 읽는 아이들은 사고력도 깊고 어휘력도 풍부해진다. 영어 리딩을 많이 했다면 당연히 영어식 사고력도 기를 수 있고, 책 속의 멋진 영어 문장들을 평상시 회화에서도 충분히 활용할 수 있어야 한다. 독해 능력만큼 스피킹 실력도 향상되는 게 맞다. 그런데 생각보다 많은 아이가 독해는 선행학습으로 저 멀리 앞서가는데 말하기는 그만큼 따라가지 못한다. 수많은 영어책 속의 주옥같은 문장과 어휘들을 입으로도 술술 뿜어낼 수 있어야 하는데, 부모 세대가 그랬던 것처럼 시험용 독해용으로만 머물고 있었다.

실제로 유명한 영어학원의 초등학교 5학년 학생들에게 초등 수준의 기초 표현을 물어봤더니 제대로 말하는 친구들이 거의 없었다. 'busy street(복잡한 길, 붐비는 길)', 'heavy plastic(잘 찢어지지 않는 튼튼한 비닐)' 같은 표현도 영어로 말할 줄 몰라서 우물쭈물하거나 '바쁜 길, 무거운 플라스틱'이라고 콩글리시로 말했다. 반면에 현진이는 선행 학습은 하지 않았지만, 자신이 읽은 책들 속에 나오는 문장들을 거의 다 자기 말로 소화해 실생활에서 수시로 써먹는 걸 보며 다시 한번 와이드 와이드 리딩에 확신을 하게 되었다.

큰 소리로 낭독하는 습관

독해나 듣기에 비해 말하기는 단기간에 터져 주질 않는다. 머릿속으로 아는 어휘가 아무리 많다고 해도 실질적으로 입을 움직여 말하는 연습을 오랜 시간에 걸쳐서 해 두지 않으면 아는 단어도 머릿속에서만 뱅뱅 돌고 쉬운 표현도 입 밖으로 나와 주지 않는다. 특히 어휘가 복잡하고 어려워지면 그 단어는 소리내어 암기하지 않는 이상 절대 아웃풋으로 나오지 않는다. 즉, 듣기나 독해 실력이 아무리 좋아도 평소에 말하기 훈련을 하지 않으면 더더욱 입 밖으로 나오지 않는다. 아는 단어를 실제 회화에 써먹을 수 있으려면 영어책을 큰 소리로 읽는 훈련이 돼 있어야 한다. 그래야 아는 단어가 제때 튀어나온다. 한마디로 '입톡튀 자동발사'가 되기 위해선 단어가 들어간 문장을 반복해서 '큰 소리 낭독'을 해야 한다.

내가 어딜 가나 강조하는 게 바로 'read out' 'speak out'의 중요성이다. 입을 딱 다물고 책을 정독해야 한다고 주장하는 사람도 있는데, 그건 중학교 입학 후에 빠른 속도로 지문을 읽고 문제를 풀어야 할 때의 얘기다. 초등학교 때까지는 100퍼센트 소리 내어 읽는 '큰 소리 낭독'을 해야 한다. 이건 어릴 때부터 엄마가 책 읽어 주는 습관에 달렸다. 엄마가 입을 크게 벌리고 큰 목소리로 읽어 주는 모습을 자주 보여야 아이도 영어책은 소리 내어 읽는 거로 생각하며 본인도 그렇게 읽게 된다. 목젖을 울리는 습관은 어릴 때 잡아 주지 않으면 점점 더 어려워진다. 초등학교 5~6학년만 돼도 영어책을 소리 내어 읽어 보라고 하면 하기 싫어하고 웅얼거리며 읽는다. 초등학교 때까지 큰 소리 낭독의 습관을 잡지 못하면 그 후에는 입이 굳어버려 힘들다.

영어는 리듬과 억양이 관건이다. 입 근육을 움직이고 목젖과 성대를 울려가며 낭독하지 않고 입속으로 오물거리기만 한 아이들은 발음이 좋아지기도 쉽지 않고 영어 특유의 리듬을 살려 말하기도 어렵

영어책 읽어 줄 때는
할리우드 배우가 돼라

다. 평생 입 다물고 눈으로 독해만 하는 아이로 키울 것인가, 아니면 어려서부터 들인 낭독 습관으로 입으로도 술술 외칠 줄 아는 아이로 키울 것인지는 엄마의 손에 달렸다. 특히 '말하기' '발표' '쓰기'가 핵심인 IB(International Bacclaureate) 시대에 '큰 소리 낭독'은 요즘 가장 중요한 영어 학습법이다.

소리 내어 책 읽기, 즉 'read out'의 'out'은 '뭐든지 큰 소리로 내보내라'는 의미다. 구구단을 예로 들면, 전 세계의 거의 모든 국민이 구구단을 평생 외울 수 있는 나라는 한국, 중국, 일본, 인도밖에 없다. 어릴 때 리듬감 있게 구구단을 소리 내어 외치는 교육을 한 덕분이다. 서양 아이들이 구구단을 외우지 못하는 건 눈으로만 보고 지나갔기 때문이다. 우리는 어릴 때 눈으로만 읽지 않고 리듬을 타며 외친 것을 평생 활용하고, 어른이 돼서도 계산할 때 '이 사 팔' '칠팔은 오십육'이 자동으로 튀어 나오는 것이다.

구구단을 눈으로만 봤다면 이런 아웃풋이 나오기 힘들다. 영어책도 눈으로만 읽어서 끝내지 말고 구구단 외듯이 리듬감 있게 수십, 수백 번 읽어 주고 아이가 외쳐 읽게 해야 책에서 읽은 것들이 저장됐다가 입 밖으로 나온다. 엄마가 "이 문장을 큰 소리로 읽어 봐"라고 한다고 처음부터 잘 읽을 아이는 없다. 그래서 어렸을 때부터 엄마가 큰 소리로 읽어 주고 아이도 큰 소리로 읽는 습관을 들이는 게 중요하다. 큰 소리로 읽는 것도 해 본 애들이 잘한다.

큰 소리 낭독은 전치사와 문법 고민 해결사

소리 내어 읽는 습관이 들면 문장 속에 자주 나오는 전치사나 문법 고민도 해결된다. 예를 들어 'in the summer', 'in the winter' 같은 표현의 'in the'가 입에 착 달라붙는다. 어렸을 때 'fall down(넘어지다)'을 하면서, 항상 'fall down 쾌당! fall down 쾌당! She fell down, 쾌당!' 하고 읽어 줬더니, 이후 'fall down'을 굳이 숙어로 외우지 않아도 자연스럽게 나왔다.

현진이는 초등학교 때 영어 문법 시험은 틀리는 문제가 있어도 말로 할 때만은 문법이 완벽에 가까웠다. 원어민 교사들이 현진이가 영어로 말하는 것을 듣고 '(외국에서) 살다 왔느냐?'고 묻는 일이 많았는데, 'the'나 'in the' 같은 관사나 전치사, 숙어 사용이 원어민처럼 정확했기 때문이다. 나는 현진이에게 영어책을 읽어 줄 때마다 전치사나 전치사가 들어간 관용구가 나오면 전치사를 강조하며 읽어 줬다.

아이가 'on desk'라고 하면 그냥 넘어가지 않고 반드시 "On the desk? Is it on the desk?"라면서 입을 더 크게 벌려서 'On the'를 강조해 줬다. 그러면 아이도 다시 한 번 내 입을 따라서 'on the desk'라고 고쳐 말했다. 문법책으로 문제 풀기가 아닌 낭독 습관을 통해 전치사와 어법의 틀을 잡아 준 것이다. 많은 아이가 중학교 가면 전치사와 숙어 때문에 골머리를 썩이는데, 이 문제는 낭독의 습관으로 해결할 수 있다. 눈으로만 읽으면 시간이 지날수록 기억에서 잊힌다. 'take off'였는지 'take in'이었는지 쉬운 표현도 헷갈리기 일쑤다. 언어는 그 나라의 문화가 반영되는데, 영어권 문화는 한국의 문화와 다르고, 문장의 구조와 어원이 전혀 다르기 때문이다. 문법을 문제집으로 풀면서 외우려고 하면 당장은 외워지더라도 시간이 지나면 희미해진다. 하지만 낭독 습관으로 익히면 아이가 평생 기억해 낸다. 말로써 하는 어법으로 입에 착 붙게 되면, 글로써 하는 시험용 문법은 저절로 해결된다.

현진이는 중학생이 되면서 큰 소리 낭독에서 묵독으로 자연스럽게 넘어갔다. 단, 책을 읽다가 중요한 어휘나 문구, 문장이 나오면 어김없이 소리 내며 반복해서 읽는다. 입 근육을 움직이며 반복해서 큰 소리로 읽으면 귀와 입에 팍팍 꽂히면서 외워지기 때문이다. 만약 선행학습과 시험 준비용 독해 공부를 하는 주변 아이들을 보고 불안해져서 소리 내어 책 읽기를 중단했더라면 '입툭튀 자동 발사'로 어휘나 문장들의 아웃풋이 나오지 못했을 것이다. **말하기의 힘이 되는 건 외운 것이 아니라 외친 것이다.**

말하기는 어휘력, 표현력, 논리력, 상식 같은 여러 가지 요인이 종합해서 완성된다. 초등학교 3~4학년만 돼도 아이들이 학급회의 하는 걸 보면 어른처럼 논리적으로 말을 잘하는 애들이 있는가 하면 우물쭈물하면서 자기 생각을 제대로 표현하지 못하는 아이들이 있다. 모국어도 개인차가 크다. 발표나 토론을 잘하는 아이는 하루아침에 만들어지지 않는다. 하물며 영어 말하기는 어떻겠는가. 이 또한 엄청난 영어책 읽기를 통해서 이루어진다. 많은 영어책을 소리 내어 읽고 또 읽으면서 자기 것으로 만들면 비로소 영어의 아웃풋이 터지는 것이다.

미국 제41대 대통령 조지 H. W. 부시의 부인이자, 제43대 대통령인 조지 W. 부시의 어머니인 고(故) 바버라 부시 여사가 생전 이런 말을 했다고 한다.

"Home is the first school. Mom is the first teacher. Mama's words are the first dictionary(가정은 생애 첫 번째 학교이고, 엄마는 첫 번째 선생님이며, 엄마의 말은 생애 첫 번째 사전이다)."

어렸을 때부터 집에서 엄마에게 배운 말들이 곧 모국어가 되듯이, 가정에서의 언어 교육, 말하는 습관이 중요하다. 말하기는 결국 '큰 소리 낭독 훈련'의 오랜 훈련의 결과다. 훈련이 습관이 되게끔 해 주는 것은 바로 엄마의 역할이다. 큰 소리로 낭독으로 말을 잘할 수 있게 해 주는 습관이야말로 엄마가 아이에게 줄 수 있는 평생 최고의 선물이다.

엄마는 토서,
아이는 스파이커

대형서점 아동 원서 코너에 가보면 아이들 손잡고 책 나들이 나온 엄마들을 볼 수 있다. 영어책 값이 워낙 비싸다 보니 일일이 다 사줄 수 없기에 아이에게 다양한 책을 읽어 주려고 서점을 찾는다. 아이들에게 영어책을 보여 주면서 읽어 줄 때 아이 눈을 한 번도 안 맞추고 그야말로 나 혼자 읽는 엄마들이 많다. 아이들은 다른 곳을 보면서 멍때리고 있는데 엄마 혼자 신나게 책을 읽는, '영털리(영혼 털린 리딩)'를 심심치 않게 볼 수 있다. 마치 다른 사람에게 보여 주기 위한 쇼가 아닌가 하는 생각까지 든다. 영어책은 엄마가 일방적으로 읽어 주는 것이 아니라 아이와 함께 읽는 '투게더 리딩(Together Reading)'이 돼야 한다.

영어책을 읽어 준다는 것은 엄마 혼자 읽는 '나홀로 읽기'가 아니라 아이가 엄마와 함께 외치고 따라해야 한다. 그렇게 되려면 아이와 눈도 맞춰가며, 아이가 따라할 시간을 주고 기다려주면서 아이가 정말 집중하고 있는지 관심을 기울여야 한다. 엄마표 영어책 읽기가 '엄마가 읽어 주고 아이는 그저 입 다물고 듣는 것'으로 알고 있었다면 이제부터는 '엄마와 아이가 함께 읽는 것'이라고 개념부터 새로 정하자.

혼자보다 함께 읽어야 두 배는 즐겁다

노래방도 혼자 가서 부르는 것보다 같이 불러야 재미있다. 밥도 혼밥보다 다 같이 먹는 게 맛있다. 세계 유명 아티스트들이 일본보다 한국 공연을 좋아하는 이유도 한국 관객들의 유별난 떼창 문화 때문이다. 목이 터지도록 영어 가사를 외치는 한국 관객들의 떼창에 세계적인 팝스타들도 감동해서 더 신나게 공연하는 것이다. 오죽하면 불친절하기로 유명한 에미넴조차 내한 공연 때 한국 관객들의 떼창에 대한 감사의 표시로 머리 위로 하트를 그렸겠는가. '함께해 준다는 것'에 감동했기 때문이다.

'영어책을 읽는다'라는 것도 마찬가지다. 영유아와 초등 저학년까지는 무조건 줄줄 기계처럼 읽기만 하는 것은 영어책 읽기라고 할 수 없다. 엄마가 읽어 주고, 엄마랑 아이랑 같이 주고받으며 번갈아 말해 보면서 책에서 읽은 내용을 내뱉어 봐야 한다. 엄마가 읽어 주는 소리를 듣고 아이도 따라 읽으며 CD에서 나오는 원어민 발음도 엄마와 아이가 같이 따라 외쳐야 한다.

같이 읽기의 첫 시작은 간단하다. 엄마가 여러 번 읽어 준 후 가끔 문장 끝의 단어 하나에 블랭크를 주고 아이가 그 단어를 외쳐서 채우게 하면 된다. "So she went to the____" 하고 넘겨주면 아이가 "park!" 하며 주고받는 식이다. 이런 간단한 '토스'도 아웃풋의 시작이고, 낭독의 기본이자, 투게더 리딩의 시작이다.

배구 경기에는 스파이크가 있고 토스가 있다. 토서(tosser)가 공을 띄워 주면 스파이커(spiker)가 뛰어올라 그 공을 친다. 토서가 공을 너무 높이 띄우면 스파이커 손에 공이 닿지 않을 것이고, 너무 낮게 띄우면 공이 떨어진다. 토서 없이는 스파이커도 없다. 멋진 스파이크가 나오려면 정확한 토스가 뒷받침돼야 한다.

영어책을 읽어 줄 때는 엄마의 역할이 바로 토서다. 그런데 책을 읽어 주는 엄마들을 보면 자기가 스파이커 역할을 하는 줄 착각할 때가 많다. 자기가 주인공이 돼서 혼자 다 읽으려 하고, 아이는 즐기거나 말거나 자기 위주로 리딩을 한다. 아이가 중간에 끼어들거나 딴죽을 걸면 입 다물고 집중해서 들으라며 윽박지르기도 한다. 그러면 아이에게도 스트레스, 엄마에게도 스트레스가 되면서 아이는 영어책 읽기를 점점 더 싫어하게 된다.

그동안 아이에게 영어책을 어떻게 읽어 줬는지 한번 곰곰이 생각해 보자. 아이를 옆에 앉혀 놓고 혼자서 주절주절 읽은 것은 아닌지,

읽을 때 아이가 어떤 반응을 보였는지, 읽는 중간에 "What's this?" 하며 자꾸 확인하려 들었는지, 아니면 잠깐이라도 집중해서 듣지 않으면 "집중해!" 하며 소리치진 않았는지 말이다. 진정한 엄마표 영어책 읽기는 엄마 혼자 읽어 주는 것이 아니고, 아이만 읽는 것도 아니고, 엄마와 아이가 함께 즐겁게 읽는 것이다.

'남이 쓰면 남 말, 내가 써야 내 말'이다. 엄마가 읽으면 엄마 말이지 아이 말은 아니다. 엄마들이 쉽게 범하는 실수는 아이에게 "영어책 네가 직접 읽어 봐" "듣고 따라 해 봐"라고 시키기만 하고 엄마 자신은 그다음부턴 가만히 듣고만 있는 것이다. 엄마는 입 다물고 따라 하지 않으면서 스스로 척척 읽을 아이들이 있겠는가. 엄마가 지시만 하면 아이는 '왜 엄마는 안 하고 나만 이렇게 외치고 따라 해야 하지?'라는 생각을 할 수 있다. 영어책 읽기는 엄마만 읽어 줘서도 안 되지만, 아이만 읽게 해서도 안 된다. 듣는 것도 마찬가지다. 엄마는 영어 CD를 듣지 않으면서 아이에게만 들으라고 하면 아이는 딴 짓하기 일쑤다. 아이 혼자 영어 CD를 들어야 할 때면 심심하고 외로워하지만, 엄마가 아이와 함께하면 비로소 힘을 발휘한다. 따라서 엄마가 먼저 엄마 목소리로 읽어 주고, 책 읽는 중간중간 주고받은 후 원어민 CD를 같이 들으면서 엄마랑 아이가 같이 따라 해 보자. 아이는 엄마가 함께하기 때문에 신이 나서 집중할 것이다.

엄마가 하면 아이도 한다

2011년 미국 아카데미 4관왕을 휩쓴 영화 〈킹스 스피치〉를 보고 마치 내 얘기인 것처럼 감동을 받았다. 조지 6세의 실화를 바탕으로 한 이 영화는 주인공인 조지 왕이 심한 말더듬이 증상으로 고통스러워하다가 언어치료사의 가르침 덕분에 마침내 훌륭한 연설을 하게 되는 과정을 담았다. 치료사가 왕에게 연설 연습을 시킬 때 마치 지휘자처럼 리듬을 타며 어디서 탁탁 끊어 읽어야 하는지 가르치는 장면이 나온다. 현진이랑 같이 리듬을 타고 끊어 읽기를 했던 게 떠올라서 꼭 내가 주인공인 것만 같았다.

영화 속 언어치료사는 왕의 이야기를 진심으로 들어 주는 사람이었다. 알고 보니 조지 왕은 어릴 때 보모에게 학대 당한 후로 마음의 상처를 입고 말을 더듬게 되었는데, 치료사는 왕에게 노래하듯이 리듬에 맞춰 그 이야기를 털어놓게 한다. 그리고 진심으로 귀 기울여 들어 주며 장단을 맞춰 준다. 말 잘하게 만드는 비법은 어쩌면 '잘 들어 주는' 데서 출발하는 것일지도 모른다. 잘 들어 주고 교감하며 공감해 줄 때 중증 말더듬이였던 사람조차 명연설을 남길 수 있게 된다.

책을 읽어 줄 때도 아이의 입을 다물게 하는 것이 아니라 아이의 말을 잘 들어 주고 입을 열게 해 주려는 노력이 중요하다. 아이가 책과 상관없는 이야기를 하거나 산만하더라도 "조용히 해. 엄마가 읽는 거 들어. 빨리 다음 페이지 읽어야지"라고 다그치지 말고, 아이가 하는 말에 귀 기울이고, 아이의 마음을 살피는 여유로운 엄마가 돼야한다. 영어책 읽기는 엄마와 함께하는, 세상에서 가장 행복한 소통 시간이어야 한다.

자신이 내성적이라 잘하지 못하겠다는 엄마들, 영어 울렁증이 있어서 영어책 읽어 줄 자신이 없다는 엄마들, '오버'해서 책 읽기가 성격에 안 맞아서 못 하겠다는 엄마들도 많다. 하지만 내성적이고 자신 없어도 이 시간만큼은 아이를 위해 나 자신을 바꾸겠다는 마음의 자세를 가져야 한다.

엄마가 변하지 않으면 아이도 변하지 않는다. 엄마가 입 다물고 있으면 아이도 입 다물고 있고, 엄마가 무뚝뚝한데 아이한테만 춤을 추라 하면 아이도 쭈뼛거리며 춤을 못 춘다. 엄마가 재미없어하면 아이도 재미없어한다. 하지만 엄마가 하면 아이도 한다. 엄마가 춤추면 아이도 춤춘다. 엄마가 리듬감 있게 읽어 주면 아이도 똑같이 읽고, 엄마가 즐겁게 책 읽기를 하면 아이도 책 읽기가 즐겁다. 엄마도 책 읽기를 즐기면서 따라 하는 척이라도 해야지, 아이만 하라고 강요하지 말자. 엄마가 먼저 모범을 보이자.

엄마는 스파이커가 아니라 토서

엄마는 영어 선생님이 아니다. 가르치기만 해서는 안 되고, 주야장천 읽어 주기만 하는 사람이어서도 안 된다. 아이가 스파이크를 때릴 수 있게 도와주는 토서, 잘 전달해 주는 연기자, 혼자서 할 수 있도록 이끌어 주는 명 코치가 돼야 한다.

브라이언 오서 코치는 피겨 여왕 김연아 선수에 이어 피겨 프린스 차준환 선수를 가르칠 때 직접 트리플 악셀이나 쿼드 러플 점프를 보여 주는 게 아니라 그런 고난도 점프를 잘 할 수 있게 이끌어 주는 역할을 했다.

스파이커이자 리더는 엄마가 아니라 아이가 돼야 한다. 엄마는 스파이커가 아니라 철저히 토서가 돼 아이를 뒷받침해 주며 아이가 책 읽기를 즐길 수 있게 해 주는 역할이다.

훌륭한 토서가 되기 위해 명심해야 할 것이 있다.

첫째, **엄마 혼자만 읽는 독서는 안 된다.** 엄마표 영어책 읽기가 엄마의 독서능력만 키우고 엄마 목청만 틔우자는 게 아니지 않는가. 문장의 마지막 한 마디 정도는 아이에게 '토스'해 줘서 아이가 받아치게 기회를 줘야 한다.

둘째, **"가만히 앉아서 들어"**라는 말은 금지어다. 얌전하게 앉아서 듣는 아이도 있고 산만하게 돌아다니면서 듣는 아이도 있다. 천차만별인 아이들에게 무조건 차렷 자세로 앉아 있기를 강요하는 시간이 돼서는 안 된다. 엄마는 아이가 책을 읽을 수 있도록 도와주는 역할을 하는 것이지, "내가 열심히 읽어 줄 테니 넌 입 다물고 들어"라고 하는 사람이 아니다.

엄마는 아이의 토서

셋째, **책 읽기의 기준은 아이에게 있다.** 엄마 입맛이 아닌 아이 입맛에 맞춘 요리를 해야 아이가 맛있게 먹는다. 책을 고를 때도 엄마 혼자서 이게 좋을 것 같다며 정해 버리지 말고 아이와 함께 고르자. 그 책을 정말 아이가 좋아하는지, 아이 수준에 맞는 책인지 아이의 반응을 살펴야 한다.

훌륭한 토서는 "내가 이렇게 쳐주니 싫어하는구나" "이렇게 해 줬더니 기똥차게 잘 치는구나" 하고 항상 스파이커와 눈높이를 맞출 수 있어야 한다.

넷째, **절대 하지 말아야 할 것이 "왜 안 따라 해"라고 말하는 것이다.** 강압적으로 "따라 하라"고 해서도 안 된다. 배구에서 토스를 거쳐 스파이크 공격을 하는 것처럼, 상대방의 스파이크를 리시브 없이 받아 낼 수 없다. 엄마는 훌륭한 토서로서 최적의 공을 토스해 주면 된다. 주사로 치면 주사를 놓기 전에 아픔을 덜 느끼라고 주사 맞는 옆 부위를 툭툭 쳐주는 역할이다.

다섯째, **남과의 비교는 절대 하지 말아야 한다.** 영어책 읽기에서도 엄마들은 비교하기 바쁘다. "옆집 아이가 《해리포터》를 원서로 읽는다더라" "우리 아이는 디즈니 스토리를 읽는데 같은 반 친구들은 챕터북을 읽는다더라" "우리 아이 AR지수는 다른 아이에 비하면 아기 수준이라니" 등 끊임없이 비교하고 조바심내며 아이에게 스트레스를 준다. 누가 더 빨리 레벨업 리딩을 하느냐는 절대 중요하지 않다. 더 정확하게 자기 지식으로 소화해서 평생 써먹는 단단한 다지기 리딩을 하는 것이 제일 중요하다는 점을 잊지 말자.

마지막으로 **가르치려고(teach) 하지 말고 영어책을 함께(together) 읽는다는 마음으로 해 보자.** 엄마가 아무리 영어를 잘해도 모국어가 아니다 보니 언젠가는 탁 막히게 되는 순간이 온다. 그럴 때마다 스트레스 받으며 자신이 공부한 다음 아이에게 가르치는 식으로 읽어 줄 것인가? 절대 그렇게 하면 안 된다. 영어책 읽기는 아이와 엄마가 함께 호흡을 맞추는 과정이다. 잘 모르면 해석본 보면서 서로 고개를 끄덕이며 내용을 이해하고 즐겁게 읽어야 문장 하나하나가 오래 기억에 남는다. 잊지 말자. '티칭'이 아니라 '팀칭'이다.

잘 고른 장비가
영어 책벌레를 만든다

운동과 등산에서만 장비가 중요한 것이 아니라 엄마표 영어책 읽기도 '장비발'이다. 좋은 장비를 고르는 것도 실력이다. 최고의 장비는 당연히 연령별로 딱 맞는 효율성 높은 영어책일 것이다. 그리고 그만큼 중요한 것이 영어책 읽기의 능률과 효과를 쑥쑥 업그레이드해 줄 보조 장비다. 공부 잘하는 친구들의 필통을 보면 노트 필기를 잘할 수 있도록 도와주는 컬러펜, 형광펜, 포스트잇, 스티커 등과 같은 다양한 문구류가 많다. 영어책 읽기도 마찬가지다. 더 읽고 싶게 만드는 마법의 '리딩 가이드(Reading Guide : 독서를 즐겁게 이끌어 주는 꿀템)'가 많은데 가성비 높은 '꿀장비'들을 소개하고자 한다. 심지어 집 근처 다이소 매장이나 온라인 몰에서 쉽게 구할 수 있는 것들이니 고민은 배송만 늦출 뿐이다.

골든 센텐스를 채굴하는 말풍선 포스트잇

다이소 매장이나 문구점에 가면 영어책 좀 읽는다는 엄마들은 다 가지고 있는 말풍선 포스트잇이 있다. "자명종이 자정에 땡땡 울리자마자 신데렐라가 뭐라고 소리쳤지?" "I must go now!" "그렇지! 그럼 엄마가 이 말을 말풍선 포스트잇에 적을까? 아니면 네가 적어 볼래?" "내가 적을게!" 아이는 신이 나서 형형색색의 말풍선 포스트잇에 골든 센텐스를 컬러펜으로 적을 것이다. 그런 다음 "What did she say(그녀가 뭐라고 했니)?"라고 물어보면 아이가 표시해 놓은 페이지를 스스로 찾아내면서 반응한다. 앞에서 말한 '투게더 리딩'을 '꿀템' 포스트잇으로 더 쉽게 끌어낼 수 있는 것이다.

아이는 엄마가 없을 때, 또는 혼자 책을 읽을 때 말풍선 포스트잇으로 표시된 부분을 기가 막히게 찾아낸다. 현진이도 혼자 책을 읽을 때, 자기가 표시해 놓은 《인어공주》에 나온 "I lost my voice(목소리를 잃어버렸어)"나 《개미와 베짱이》 중 "I must get ready for the winter(겨울을 날 준비를 해야 해)"와 같은 문장은 귀신같이 찾아냈다.

엄마가 포스트잇을 꼭 붙일 필요는 없다. 나는 책을 읽은 후에는 "현진아, 이 책에서 어떤 문장이 제일 좋았어?"라고 물어보곤 했다. 현진이가 "Let's go together가 제일 좋았어"라고 대답하면, 현진이 스스로 포스트잇을 붙이게 해 줬다. 아이에게 나만의 골든 센텐스를 찾을 수 있게 해 주는 것이다. 이런 방식으로 **아이와 함께 골든 센텐**

골든 센텐스 채굴1

말풍선 포스트잇

골든 센텐스 채굴2

투명 형광 포스트잇

투명 형광 포스트잇

반투명 포스트잇

스를 '디깅(digging, 채굴)' 하자. 포스트잇은 밝은색으로, 메모는 진하고 굵게 써서 눈에 쉽게 띄도록 하는 게 좋다.

밑줄 대신 반투명 형광 테이프

어느 책이나 핵심 문장, 그러니까 골든 센텐스가 있다. 사자가 울먹이며 생쥐에게 "You saved my life(네가 내 목숨을 구했어)"라든지 신데렐라가 구두를 신어보고 외치는 "It fits me(나한테 맞아)" 같은 문장은 자주 반복돼 나오고, 실생활에서도 활용도가 높다. 모든 문장, 어휘를 다 외우려고 하지 말고, 황금 문장 하나, 황금 어휘 하나, 이렇게 딱 두 마리 토끼만 잡자.

《백설공주》를 읽고 현진이에게 제일 기억에 남는 어휘를 물었더니 "Run away(도망가)"와 "Mirror, mirror, on the wall(거울아, 거울아, 벽 위의 거울아)"이라고 했다. 백설공주가 위험에 빠지거나 죽을까 봐 걱정됐다는 것이다. 그래서 그 문장에 포스트잇을 붙여서 표시했다. 다음에 다시 읽을 때는 "지난번 현진이가 꼽은 골든 센텐스는 이거였네"라고 짚어 주면, 현진이도 "아 그래?"라면서 다시 한번 쳐다보고 복습하기도 하고 아니면 "마음이 바뀌었다"라면서 다른 문장을 짚기도 했다.

현진이가 반투명 형광 포스트잇으로 붙인 골든 센텐스를 보는 게 나에게는 쏠쏠한 재미였다. 현진이가 커가면서 책을 몇백 권, 몇천 권씩 읽고 영어 수준이나 사고력이 높아지자 황금 문장의 수준도 같이 높아졌다. 어렸을 때는 "비비디 바비디 부"를 신나게 외치던 현진이가 커가면서는 《라이언 킹》에 나온 "Being brave doesn't mean you go looking for trouble(용감하다는 건 사고를 치는 것과는 달라)"과 같은 표현을 골든 센텐스로 짚었다. 그러다 어느 날 현진이가 《라이언 킹》을 읽다가 "You are more than what you have become(넌 네가 생각하는 것보다 더 큰 존재야)"이라는 문장을 적더니 두 주먹을 불끈 쥐었다. 아마도 책 속의 대사를 자기가 하는 말인 것처럼 느끼는 듯했다. 아이와 함께 '골든 센텐스'를 게임처럼 즐기다 보면 아이의 황금 어록도 함께 볼 수 있어서 엄마에게도 정말 좋은 추억이 된다.

1,000원이면 살 수 있는 반투명 형광 테이프는 문장이나 단어를 직접 표시하는 데 편리하다. 중요 포인트나 문장, 메시지 위에 붙이면 한눈에 들어온다. 테이프를 붙이고 그 위에 유성 볼펜이나 연필로 메모도 할 수 있어 편하고 반투명 형광 포스트잇도 글씨 위에 메모를 할 수 있어 유용하다. 이때 주의할 것이 있다. 영어 문장이나 어휘에 한글 해석이나 뜻을 써 놓으면 영어책 읽기 효과를 떨어뜨릴 수 있으니, 표시하고 밑줄 긋는 용도로만 쓰자.

자신감 불어넣어 주는 '키즈 마이크'

스토리 리딩 교육이 발달한 미국의 책 읽기 강연장을 가보면 아이들에게 마이크를 하나씩 쥐어 준다. 책을 큰 소리로 읽는 데 있어서 효과적인 장비가 마이크이기 때문이다. 가창시험 때는 소심하게 모기

만한 목소리로 노래를 부르던 친구가 노래방에서 마이크만 잡으면 가수처럼 가창력을 뽐내는 경우를 본 적이 있을 것이다. 아이들에게 도 마이크는 자신감을 불어넣어 주는 비밀 병기다. 목소리가 작고 내성적인 아이들도 마이크를 통해 크게 울리는 자신의 목소리를 들으면 신기해한다. 요즘 아이들은 각종 매체를 통해 연예인들의 모습을 자주 접하기 때문에 마이크를 들고 뭔가를 하면 마치 스타가 된 것처럼 우쭐해지기도 한다. 마이크는 그야말로 자신감 증폭기다. 온라인 쇼핑몰에서 시크릿 쥬쥬, 핑크퐁, 뽀로로 같은 애니메이션 캐릭터로 만든 각종 키즈 마이크를 살 수 있으니 활용해 보자. 엄마가 영어책을 읽어 줄 때 아이의 손에 마이크를 쥐어 주면 아이가 더 적극적으로 반응하게 된다.

'손가락 인형'과 '손 인형'으로 역할 놀이

손가락 인형은 영어권 특히 미국, 캐나다, 영국의 어린이 교육에서 활용하는 필수 교구 중 하나다. 긴 골무처럼 생긴 손가락 인형은 손가락에 끼울 수 있게 돼 있는데, 책을 읽으면서 역할 놀이를 하는 데 유용하다. 손 인형은 마치 장갑처럼 돼 있어서 손을 넣어 엄지와 새끼손가락으로 인형의 손을 움직일 수 있는 도구다. 손가락 인형이나 손 인형은 책 속에 나오는 주인공 역할을 하면서 아이가 적극적으로

키즈 마이크

손가락 인형

따라 읽게 할 수 있다. 엄마와 아이가 인형을 하나씩 맡아서 책 속의 인물로 변신해 대사를 주고받으며 역할 놀이를 하면 자연스럽게 복습이 된다. 인형 놀이를 통해서 책 내용을 좀 더 입체적으로 이해하고 몰입할 수 있어서 자연스러운 아웃풋을 유도할 수 있다.

나도 현진이에게 책을 읽어 줄 때 손가락 인형을 자주 활용했다. 현진이가 따라 하기 싫어할 때 손가락 인형을 끼고 인형이 나를 따라 하는 것처럼 연기했다. 인형이 적극적으로 나서는 것처럼 보여 주니까 현진이도 경쟁심이 생기는지 더 열심히 따라 했다. 내성적이거나 소극적인 아이들은 따라 읽기를 잘 안 하려고 하는데, 이럴 때 인형을 활용해 아이들의 경쟁 심리를 자극하면 된다. 현진이가 대답을 잘 안 할 때마다 인형을 움직이며 "What did she say?"라고 물으면 입을 꾹 다물고 있던 현진이가 적극적으로 답을 하려 했다.

발음 교정과 흥미 자극하는 사운드펜

영어 교구의 종류와 기능도 눈부시게 발달하고 있다. 사운드펜 또는 터치펜은 아이들의 발음 교정은 물론 흥미를 유도하는 데 효과적인 도구다. 사운드펜 또는 토킹펜이라고 하는 이 도구는 책의 단어와 문장이나 그림 부분을 누르면 원어민 발음으로 소리를 낸다. CD나 MP3는 일일이 해당 문장이나 페이지를 찾아서 버튼을 눌러야 하는데, 이 사운드펜은 듣고 싶은 페이지나 문장을 콕 찍으면 소리가 나니 엄청 편하다. 이미지와 사운드를 통해서 영어를 강렬하게 익히고 단어와 문장을 소리로 익히게 해 주기 때문에 많은 엄마들이 사용한다. 안 좋은 발음을 걱정하는 엄마들이 많은데, 아이들에게는 올바른 발음을 구분하는 능력이 있다. 엄마가 신나게 열정적으로 책을 읽어 주고 단어를 설명한 후, 마지막에 사운드펜으로 원어민 발음을 들려주면서 마무리하면 된다.

사운드펜은 파닉스를 익히는 데도 효율적이다. 파닉스 규칙을 잘 모르는 주로 6세 미만의 아이들은 단어를 이미지처럼 연상한다. 예를 들어 'pizza'라는 단어의 알파벳이나 파닉스 규칙을 잘 모르더라도 피자헛(Pizza Hut) 앞을 지나갈 때마다 엄마가 "피자헛 가자"라고 말하면 아이는 글자를 이미지로 인식해서 나중에는 저절로 '피자헛'이라고 읽을 줄 알게 된다. 아이가 길을 가다가 '맥도날드' '서브웨이'의 영어 간판을 보고 읽는 것과 같은 이치다. 알파벳을 읽는 게 아니라 이미지를 통째로 기억해 내는 것이다. 이때 중요한 건 소리를 내어 발음을 알려 주는 것이다.

파닉스 규칙을 모르더라도 사운드펜으로 단어나 문장을 쿡 찍을 때 나는 소리를 들으면서 단어를 습득한다. 동시에 원어민 발음을 듣기 때문에 글자와 발음을 같이 익힐 수 있다. 요즘은 단순히 단어의 발음만 나오는 것이 아니라 음향효과도 더해진 사운드펜이 있다. 사과 먹는 그림을 펜으로 누르면 '우걱우걱' 씹는 ASMR과 함께

"Mmm, yummy apple"이라는 소리가 나온다든지, 비 오는 그림을 쿡 누르면 "우르릉 쿵쾅 쏴악" 하는 효과음과 함께 "It's raining"이라고 나온다. 아이에게 그림의 의미와 단어를 강렬하게 인식시킬 수 있다는 장점이 있다. 사운드펜을 아이 손에 쥐여 주고 자연스럽게 갖고 놀 수 있게 해 주자. 특히 엄마가 잘못된 발음이나 억양으로 읽어 줘도 사운드펜으로 원어민의 발음을 들으면 자동으로 고정이 되기 때문에 '발음교정용 소리펜'으로도 매우 효과적이다.

단어 카드와 OX박스

북미권 엄마들은 아이에게 책을 읽어 주다가 모르는 단어가 등장하면 일단 쉽고 재미있게 설명해 주고 "Let's make some word cards(우리 단어 카드 만들어 보자)"라고 말한다. 그러면서 빈 종이나 색깔이 다양한 카드를 꺼낸다. 아무것도 안 쓰여 있는 형형색색의 플래시 카드를 꺼내서 우리 아이만의 맞춤형 단어장을 만드는 것이다. 현진이가 알파벳을 쓸 줄 모를 때는 나도 직접 단어 카드를 만들어 줬다. 복습할 때는 OX 박스를 활용했다. 각각 O와 X라고 쓰여 있는 작은 단어 카드 박스 두 개를 준비했다. 그리고 현진이가 단어를 보고 뜻을 맞추면 O에 넣고, 틀린 것은 X 박스에 넣었다. 다음 날 다시 물어보고 상자에 넣었다. 여러 번 해도 특히 외워지지 않는 단어가 있는

O X 단어 상자   나만의 단어 카드 만들기

데, 오랫동안 X 상자에 담겨 있는 단어 카드는 현진이도 마음이 쓰이는지 스스로 체크해 보곤 했다. 처음에 한 장, 두 장 만들었던 단어 카드가 1년이 지나자 수백 장이 넘었다. 나와 아이 모두 뿌듯해했고 지금까지도 버리지 않고 꺼내 보며 추억에 잠기곤 한다.

아이들은 시판용 단어 카드보다는 엄마랑 자신이 열심히 만든 단어 카드를 더 강렬하게 기억한다. 현진이도 알파벳을 쓸 수 있게 됐을 때는 스스로 단어 카드를 만들고, OX 박스에 분류해 넣으면서 공부했다. 시중에 판매하는 'Blank Flash Cards'는 보통 한 박스 당 100~200장의 카드가 들어 있어서 넉넉하게 활용할 수 있다.

단어 암기를 퀴즈쇼로 만든 딩동댕 벨

인터넷 쇼핑몰에서 '퀴즈 부저' '퀴즈벨' '딩동댕 벨'이라는 이름으로

딩동댕 벨

다양한 벨을 판다. 빨강, 노랑, 초록, 파랑 같은 다채로운 색으로 구성돼 있거나 O, X 표시가 된 벨도 있어서 여러 명이 소그룹으로 퀴즈 놀이할 때 나눠 쓸 수 있다. 가격도 1~2만 원 정도로 저렴한데 이 벨만 있으면 책 속의 단어나 문장을 퀴즈쇼처럼 복습할 수 있다. 단어 카드나 X박스에 담긴 오답 카드를 퀴즈 형식으로 내고 벨을 누르게 하는 것이다. 영어책에서 인상 깊게 읽었던 문장이나 어휘를 플래시 카드에 적은 뒤, 엄마가 한국어로 물었을 때 아이가 영어로 답하는 퀴즈 게임이다. 맞추면 '딩동' 소리가 나는 벨을 누르고 틀리면 '삐삐' 소리가 나는 벨을 누른다. 이때 엄마가 일방적으로 문제를 내고, 아이에게만 맞추라고 하면 아이는 금방 흥미를 잃어버린다. 엄마와 아이가 같이 퀴즈에 참여하면, 아이가 경쟁심과 재미를 느끼고 적극적인 태도를 보인다. 그만큼 단어 외우는 일을 학습이 아닌 놀이로 인식하는 것은 덤이다. 그냥 영단어를 달달 외우는 것과 달리 영어책을 읽고 나서 이렇게 딩동댕 벨로 퀴즈를 낼 때 훨씬 더 잘 기억한다. 퀴즈 부저를 이용해 퀴즈 놀이를 할 때는 아이가 좋아하는 간식을 준비해 상품으로 주면 효과가 배가된다.

09

한 번 배우면
평생 써먹는 정속독

속독은 빨리 읽는 것이다. 그런데 속도만 빠를 뿐 내용을 소화하지 못한다면 속독은 아무 의미가 없다. '속'도만 냈을 뿐 '독'서는 안 된 셈이니 말이다. 빨리 먹어도 소화력을 기가 막히게 끌어올리려면 잘 씹어야 한다. 읽기도 마찬가지다. 그래서 정확하게 읽는다는 의미의 '정'을 추가한 정속독이 핵심이다.

안전운전한다고 속도를 너무 늦추면 오히려 사고 요인이 된다. 책도 너무 느리게 읽으면 집중력이 떨어지고, 완독이 어려워진다. **느리게 읽는 사람의 가장 큰 문제는 제한된 시간에 빨리 지문을 읽고 문제를 풀어야 하는 시험에서 좋은 성적을 낼 수 없다는 것이다.** 반면 빨리 읽으면 반복해서 읽을 수 있으니 훨씬 유리하다. 빨리빨리가 문제가 있다고들 하지만 덕분에 인터넷 속도도 빠르고 음식 배달, 택배도 빨리 이뤄지면서 편리함을 누리고 있지 않은가. 정속독도 마찬가지다.

　나는 운 좋게 중학교 때부터 속독학원에서 속독을 배웠다. 그런 덕분에 중고교 시절 6년간 속독으로 시험을 잘 볼 수 있었고, 고교 졸업 후 대학생이 된 후에도 가끔씩 아르바이트로 속독을 가르쳤다. 속독을 배우기 시작한 이유는 시험 문제를 너무 꼼꼼하게 읽다 보니 시간 초과로 70점밖에 못 받았던 일이 있었기 때문이다. 시험 준비를 완벽하게 해도 시간이 모자라 못 푼 게 너무 억울해서 속독을 시작했는데 결과는 놀라웠다. 빨리 읽고 문제를 풀 수 있는 것은 물론이고, 다시 검토할 시간 여유까지 생기는 게 아닌가. 정속독으로 책을 읽으면 다독할 수 있고, 포인트도 빨리 잡아낼 수 있다. 복습을 여러 번 할 수 있다는 장점이 있다. 고등학생이 되면 긴 지문을 빨리 읽고 문제를 풀어야 하는데 그게 엄청 힘들다고 한다. 그래서 어릴 적부터 영어책을 너무 느리게 읽는 것은 권하고 싶지 않다. 책을 읽기 시작하면 서서히 속도를 높여 정확하게 읽는 연습이 필요하다.

　6년간 배우고 가르쳤던 속독법과 영어를 가르치면서 알게 된 노하우, 그리고 전 세계 수많은 패스트 리딩(fast reading) 속독 커뮤니티에서 강추하는 영어 속독법을 믹스매치해서 켜켜이 쌓아 놓은 꿀팁을 공개한다. 정말 남들에게 알려주기 아까운 비법들을 작정하고 풀어 놓는 것이다.

　수퍼맘 박현영의 하루 15분 영어책 읽기의 기적

바로 써먹는 속독 비법

매일 빠른 속도로 읽는 연습을 하라

매일매일 해야 한다. 줄넘기를 주 3회 하는 것으로는 실력이 빨리 향상되지 않는다. 피아니스트 조성진 씨가 날마다 피아노를 치지 않았다면 어떻게 한국인 최초로 쇼팽 국제피아노콩쿠르에서 우승할 수 있었겠나. 엄청난 속도로 달리면서 공을 차야 하는 축구선수들은 연습이 없는 날에도 무조건 한 시간 이상 달리기를 한다. 따라서 정속독을 몸에 익히려면 매일 빠른 속도로 읽는 연습을 해야 한다.

수준에 맞는 리딩북으로 연습하라

모르는 단어가 많은데 급하게 읽기만 하면, 정속독에 성공할 확률이 낮다. 단어 뜻을 모르는데 눈알만 빨리 돌리면 독서가 아니라 눈 운동이다. 모르는 단어는 한 문단에 한두 개 정도만 있는 책이 딱 맞는 수준이다. 처음에는 빨리 읽고 두 번째 읽을 때는 미리 해석본을 통해 모르는 단어 뜻을 숙지하고, 다시 읽으면 된다. 모르는 단어가 한 문단에 5개를 넘어가면 정독, 속독, 완독 다 실패하기 쉽다.

무성 독해법을 익혀라

무성 독해는 입으로 중얼거리거나 낭독, 발성해서는 안 된다. 입은 눈의 속도를 따라 갈 수 없다. 발성기관의 방해 없이 눈으로만 집중하다 보면 처음엔 한 줄씩 겨우 따라가던 실력이 세 줄씩 통으로 한 꺼번에 눈에 들어오는 경지에 오르게 된다.

I really want

to have some

pizza with you.

위의 세 줄이 한눈에 확 들어오는 이유는 이미 다 알고 있는 쉬운 문 장이기 때문이다. 그런데 이런 문장을 일일이 소리 내서 읽으면 속도 가 확 줄어든다. 발성기관의 방해 없이 눈으로 읽다 보면 두세 줄씩 한꺼번에 읽게 되는 기적의 순간이 온다. 눈은 분당 1,000~1,200개 단어를 소화할 수 있으니 눈을 멈추지 말라. 눈을 멈추면 인식과 집 중이 중단된다는 것이라 적게 멈출수록 속도는 더 올라간다.

　빨리 읽다 보면 읽었던 줄을 다시 읽는 실수를 하는데, 절대로 다 시 돌아가면 안 된다. 일단 그냥 쭈욱 읽어 내려간다. 스킬이 부족한 초반에는 손가락을 적극적으로 활용해라. 의도적으로 손가락을 눈 보다 빠르게 움직이면 눈도 손가락을 따라 속도를 올린다. 눈을 더 빨리 굴릴 준비가 돼 있는데, 그럴 이유가 없어서 안 하는 것이다. 정 속도의 습관화가 안 된 상태에서는 속도가 잘 안 올라가는데, 이럴 때 손가락이 깃발 역할을 해 준다. 미국 엄마들이 유아나 유치원생을 무릎에 앉혀 놓고 책을 읽어 줄 때 일부러 손가락을 빨리 짚어 주면서 읽어 주는데, 그러면 아이들 눈도 같이 움직여서 빨리 읽게 된다.

모르는 단어가 나와도 '고고씽'

정속독으로 연습할 때는 생소한 단어가 나와도 일단 패스해야 한다. 모르는 단어가 나와도 멈추지 말고 계속 읽은 후, 그런 다음 두 번째 정속독을 하기 전에 해석본을 보고 뜻을 정확하게 파악하여 다시 읽으면 된다. 다만 한 번 본다고 자기 단어가 된다는 착각은 버려라. 죽었다 깨어나도 한 번만 보고 익힌 단어는 절대 내 것이 안 된다. 고등학교 때 영단어 필사를 백날 해도 책 덮으면 까먹지 않던가. 그 영단어가 들어간 문장을 많이 읽고 듣고 지문에서 여러 번 접했을 때 비로소 내 것이 된다. 다독을 통해서 많이 만나야 한다. 'reproduce'라는 단어를 '재생산'이라고만 단어 자체로만 외우면 금방 까먹는다. 다독을 통해 문장 속에서 익숙해지고, 음원으로 들어야 기억이 난다. 반드시 통문장으로 접해 보자.

정속독에서 역주행은 금물

읽다가 다시 앞 문장으로 돌아가면 정속독이 안 된다. 문장 순서대로 읽다 보면 영어 고유의 어순에 익숙해지고 지나간 문장도 기억할 수 있는 집중력이 생긴다. 앞으로 돌아가면 암기 습관을 스스로 망가뜨리게 된다. 빨리 읽으면 한 번 더 읽을 수 있다. 몰라도 무조건 계속 읽어 나아가야 한다.

행간에 낭비되는 시간 줄이기

속독을 하다 보면 줄 바꿀 때 시간을 많이 소모하는 사람들이 많다. 그래서 초반에는 손가락이 중요하다. 손가락이 다음 행간으로 끌어주는 게 중요하다. 속독을 영어로 가르치다 보면 다음 아래 줄로 넘어가는 게 의외로 어렵다는 걸 알게 된다. 리딩할 때는 손가락으로 짚다가 문제를 풀 때는 펜으로 다시 바꿔서 빠르게 읽어야 한다. 독해 문제를 풀 때 손가락으로 짚었다가 펜으로 바꾸는 게 어렵기 때문에 처음부터 펜으로 짚어가면서 읽는 것도 요령이다.

핵심 단어 표시하기

속독을 하다가 핵심어가 눈에 띄면 재빨리 동그라미로 표시하자. 지문이 20줄 넘어 길어지게 되면 다시 보기가 어렵다. 한눈에 들어오지 않기 때문이다. 그러나 표시해 놓으면 빨리 찾을 수 있다. 제목, 주제어, 동사, 주인공의 말이나 행동에 대한 이유, 주인공의 심경 변화 등 독해 문제는 뻔하므로 읽다가 결론이 보이면 동그라미를 쳐놓는 것이다. 표시해 놓지 않으면 문제 풀 때 기억이 안 나서 다시 찾는 데 귀중한 시간을 허비하게 된다.

번역 습관은 금물

영어는 영어로 읽어야 하는데, 머릿속으로 한글 번역을 하면서 읽는 사람이 있다. 그러면 효과가 떨어진다. 번역에 집착하면 어순 때문에 자꾸 앞으로 되돌아가기 때문이다. 속독을 할 때는 영어 자체로 직독직해 능력을 키워야 한다. 영어를 영어로 이해하고 받아들여야 속독실력이 향상된다.

배속으로 음원 듣기

음원이 없는 책은 속독 연습을 하기 어렵다. 음원마다 녹음된 속도가 다른데, 음원을 1.5배나 1.8배로 빠르게 재생시키고 그 속도에 맞춰 눈으로 따라가면서 귀로 들으면 읽는 속도가 빨라진다. 음원속도 조절 앱으로 보통 1.5배, 1.8배로 음원을 플레이하는데, 아이들도 이 속도에 맞춰 문장을 귀로 들으며 눈으로도 빨리 읽게 된다.

현진이가 고등학교 때 어떤 프랑스 선생님의 말 속도가 너무 빨라서 미치겠다고 하소연했다. 그런데 그 선생님의 말을 1년간 들었더니, 그다음에는 어떤 속도의 프랑스어도 다 들린다는 것이다. **처음부터 너무 느린 속도에 익숙해지면 정상 속도는 물론 빠른 속도도 전혀 못 듣게 된다. 빠른 속도로 들으면 어떤 속도든 커버할 수 있다. 빨리 들으면 눈동자도 빨리 돌아간다.**

1차는 눈으로, 2차는 손가락이나 펜으로, 3차는 귀로 듣는 것이다. 빠른 속도로 5~6번을 듣다 보면 안 들리던 단어가 들리면서 전율을 느끼게 된다. 논픽션 파트까지 그 속도로 알아들으면, 미국 유학 갔을 때 전공 강의도 무리 없이 들을 수 있지 않겠나. 한국에서 영어 좀 한다는 애들도 미국 유학하면 빠른 속도의 강의에 무릎을 꿇는데, 정상속도로 듣다가 1.5배 이상으로 빨리 들으면 눈도 같이 빨라진다. 나중에는 손가락으로 짚지 않아도 두 줄씩 통으로 읽게 된다. 현진이에게 정속독을 7년 정도 시켰는데, 처음에는 어려워하더니 나중에 자기도 신기하다고 난리였다. 한 번에 세 줄씩 읽는 게 너무 신나고, 편하다는 것이다.

너무 천천히 읽으면 집중력이 떨어져 완독이 어렵다. 매일매일 빠르게 읽는 정속독을 조금씩 연습해 보자. 집중도나 이해도도 높아지고, 나중엔 세 줄씩 한꺼번에 읽는 기적을 경험할 수 있다.

나이와 수준에 맞춰 늘려가는 레벨드 리딩

나이와 수준에 맞춰서 조금씩 레벨을 올리며 읽는 것을 '레벨드 리딩(Leveled Reading)'이라고 한다. 유아-유치원생-초등 저학년용-초등 고학년용-중학생용-고등학생용 등의 레벨드 코스북, 레벨드 리더스북이 있다. 이해할 수 있거나 읽어 낼 수 있는 수준(level)과 용량(capacity)이 있기 때문이다. 그러므로 소화해 낼 수 있는 양만큼, 레벨만큼 읽는 레벨드 리딩이 중요하다.

엄마가 잘하니까 현진이도 저절로 영어를 잘하게 된 줄 알지만 나도 시행착오를 겪다 보니 현진이가 자기 주도 학습을 하도록 이끌어 주지 못할 때도 있었다. 그래서 와이드 와이드 리딩이 중요하다. 유아용을 수백 권 읽은 후, 그다음에 초등용 레벨로 와이드하게 읽다 보니 어느 순간 영어 실력이 단단해졌다. 현진이가 한국 애들처럼 빡빡하게 공부하지도 않았는데, 가고 싶었던 프랑스 소르본대학교에 입학해서, 전 세계에서 온 우수한 학생들과의 경쟁에서 지지 않았던 것은 바로 이 '와이드 와이드 레벨드 리딩'을 했기 때문이다. 만일 진도에 급급해서 레벨업을 미친 속도로 진행했다면 현진이는 프랑스어를 포기했을 것이다. 하지만 유아용 프랑스어부터 시작하여 유치원, 초등 저학년 프랑스어 순서로 차근차근 공부하니깐 프랑스어는 쉽고 재미있는 언어로 다가왔고, 그다음 레벨로 자신 있게 올라갈 수 있었다. 이게 바로 '레벨드 리딩'의 힘이다.

미국 영문법 책+한국어 해석본=일석이조

흔히들 영문법은 '넘사벽'이라고 생각한다. 그런데 단계별로 스텝 바이 스텝 영문법을 공부하면 금세 정복할 수 있다. 한 단계씩 꾸준히 나가면 된다. 유아 영문법, 초등 영문법부터 기초를 단단히 다져가면 고등학교 영문법을 접할 때도 흔들림이 없다.

나는 현진이에게 한국식 영문법을 가르쳐 주기 싫었지만, 내신 시험에 나오니까 무시할 수 없었다. 사실, 주어+동사+목적어+목적 보어, 또는 1형식, 2형식으로 문장을 분해하는 문법은 1950년대 일본에서 시작된 방식이다. 요즘 수능에는 영문법 문제가 거의 나오지 않지만, 내신 영어에서는 문장 분해 문제가 여전히 나온다. 현진이는 유학을 가기 전까지 학교에서 영어시험만 보면 문법 문제를 틀린 적이 많았다. 어쩔 수 없이 내신 때문이라도 한국식 영문법이 필요했다.

현진이의 내신 성적을 포기할 수 없어서 선택한 것이 바로 **미국 또는 영국의 영문법 책에 한국어 해석이 있는 책이다.** 우리나라 영문법 책들이 나쁘다는 게 아니다. 영어를 모국어로 쓰는 영국, 미국에서 만든 문법책들이 예문도 쉽고, 설명도 매끄러우며 무엇보다 실생활에 사용하는 중요 어법이나 문법을 다루기 때문이다. 게다가 해당 문법을 읽히고 나면 회화에서 바로 써먹을 수 있게 만들어졌다. 생각해 보라. 베트남에서 한국어 열풍이 엄청나게 불어서 수많은 한국어 문법책을 베트남 현지인이 쓰고 만들었을 경우, 우리나라에서 만든 문법책과 비교할 때 어떨 것 같은가? 비교가 안 된다. 영문법 책은 영국, 미국의 유명 출판사에서 출간한 책들을 추천한다. 이왕이면 번역본이나 해설판이 있는 책이 좋다. 나는 현진이를 위해서 원서로 된 초등 영문법 코스북을 샀는데 한글 번역판이 따로 나오지 않았을 때였다. 그래서 직접 뜻을 알려주며 가르쳤지만, 이제는 해석본이 있는 원서 영문법 책들이 종류별로 나와 있으니 레벨에 맞춰 사기만 하면 된다. 이렇게 하면 님도 보고 뽕도 따고, 마당도 쓸고 돈도 주울 수 있기 때문이다. 그리고 영문법 책의 예문은 쉽고 간결해야 하고, 설명이 친절해야 한다. 또한 해석본이 반드시 있어야 한다.

문법은 영어의 규칙을 배우는 것이다. 나도 영어를 잘하지만 영어로 된 문법 설명은 이해하기 쉽지 않다. 이것은 네이티브도 마찬가지다. 모국어의 어법을 영문법 책으로 배우지 않았기 때문이다. 영문법 책의 문법 개념은 해석본이 있는 원서로 공부한 다음, 영어 예문을 보고 문제를 풀면서 규칙을 이해하면 된다. 요즘 'Pattern Grammar'와 같이 문법 규칙을 패턴 문장으로 반복 학습시키는 원서 영문법 책들이 인기를 얻고 있다.

영어 독해가 만만해지는
술술 리딩법

영어책을 읽다 번역본을 보면 "이렇게 깊은 속뜻이 있었다니" "이런 생략된 의미가 있었구나"라면서 다시 눈여겨본다. 그렇게 새로운 걸 알아가는 재미가 정말 쏠쏠하다. 나도 예전에 한 줄짜리 책을 읽을 때는 늘 신났고 새로웠다. 그런데 점점 알아야 할 이디엄(idiom)과 외워야 할 어휘도 많아지는 데다, 문화적 함의가 있는 영어 문장이나 슬랭이 점점 늘어나니까 버거워졌다.

내가 처음 현진이에게 영어책을 읽어 줄 때만 해도 번역본이 없는 책들이었다. 내가 아무리 영어를 잘한다고 해도 미국에서 사용하는 최신 유행어, 패러디 표현, 슬랭을 다 알 수는 없었다. 그러다 보니 번역이 막힐 때가 있었다. 그러면 동시통역을 하는 동기들에게 묻곤 했는데, 그 친구들도 다 아는 게 아니었다. 미국에서 그렇게 오래 살다 오고, 심지어 태어난 친구들도 속 시원하게 설명하지 못하는 표현이 많았다. 결국 원어민 강사나 한국에 온 특파원들에게 물어보고 그걸 종합해서야 겨우 의미를 파악할 수 있었다. 그런 표현을 매번 메모하고 정리하면서 현진이에게 읽어 줬더니, 문장을 이해하면서 술술 읽어 나가게 됐다. 그만큼 어휘, 문장의 의미를 정확하게 파악하는 것은 중요하다. 그래야 '술술 리딩'이 된다.

문법과 어휘, 숙어 중 가장 필요한 것은?

영어책을 읽을 때 문법 쪽에 중심을 둘 것인지, 아니면 어휘와 관용구를 목숨 걸고 공부할 것인지, 스토리 파악에 중심을 둘 것인지 그 고민에 맞닥뜨리는 시기가 온다.

우리는 한글책을 읽을 때 주어가 뭔지, 목적어가 뭔지, 1격, 2격, 3격, 목적 보어 이렇게 분석하고 문장을 분해해 가면서 읽지 않는다. 한글책 문장을 분해하고, 문법적으로 하나하나 따져가며 무엇을 의미하고 무엇이 생략되는지 따져보지 않는다는 말이다.

그럼 우리는 어떻게 한글책을 쓱쓱 잘 읽을 수 있게 된 걸까. 바로 수많은 책을 읽고, 반복해서 읽은 책 내용이 쌓인 지식을 통해서다. 그 지식을 바탕으로 또다시 새로운 책을 읽고, 그렇게 켜켜이 쌓인 지식들을 갖고 굉장히 어려운 주제나 배경 지식을 바탕으로 하는 스토리북도 자신 있게 읽어 내려갈 수 있다. 어느 책에서 얻은 지식은 또 다른 책을 읽을 때 토대가 되고, 엄청난 힘을 발휘한다. 어느 책에서 봤던 어휘들을 다른 책에서 다시 만났을 때 비로소 더 확실하게 익히게 되는 것이지 절대 목적격, 목적 보어, 동사의 변형 같은 것으로 한글책을 읽지 않았다는 거다.

이문열 작가의 《삼국지》를 중학교 때 읽었는데 한글인데도 무슨 소리인지 도무지 이해가 안 됐다. 글자는 읽을 수 있지만 내용을 소화할 수 없었던 것이다. 중학교 때는 아무리 읽어도 내 것으로 만들어 빠져들기가 어려웠다. 그래서 《삼국지》를 어린이 버전으로 읽고, 화려한 영상이 더해진 영화나 애니메이션도 보면서 기초 지식을 쌓으니 상황이 완전히 달랐다. 그렇게 어려웠던 이문열의 《삼국지》를 다시 펼쳐 보니 이해가 쏙쏙 됐다. 내가 《삼국지》 10권을 문법적으로 1격, 2격, 3격, 목적 보어, 동사로 변형하며 공부해서 본 게 아니다. 밑바탕에 어린이용 《삼국지》, 애니메이션, 영화가 바탕이 돼 읽으니까, 예전엔 소화는커녕 깨물어지지도 않던 《삼국지》가 부드러운 소프트 아이스크림콘을 먹는 것처럼 스며들 듯 이해가 빨리 됐다. 진짜 '레벨드 리딩'의 효과는 엄청났다.

문법을 바탕으로 하는 독해는 내신용일 뿐!

대한민국의 수많은 일타 강사가 수강생들의 뜨거운 호응을 얻는 문법 강의를 쏟아내지만, 나는 우리 아이들의 영어 독해 실력을 1격, 2격, 3격, 목적 보어로 늘리는 것에는 동의하지 않는다. 독해력을 강화하려고 문법 지식을 미치도록 쌓고 독해 문장을 문법으로 분해하고 따져서 읽는다는 건 솔직히 어불성설이다.

그렇다면 어떻게 해야 진짜 영어 독해를 잘할 수 있을까?

대학교 때, 동기생 20명과 여러 개의 통·번역 프로젝트를 맡아서 일을 한 적이 있다. 그런데 그 프로젝트에서 번역으로 인정받는 친구들은 한두 명이 될까 말까다. 거기서 "번역 못 쓰겠다"라고 찍히면 다시는 일을 맡지 못한다. 다음 2~3차 프로젝트로 이어질 때까지 가장 많이 뽑힌 사람 중의 하나가 나였다. 나는 미국에서 태어나지도 않았고, 천부적인 영어 실력을 타고난 것도 아니다. 고작 오키나와에서 국제학교 몇 년 다니고, 미국에서 1년 반 정도 초등학교 다닌 게 전부다. 내가 통·번역사로 자주 뽑힌 이유는 '왜 이 단어를 이 문장에 쓴 걸까?' '왜 이렇게 문장이 매끄럽지 않지?'라는 질문을 스스로 던지며 끊임없이 고민했기 때문이다. 원어민에게 시대적·문화적 배경을 물어보고, 조사도 하며, 참고문헌을 읽다 보니 번역 일을 하면서 내 실력도 급성장했다.

영어 독해를 할 때 반드시 여러분을 도와주는 날개가 있어야 한다. 그게 바로 제대로 된 '한글 번역본'이다. 번역본이 탄탄해야 제대로 이해할 수 있고, 이해한 것을 토대로 영어 문장을 깡그리 내 것으로 씹어먹을 수 있게 된다. 골든 센텐스 같은 문장을 수십 번 낭독해 보고, 다른 책에서 비슷한 문장을 다시 만나서 자신의 것으로 만들면, 완벽한 번역본과 함께 익힌 기본 문장은 어떤 변형된 문장으로 나와도 익숙해진다. 이렇게 되려면 쉬운 문장은 영어 원문으로 읽더라도, 정말 모르는 문장이 나왔을 때는 문법으로 분해하지 말고 통문장으로 해석된 번역본을 통해서 수십 번 읽고 또 읽으면서 내 것으로 만드는 작업이 굉장히 중요하다. 모르는 사람은 영어식 사고를 키우기 위해서 뜻을 몰라도 그냥 넘어가고 영어로만 읽으라고 하는데 큰일 날 소리다. 예를 들어 "Look at me"는 직역하면 "나를 봐"이지만 스토리북에서 "세상에 내 꼴 좀 봐"이다. 또 다른 예로 "Eye-ring"은 직역하면 "눈-반지"이지만 "새의 눈 주변에 나 있는 깃털"을 뜻한다. "Ready to start a family"는 논픽션 스토리북에 자주 등장하는 표현으로 "가정을 꾸릴 준비가 되다"는 뜻이 아니라 "(동물들이) 짝짓기할 준비가 되다"라는 뜻이다.

우리는 영어를 모국어로 사용하는 환경에 있는 나라가 아니다. 그렇다고 홍콩, 싱가포르, 인도, 필리핀처럼 영어를 제2 언어인 ESL(English as a Second Language)로 쓰는 나라도 아니다. 우리는 영어를 외국어로 학습하는 EFL(English as a Foreign Language) 나라로 일상생활에서 전혀 영어를 사용하지도 않고, 듣지도 접하지도 않는다. 미국인들이나 영국인들처럼 직독직해가 될 수 없으므로 뜻을 정확히 파악하고 리딩해야 한다. 그렇지 않고 내용을 몰라도 계속 페이지를 넘기면서 영어책을 읽는다면 '밑 빠진 독에 물 붓기'가 된다.

명심하라! 이 책에서 가장 중요한 핵심 포인트다. 모르는 내용이 나오면 반드시 사전을 찾거나 번역본을 보고 뜻을 이해하면서 넘어가자. 그런 다음 다시 영어로만 읽으면 된다, 무조건 영어로만 읽는 것에 목숨 걸지 마라. 정확한 이해 없이 읽는 영어책 읽기는 구멍이 숭숭 나게 된다.

"내용 이해를 못해도 번역본 보지 말고 그냥 읽어라"라고 여전히 주장하는 사람들이 있는데, 그들에게 당장 묻고 싶다. "과학 용어가 가득한 물리, 화학, 우주공학 내용을 영어책으로 읽을 때 모르는 단어가 나오면 어떻게 해결하겠는가?"

12

영단어 암기왕의
외우기 요령은 따로 있다

저는 어릴 때부터 엄마랑 정말 많은 단어 공부를 했어요. 프랑스 유학 가기 전까지도 죽을 힘을 다해 어휘 공부를 했죠. 특히 책과 단어집 두 가지로 공부한 것이 큰 도움이 되었어요. 단어만을 공부하는 것도 중요하지만 책을 읽으면서 단어의 뜻을 유추하는 훈련을 해 보는 것도 필요하거든요. 어느 문장에 사용되는지에 따라서 뜻이 조금씩 달라질 수 있으니까 문맥에 따라 의미를 파악해 봐야죠. 그래서 엄마와 저는 양쪽을 공략했죠. 사실 저는 '양보다 질'을 중시하는데 어학도 양보다는 질이더라고요. 강남 유명 영어학원 얘기를 들어보면 하루에 단어 수백 개씩 외우기를 시킨다는데, 저는 10개도 많다고 생각했어요. 30개를 외운다고 해도 다음 날 아침에 일어났을 때 기억나는 게 8~9개였거든요. 저의 일일 적정 단어 섭취량은 8개인 거죠. 그래서 적정량에 맞춰서 엄마가 프랑스어로 물어보면 한국어로 답하고, 반대로 한국어로 물어보면 제가 프랑스어로 답했어요. 무조건 한국어-외국어, 외국어-한국어 양쪽을 다해야지, 한쪽만 하면 반쪽짜리가 돼요.

하루에 8개의 프랑스어 단어를 신나게 외치며 외웠고, 한 달에 240개, 1년이 지나니까 3,000개 정도 단어가 쌓였고, 2년간 5,000~6,000개 정도로 중급 실력을 완성한 후 프랑스에 유학을 갔죠. 프랑스에 간 뒤 6개월 후부터 막힘없이 교과서를 읽고 수업을 들을 수 있는 수준인 거예요. 프랑스 바칼로레아(고등학교 교육과정 졸업과 대학 입학 자격시험) 준비하느라 문장을 큰 소리로 읽고 지문을 답하는 연습을 정말 많이 했는데, 어떤 단어는 프랑스 현지 아이들도 모르는 거예요. 제가 프랑스 아이들보다 프랑스어 단어를 더 많이 알고 있어서 저 자신도 놀랐어요. 오히려 저한테 물어보더라고요. 제가 원어민처럼 회화를 자연스럽게 하긴 어려울 수 있지만, 단어는 그들보다 더 많이 알고 있는 거죠. 단어 공부하면서 발음에는 목숨 걸었어요. 정확하게 읽고 한국어로 '입툭튀'가 되는 것에 집중했어요. 그때 엄마랑 파란 상자, 빨간 상자 만들어 놓고 오답과 정답 단어를 구분했거든요. 3일 뒤에 오답 카드 꺼내서 복습하고 또 한 달 뒤에도 다시 보고요. 사용하지 않으면 단어는 휘발되니까 실생활에서 안 쓰는 것은 의도적으로 외워야 하고 책도 많이 읽어야 해요. 사실 엄마랑 단어 암기하면서도 공부라고 생각한 적은 없고 깔깔 웃으면서 8개를 가지고 하루에 세 번씩, 일주일과 한 달 단위로 복습을 했으니까 한 단어를 최소 30번씩은 외쳤던 것 같아요.

저에게 외국어는 '암기' 그리고 '큰 소리 낭독'이라 생각해요. 잘 외워지지 않는 단어는 50번, 100번까지도 외치고 또 외웠어요. 외국어는 '암기'가 가장 중요하니까요. 소르본대학교 친구들도 시험 준비를 할 때 보면 열심히 외워요. 전 지금도 스페인어를 공부하는데, 문장 속에서 모르는 단어가 나오면 그 문장을 카드에 적고 단어를 색칠하며, 카드 뒷장에는 뜻을 쓰는 방식으로 단어 카드를 만들고 있어요. 프랑스 친구들하고 줌으로 단어를 같이 외우거든요. 엄마랑 어렸을 때부터 외우는 게 습관이 돼서 그런지, 지금은 파란 상자, 빨간 상자까지는 안 만들어도 맞추면 왼쪽, 모르는 것은 오른쪽에 놓고 다시 외우고 또 외우고 있어요.

(프랑스 소르본대학교를 졸업한 현진이 이야기)

단어는 무조건 책을 통해 문장 속에서 익혀라

지구상에서 가장 힘든 게 영단어 암기다. 네이버 맘카페, 유튜브를 보면 단어가 가장 어렵다고 한다. 고학년이 되면 단어 암기 싸움이 된다. 단어를 모르면 리스닝 시험도 막히고, 리딩 문제도 턱턱 막힌다. 영작도 어휘를 모르면 못하지 않나. 말하는 것도 적재적소에 고급 어휘를 넣어서 말해야 하는데, 그렇게 하지 못하면 다섯 살짜리

현진이가 책을 읽은 후 만든 단어 카드가 3,000장이 된 순간

유치원 영어밖에 안 되는 것이다.

혼자 유학을 가서 세계 유수의 학생들과 공부한 현진이도 단어와
의 싸움이 가장 힘들었다고 한다. 단어는 성실하게 외우는 수밖에 없
지만 요령은 있다. 나도 예전에 동시통역사로 활동했을 때 익힌 나만
의 단어 암기법이 있다. 영어든 중국어든, 또는 일본어든 단어 암기
에 다 통하는 법칙이 있다.

'영포자(영어포기자)'가 되지 않기 위한 첫 번째 현실 조언은 깜지,
필사하지 말라는 것이다. 단어를 익혀야 할 신경이 손가락에 다 쏠
리면서 막상 기억해야 할 것은 못 하고 근력만 쓴다. 손가락이 단
어를 기억하는 것과 눈과 귀가 단어를 익히는 것은 다르다. **단어는
무조건 책을 통해 많이 암기해서 익혀야 한다.** '진부한' '고리타분
한'이라는 뜻의 'banal'이란 단어가 있다. 단어만 빼서 암기하는 것

은 전혀 도움이 안 된다. 다독을 통해서 그 단어를 자주 만나게 해야 한다. "My mom is so banal"이라거나 "Principal is so banal"이라는 문장에서 'banal'이란 단어를 자주 접하게 하는 게 답이다. "우리 엄마는 너무 진부하고 고리타분한 사람이라서 나한테 항상 짧은 치마 입고 다니지 말라고 얘기했다"라거나 "교장 선생님은 너무 고리타분해서 귀 따갑게 선생님 말씀 잘 들으라고 했다"라는 식으로 수많은 문장을 통해서 'banal'이란 단어를 자연스레 익히게 되는 게 바로 최고의 암기법이다. 이게 바로 내가 공부하면서, 우리 딸 현진이를 가르치면서, 또 20년 넘게 영어 강사를 하면서 터득한 비법이다. 코스북 같은 게 없던 30년 전에는 깜지를 쓰고, 쪽지 시험을 보며 단어를 익힐 수밖에 없었다. 그렇게 외운 단어는 한 달 후면 다 까먹는다. 그런데 코스북이나 리더스북을 통해서 짧은 문장도 만들고 문제를 풀면서 익힌 단어는 그야말로 체득된다. 시험이 전부는 아니지만, 초중고, 대학교까지는 영어시험이라는 굴레에서 벗어날 수 없다.

두 번째 현실 조언은 무조건 단어는 '문장 속에서 익혀야 한다'는 것이다. 여러 가지 뜻을 가진 단어들은 문장 속에서 익혀야 완전히 의미가 파악되고 암기할 수 있기 때문이다.

세 번째 현실 조언은 '소리 내어 암기'하라는 것이다. 백날 눈으로 보고 깜지, 필사하여 암기해도 금세 까먹는 이유는 휘발성 암기 방식이기 때문이다. 소리 내어 암기하면 장기기억으로 오래 남는다는 것을 기억하자.

정확한 뜻을 알면 암기가 쉬워진다

좋은 교재는 구할 수 있지만, 번역본은 아무 데서나 구할 수가 없어서 내가 직접 번역본을 만들었다. 엄마들의 답답한 심정을 누구보다 잘 알기 때문이다. 번역본을 통해 한글 뜻을 정확히 알아야 이해도 하고 암기도 한다. '눈깔사탕'을 영어로 'jawbreaker'라고 하는데 이는 '턱(jaw)+파괴자(breaker)'의 합성어다. 사탕알이 너무 크니까 턱 파괴자, 눈깔사탕이 되는 것이다. 번역본을 만들 때 이렇게 꿀팁이나 설명을 충분히 담으니 이해가 잘되고, 이해가 잘되니까 암기도 된다. 그래서 나는 강연장에서 여러 번 반복하며 강조한다. 영어도 '이해'를 바탕으로 '암기'가 되는 것이라고. 특히 논픽션 과학 영어는 아무리 영어를 잘해도 이해가 안 되면 외워지지 않는다.

단어를 잘 외우기 위해서는 우선 정확한 뜻을 알아야 한다. 뜻을 안다는 전제하에 단어를 쓰는 게 아니라 소리 내어 읽으면서 암기해야 한다. 못 외웠던 단어는 반드시 표시하거나 오답카드나 노트에 적도록 하자.

영단어를 장기기억 저장소에 쌓는 법

첫째, 무조건 해당 단어를 발음할 줄 알아야 한다. 읽지 못하는 단어가 어떻게 암기가 되겠는가. 사람의 뇌는 읽는 단어만 암기할 수밖에 없다. 글자를 읽지 않고 귀로만 외워서는 시험 문제를 풀지 못한다. 그래서 모든 영어책엔 MP3 음원이 있어야 한다.

둘째, 예문이 있어야 한다. 문맥에 따라 뜻이 달라지기 때문이다.

셋째, 예문뿐 아니라 독해 지문이 제공되는 것이 '쌍따봉'이다. 어휘 문제를 포함하면 좋다. 영단어 암기법이 실패하는 이유는 장기기억이 되는 '영어책 읽기를 통한 암기'를 못해서 일상 회화에서 활용이 안 됐기 때문이다. 단어를 외운 다음에 단어가 들어간 스토리북을 읽거나 문제를 풀어서 활용을 많이 하면 까먹지 않는다. 외우기만 하고 책을 덮으면 휘발된다. 책의 스토리를 보며 단어를 문장 속에서 자연스레 반복하여 외우면 장기기억으로 갈 확률이 높아진다.

PART
2

박현영표
영어책 읽기
로드맵

현진이가 영어 말문이 터지고 외국어에 능통하게 된 시작과 끝은 엄마와 함께한 '와이드 와이드 리딩' 방식의 영어책 읽기였다. '와이드 와이드'하게 수천 권의 책을 읽으면 문장들이 저절로 눈에 들어와서 쏙쏙 박히고 말문이 트이게 되는 매직을 만날 수 있다.

1~3세

영어책 읽기 시작의
골든타임

최적의 소리 환경 조성에
주력하라

엄마표 영어책 읽기는 언제든 시작할 수 있지만, 언제나 최상의 효과를 끌어낼 수 있는 것은 아니다. 그런 점에서 엄마표 영어책 읽기를 시작할 최적의 타이밍은 1~3세다. 우선 이 시기는 엄마 목소리에 대한 집중도가 매우 높고, 자기 고집이 형성되기 전이니 그야말로 손 안 대고 코 풀 수 있다. 영어의 소리바다에 풍덩 빠질 수 있고, 거부감 없이 영어의 소리를 들려줄 수도 있다. 4~5세만 되어도 "싫어 싫어"를 달고 사는데, 1~3세 때는 들려주는 대로 다 들어주고 흡수하니 영어책 읽어 주기엔 최고의 시기다. 이 시기에 아무것도 들려주지 않거나 클래식 음악만 계속 들려준다면 너무나 아까운 시간이다. 이 시기의 아이들은 눈과 귀와 손을 통해 보고 듣고 느낀 것을 즉각적으로 기억하는데, 심지어 이런 기억력이 오래 지속되니 언어를 습득하는 데 최적의 시기이지 않은가.

엄마들이 가장 많이 하는 질문 중 하나는 한국어와 영어를 동시에 들려주면 헷갈리지 않겠느냐, 둘 다 잘못하는 거 아니냐는 것이다. 특히 모국어도 제대로 못하는데, 왜 일찍 영어책 읽기를 해야 하느냐고 묻는 이들이 많다. 노암 촘스키의 언어 이론에 따르면 아이들에게는 'LAD(Language Acquisition Device)', 즉 언어습득장치라는 게 있는데, 모든 아기는 태생적으로 모국어와 외국어를 구분하는 신비한 능력을 갖추고 태어난다. 이 시기에는 '외국어를 공부한다'라고 인식하지 않기 때문에 적절한 소리 환경만 만들어 주면 아이가 두 언어를 구분해 뇌에 저장한다. 특히 생후 36개월까지는 아이들의 뇌에 영어 방, 한국어 방을 따로 구성하고 저장하는 능력이 활성화돼 있다. 그러나 LAD는 11세부터 서서히 사라지기 시작해 13세 때부터는 퇴화한다. 이 시기야말로 엄마표 영어책 읽기의 적기, 즉 스타팅 타임이라고 할 수 있다. 그러므로 이 시기의 아이들을 외국어 환경에 노출시키면 한국어와 헷갈려 혼동하는 게 아니라 오히려 양쪽 뇌를 균형 있게 자극해 언어능력과 표현력을 향상할 수 있으니 걱정하지 말고 두 언어의 소리를 들려주자. 이때 영어와 한국어의 시간을 각각 정해서 들려주는 게 좋다. 예를 들어 아침이나 낮이나 한글책을 읽어 주고, 오후나 저녁에는 영어책을 읽어 주는 것이다. 나는 이 시기에 그림 단어책과 간단한 한 줄짜리 패턴 문장책을 두 언어로 시간을 구분해서 읽어 주었다. 특히 그림 단어책에 나오는 단어들을 한글과 영어, 낮과 밤으로 나누어 읽어 주었더니 아이의 발음이 두 언어에 따라 달랐다.

예를 들어 낮에 시와 그림을 보여 주며 "사과, 사과, 이건 사과야. 아삭아삭" 하면 "사, 사, 사과야"라고 하고, 밤엔 "애쁠, 애, 애, 애쁠, This is an apple"이라고 하면 "애, 애, 애쁘을"하면서 영어로 따라 하는 것이다. 진짜 신기했다.

나는 국제결혼한 부부들의 사례를 많이 조사해 봤다. 엄마들에게 "아이가 맨 처음 한 말이 무엇이었나?"라고 물었더니 '엄마와 마미' '아빠와 대디'가 두 언어로 거의 동시에 터진다고 했다. 두 언어로 인 풋이 된 아이들은 두 언어로 아웃풋이 되는 셈이다.

현진이가 처음 말문이 터지기 전부터 나는 우리말과 영어로 인풋을 해 줬다. 현진이가 맨 처음에 내뱉은 말은 '마미'였다. "음마, 마, 마아" 하다가 "마아, 미"가 완성됐다. 그래서 신난 내가 나를 가리키며 "나 누구야?"라고 물었더니 "음마, 음마!"라며 '엄마'라고 말하는 게 아닌 가. 다시 영어로 "Who am I?"했더니 이번에는 '음마'가 아니라 "마 아, 미!"라고 답했다. 한 달 후에는 '아빠'라는 말도 할 수 있게 됐다. 아빠 얼굴을 빤히 보던 현진이가 "으으, 빠아, 으, 빠!"를 외쳤고, 아빠 를 가리키며 "Who's this?" 했더니 "대, 대, 대애, 디!"라고 말했다.

영어로 물으면 영어로 대답하고, 한국어로 물으면 한국어로 대답 을 한 것이다. 이것이 바로 언어습득장치의 신비로운 힘이다.

귀로 소리를 들으면서 흡수하는 인풋의 시기

말문이 트이지도 않았고, 글자도 모르는 데 영어책을 읽어 주는 게 무슨 소용이 있느냐고 묻는 엄마들도 있다. 그럼 왜 말문이 트이기도 전에 그토록 많은 말을 한국어로 아이에게 건넸는지 묻고 싶다. 아이들이 그 말을 실컷 듣고 기억 속에 저장했다가 어느 날 '빵' 터져 말하는 걸 우리 모두 경험하지 않았는가. 말문이 트이기 전에도 아기의 뇌는 주변의 수많은 정보를 입력하고 처리한다.

아기가 성장하면서 옹알이를 하고 반응하기까지 최소 8개월은 귀로 소리를 들으면서 흡수하는 인풋의 시기다. 아기가 별다른 반응을 하지 않고 대답을 못 하더라도 차곡차곡 들은 소리들을 뇌에 저장하고 있다. 이 시기까지 최적의 소리 환경은 엄마와 아빠의 목소리다. 아무리 아름다운 소리라도 배 속에서부터 들었던 엄마의 목소리만큼 아기에게 안정감을 주지 못한다. 어떤 엄마들은 텔레비전이나 오디오, 라디오를 켜고 아이에게 말을 걸기도 한다. 그러나 4세 이전까지는 조용한 환경에서 아이에게 말을 걸어 주고, 영어책과 한글책을 많이 읽어 주는 것이 좋다. 다른 소음이 없는 환경일수록 아이가 더 집중해서 들을 수 있다.

우리나라에서 완벽한 이중언어 환경을 만들기는 사실상 어렵다. 기본적으로 우리는 EFL(English as a Foreign Language), 그러니까 외국어로서 영어를 배우는 환경이다. 일상에서의 글과 말이 영어로 노출

되는 게 아니라 교육 장소에서 노출된다. 인도, 싱가포르, 필리핀 같이 영어를 제2외국어로 배우는 ESL(English as a Second Language) 환경과는 다른 것이다. 아주 독한 마음을 먹어도 아이에게 하루의 반은 영어, 나머지 반은 한국어 환경에 노출하기 힘들다. 그래서 오랜 시간 말을 많이 해 주는 것보다 하루에 조금씩, 꾸준히 들려주는 것이 중요하다.

유아 때 집중력은 기껏해야 10~15분 정도다. 특별히 집중력이 좋고 끈기 있는 아이라 해도 30분을 넘지 못한다. 이중언어 환경을 만들어 줘야 한다는 강박으로 하루종일 영어로 말해 줄 수 있는 한국의 부모도 많지 않지만, 설령 한다고 해도 아이가 집중하지 못한다.

영어 전문가인 나도 완벽한 이중언어 환경으로 아이를 키우는 건 불가능했다. 현진이가 유아기 때 한창 방송 활동을 하던 나는 자정이나 돼야 귀가했는데, 내가 돌아오기 전까지 대부분 시간은 한국어 소리 환경이었다. 다행이었던 것은 현진이가 올빼미형이라 새벽에 자주 깨어 있었다는 점이다. 놀아 줄 수 있는 시간은 10~20분 정도가 전부였지만 짧고 굵게 신나게 놀아 주려고 노력했다. 아무리 피곤해도 하루도 빼놓지 않고 매일 15분씩 영어책을 읽어 주었다. 이 시기의 영어 교육은 거창할 필요가 없다. **엄마 냄새를 맡고 엄마 목소리를 들을 수 있게 영어 그림단어책과 생활그림 영어책을 15분만 읽어 줘도 된다.** 영어책을 읽어 주는 15분이 쌓이고 쌓여서 1년, 2년, 3년이 지나 5세가 될 무렵 현진이는 내가 퇴근해서 집에 들어오면 자동으로 일어나 영어책을 가져와서 읽어 달라고 했다. 그렇게 매일 밤 우리 모녀의 15분 영어책 읽기가 습관으로 자리 잡았다.

핵꿀팁

단어도 문장 안에서 친숙하게 만들어 주자

아이에게 단어를 알려 줄 때는 문장과 함께 가르쳐 주는 게 좋다. 단어 하나만 앵무새처럼 무한 반복하는 것보다는 흥겨운 대화체로 만들어서 단어를 반복해 보자. 이 시기 아이는 음성 언어를 익히고 말문이 트이기 위해 인풋하는 시간이다. 문장 안에서 단어와 친해질 수 있도록 해 주자.

1~3세 아이에게
어떤 책을 읽힐까

그림단어책(24개월까지)

아이들이 실생활에서 자주 접하고 있는 친숙한 사물들 위주로 그려
져 있는 그림단어책이 필요하다. 알파벳을 가르치려는 목적보다는
글자를 이미지로 보여 주고 익숙하게 만들기 위한 단계다. 이 시기의
아이들은 알파벳을 몰라도 단어를 그림처럼 인지하게 된다.

　같은 그림단어책이라도 실사 사진형과 일러스트(그림)형 단어책을
동시에 봐야 효과가 배가된다. 실사 사진을 보면서 정확한 인지를 하
게 되고, 그림을 보면서 상상력을 키우기 때문이다. 실사 사진과 그
림, 두 가지를 함께 접하는 것과 그림으로만 영단어를 보여 주는 것
은 천지 차이다. 현진이는 실사로 가득한 논픽션 영어 단어그림책을
함께 보여 준 덕분에 일상어뿐만 아니라 쉬운 과학용어를 유아 때부

터 꽤 많이 접하게 되었다. (예: air 공기, nest 둥지, root 뿌리, stem 줄기 등) 이 시기에 이 단어들을 알아듣고 그림을 보며 손가락으로 가리킬 때마다 "에어" "루-트" "스-테엠" 하며 비슷한 발음으로 웅얼웅얼하는 것이 얼마나 신기했는지 모른다.

이 시기엔 그림단어책을 보면서 수많은 영단어를 접하게 되는데, 아이가 집에서 직접 접할 수 있는 사물의 가짓수는 한계가 있다. 예를 들어 'Lion(사자)'이나 'Whale(고래)' 같은 단어는 꼭 알아야 할 기초 단어이지만 아이가 일상생활에서 볼 기회는 거의 없다. 사진과 그림으로 충분히 보여 주면서 둘 다 균형 있게 익히는 것이 중요하다. 요즘은 워낙 인터넷에 동영상, 사진 자료가 넘쳐나다 보니 그림단어를 태블릿 PC 등을 통해 화면으로 보여 주는 엄마들도 있다. 그러나 책을 좋아하고, 책을 가까이하는 아이로 키우고 싶다면 반드시 종이책을 통해 보여 줘야 한다.

이 시기의 아이들에게는 너무 큰 사이즈의 책보다는 아이가 손으로 집을 수 있고 장난감처럼 가지고 놀다가 커가면서 엄마에게 "읽어 줘"라며 건넬 수 있는 작은 사이즈가 좋다. 또한 아이들은 책을 물고 빠는 장난감처럼 인지할 수 있으므로 아이의 입에 닿아도 안심할 수 있는 재질의 그림단어책을 선택해야 한다. 그림단어책은 사전처럼 된 단어책도 있지만, 플래시 카드 형태도 있다. 미니 보드북, 그림단어 보드북, 그림단어사전, 그리고 소리도 함께 들을 수 있는 그림단어 사운드북 등 종류가 다양하다.

자기 손에 잡히는 보드북으로 책과 친숙하게 해 주면 좋다. 1~2세는 보행기를 타면서 보드북을 잡고 논다. 2~3세쯤 스스로 걸어 다니는 시기에는 현진이 키 높이 책장에 보드북을 꽂아 두고 언제든 꺼내 볼 수 있게 했다. 엄마가 없을 때도 스스로 찾아볼 수 있게 해 주면 좋다. 자주 보고 만져야 친해지고 익숙해진다. 이 시기에 많이 활용하는 월차트도 아이 눈높이에 맞춰 붙여 주면 된다. 영어책 역시 'Out of sight, Out of mind(눈에서 멀어지면 생각에서도 멀어진다)'다. 그러므로 영어책을 늘 가까이 두어야 한다.

핵꿀팁

영어 그림단어책 고르는 법

집집마다 한 권씩 구비하는 영어 그림단어책을 고를 때는 반드시 음원이 있는 것을 사야 한다는 점을 명심하자. 아예 사운드북 형태로 된 책을 사도 좋고, MP3, CD, QR코드가 별도로 갖춰진 것도 좋다. 네이버나 구글 영어 사전이 아무리 잘 돼 있더라도, 1,000개 단어의 음원을 일일이 찾아가면서 듣는 어렵다. 수백 종의 그림단어 사전이 시중에 나와 있지만, 음원을 제공하지 않는 것은 무용지물이다.

생활그림책(24개월 이후)

그림단어책으로는 단어를 가르치면서 365일 반복적으로 말하는 일상어가 담긴 생활그림책으로는 문장을 가르쳐 보자. 이 시기에는 우리 아이가 매일 쓰는 생활 문장과 그림이 있는, 생활그림책이 필수다. 문법이나 기승전결의 스토리를 이해할 나이는 아니므로 매일 쓰는 말을 책으로 읽어 주면 된다. 그리고 그림단어책을 픽션과 논픽션으로도 알려 주면 어휘 수준이 높아진다.

생활영어 그림책은 한 페이지에 짧은 문장이 한 개씩 큼직하게 쓰여 있다. "I need to pee(오줌 마려워)" "Did you sleep well(잘 잤니)?" "Wash your hands(손 씻자)" "Enjoy your meal(맛있게 먹어)"과 같이 먹고 마시고 싸고 씻는 하루 생활에 필요한 짧은 문장들이다.

어떤 엄마들은 1~3세 자녀에게 "탈무드를 영어로 읽어 줬다" "《그리스 로마 신화》를 영어로 들려줬다" "영어 소설을 아이의 침대에서 읽어 줬다"라는 말을 자랑처럼 한다. 영어를 가르치려는 열정이 넘치는 것만큼은 인정할 만하지만, 딱 거기까지다. 아이는 매일 자신이 듣는 익숙한 소리나 문장에 집중하기 때문이다. 친숙한 내용이어야 영어로 읽어 줄 때 쉽게 이해한다. 아기에게 탈무드를 영어로 읽어 줘도 친숙하지 않으니 집중해서 들을 수 없다.

특히 이 시기는 문자도 그림처럼 인식한다. 영어책을 처음 읽기 시작하는 시기라 글씨체가 크고 진하며 굵을수록 좋다. 글자가 커야 영어 문자를 통단어, 통문장으로 쉽게 각인할 수 있기 때문이다. 이 시기 아기들이 알파벳도 모르는데 영어책을 읽어 줘도 되냐는 질문을 가끔 받는데 대답은 "Of course, 당근이다." 아이는 그림을 보고 뜻을 유추하며 엄마의 목소리를 들으면서 영어 소리에 친숙해지면서 영어 단어를 인지하고 문장을 이해하기 때문이다.

생활그림책에서 그림, 즉 일러스트는 매우 큰 역할을 담당한다. 유아기 아이들은 책에 있는 그림을 통해서 문장과 단어의 의미를 파악하기 때문이다. 너무 추상적이고 난해한 그림보다는 쉽고 직설적이어서 어떤 뜻이며 어떤 상황인지 한눈에 알 수 있는 영어 그림동화책을 골라야 한다. 아무리 유명한 책이라도 그림이 모호하고 알쏭달쏭하면 아이들에게는 좋은 책이 아니다. 그렇다고 그림 없는 생활동화책은 더더욱 무용지물이다. 한 페이지에 문장 하나, 그림 하나가 있는 책부터 시작하는 것이 가장 이상적이고, 무엇보다도 그림과 글의 내용이 딱딱 맞아떨어지는지 살펴보자.

나는 이 시기 현진이의 영어책을 고를 때 큰따옴표 개수부터 세어 봤다. 큰따옴표 속의 문장들이 앞으로 현진이가 평상시에 써먹을 말이 되기 때문이다. 복잡한 문어체 문장보다는 회화가 아웃풋으로 나올 수 있도록 해 주는 대화문, 구어체 회화 표현이 많은 책이 좋다.

책의 내용도 실용적인 것이 좋다. 하늘이 파랗고 꽃이 아름답다는 이야기도 좋지만 "Mom, I want more rice(엄마, 밥 더 주세요)" "No, I don't want it(그거 싫어)" 하는 표현이 훨씬 더 와닿는다. 동화책《피노키오》를 읽어 준다고 해도 실생활에서 '코가 길어진다'라는 표현을 쓸 기회는 거의 없다. 실생활과 떨어진 표현은 아무리 읽어 줘도 아이의 아웃풋으로 잘 터지기 어려울 수 있다. 생활 속에서 쓸 수 있는 말들이 나오는 생활그림 동화책이 흥미를 더 끌고 아웃풋으로도 이어진다. "Are you done(다 했니)?" "Listen to mommy(엄마 말 들어)" "I need to pee(쉬가 마려워)"처럼 엄마하고 매일 쓰는 말들이나 "Hand me a towel(수건 주세요)"처럼 아이에게 피부로 와닿는 생생한 표현들, 아침에 일어나서 자기 전까지 온종일 사용하는 표현들이야말로 아이가 입 밖으로 낼 수 있는 말들이다.

현진이가 유아였을 때만 해도 시중에서 그런 영어책을 찾기가 어려웠다. 그래서 고육지책으로 한국어책 중에 "응가 다 했어" "물 내려라"와 같이 아이의 실생활과 관련된 문장이 나오는 유아용 그림책을 활용했다. 우리말 부분을 "I'm all done" "Don't forget to flush"처럼 영어로 바꿔서 읽어 줬더니 그제야 현진이가 말을 따라하고 영어를 실생활에서도 써먹기 시작했다.

아이가 초등학교 입학을 한 후라면 미국 문화가 녹아든 영어책을 읽는 것은 언어를 배우는 데도 도움이 된다. 하지만 영유아기에는 아이가 흥미를 느끼지도 못한다. 예를 들어 미국에서 자주 볼 수 있는 '창고 세일(garage sale)'은 집에서 안 쓰는 물건을 차고에 전시하면 이웃 주민들이 사가는데, 한국의 아파트 문화와 달리 주택 중심으로 거주하는 미국에서 가능한 문화다. 한국 유아들에게 '창고 세일'이란 내용의 책을 읽어 주면 와닿을까? 어릴 때부터 파티가 일상생활의 일부인 미국문화도 익숙하지 않다. 이런 소재의 영어책들은 좀 더 성장한 후에 접해도 늦지 않다. 1~3세에는 미국문화가 녹아든 영어책보다는 먹고 자고 똥 싸고 활동하는 일상생활을 다룬 영어책이 훨씬 더 효과가 크다.

촉감책, 헝겊책, 방수 비닐책, 영어 동요책(CD 포함)

1~3세는 시각, 청각, 촉각 같은 오감 중 특히 촉각이 눈에 띄게 빨리 발달한다. 아이들은 손에 잡히는 물건을 모두 입으로 가져가 물고 빤다. 촉각을 자극하기 위해서 아이들 입에 들어가도 해가 되지 않는 촉감책이 유용하다. 촉감책은 털, 비닐 같은 여러 소재로 단어나 문장을 설명해 준다. 예를 들어 'dog(개)'라는 단어와 함께 털 촉감을 체험할 수 있도록 실제 부드러운 털이 부착되어 있다. 개를 그린 그림과 'dog'라는 단어를 보면서 촉감으로도 체험할 수 있는 셈이다. 'hedgehog(고슴도치)' 그림을 만지면 가시를 느낄 수 있게 하는 식이다.

헝겊으로 책 전체를 만든 헝겊책은 유기농 천이라 인체에 무해하다. 아이가 한참 물고 빨고 하는 시기에 이러한 헝겊책은 안심하고 아이 손에 쥐여 줄 수 있다.

방수되는 비닐책도 유용하다. 아이를 목욕 시킬 때 효과가 좋은데, 물에 닿으면 글자나 그림이 나오는 책도 있다. 초등학교 들어가서는 아이 스스로 샤워나 목욕을 하기도 하는데, 영유아나 초등 저학년 시기에는 욕조에서 엄마와 같이 목욕한다. 비닐책이 있으면 목욕하는 10여 분간 신기한 경험을 선사할 수 있다. 물에 넣으면 그림 색깔이 바뀌고 글자가 나타나니 아이들이 꽤 신기해한다.

이 시기에 가장 폭발적인 반응을 보이는 것은 역시 CD가 제공되는 영어 동요책 또는 사운드북이다. 다음과 같이 가사가 짧고 단순하며 반복적인 표현이 나와서 영어 문장의 패턴을 금세 익혔다. 특히 리듬감 있는 경쾌한 멜로디는 이 시기 아이들 귀에 팍팍 꽂혀서 효과 만점이다.

Are you sleeping? Are you sleeping?

Brother John, Brother John~

Morning bells are ringing

Morning bells are ringing

Ding dong dong, Ding dong dong

핵꿀팁

영어책 내용뿐 아니라 제목도 중요

이 시기 책을 고를 때 제목도 주의 깊게 살펴보자. 책 제목이 너무 길고 복잡해 한눈에 들어오지 않으면 아이들도 흥미를 느끼지 못한다. 책 제목이 짧고, 아이들이 한눈에 집중할 수 있는 찰떡인 그림이 그려진 표지인지 살펴보자. 스토리가 아주 짧고, 책 두께가 얄팍하며, 본문의 문장들은 짤막한 단문이고, 한 페이지 당 문장이 한두 개를 넘지 않으며, 글자들은 큼직큼직한 책일수록 좋다.

아이가 해야 할 말을
엄마가 대신 해 줘라

영어 스토리북은 아니지만, 아이에게 매일 서너 문장씩 읽어 주거나 아예 외워서 직접 말해 주면 좋은 책이 있다. 바로 '엄마표 생활 영어회화책'이다. 이건 스토리는 아니지만, 평생 써먹는 필수책이라 매일 읽어 주는 걸 강추한다. 특히 대한민국 엄마라면 아이를 낳고 나서 '엄마표 생활 영어책' '엄마표 영어 회화 표현' '유아 영어회화책'과 같은 책 한 권 정도는 집에 있을 것이다. 그런데 대부분 그런 종류의 책은 처음 몇 페이지만 보고 그냥 책장에 꽂아 두어서 먼지만 쌓인다. 이제 그 책들을 펼치고 1인 2역을 할 때다. 아이가 웅얼거려도 아이가 무엇을 말하려고 하는지 엄마는 기가 막히게 알아차린다.

엄마의 말을 영어로 건넨 후, 아이의 말을 대신 영어로 해 주자. 자꾸 듣다 보면 아이도 그 표현을 영어로 기억하게 되고 말문이 트이면 내뱉게 된다.

현진이는 우유를 먹고 배가 불러 기분이 좋아지면 "으으으으" 하는 소리를 냈다. 그러면 나는 곧바로 현진이 목소리로 "I'm full(배불러요)"이라고 대신 말해 주고 나서 다시 내 목소리로 "Oh, you're full(오, 배부르구나)"이라고 힘껏 리액션을 해 줬다. 먹을 것을 다 먹고 나면 내가 "Are you done(다 먹었니)?" 하고 물어봤는데, 그럼 아이가 "으으으으" 하는 소리를 냈다. 그러면 다시 나는 현진이 목소리로 "I'm done. I'm done(다 먹었어요)"이라고 아이 대신 대답했다. 나중에 아이가 커서 말문이 트였을 때 할 대답을 미리 귀띔해 주고 예습시켜 준 것이다.

제일 많이 했던 말은 '쉬, 응가'와 관련된 말이었다. 엄마표 영어회화책을 보는 엄마들이 가장 많이 쓰는 표현이다. 기저귀를 갈 때 항상 이렇게 말을 걸었다.

"Oh! You pooped(응가했구나)!"

"Oh! You peed(쉬했구나)!"

그러자 언제부턴가는 아이도 그 말을 저절로 알아듣고는, 기저귀를 갈 때 'peed'라고 하면 쉬했을 때의 다리 동작이 나오고 'pooped'이라고 하면 똥을 누었을 때의 다리 드는 동작을 했다.

이때부터 내가 아이에게 가장 많이 했던 말들, 아이가 하고 싶어 하는 말들을 정리하기 시작했다. 이후 정리한 내용들을 모아 2021년에 《Talk to my baby》라는 책으로 출간했다.

말도 못하는 이 시기 아가들에게 유아 영어 회화책 속 문장들을 많이 들려준다고 해서 얼마나 알아듣겠어? 하는 엄마들이 의외로 많다. 그러나 천만의 말씀이다. 이 시기의 아이는 자기가 열심히 말을 한다고 생각하고 있다. 어른도 자기 말을 들어주는 사람과 얘기하고 싶어지듯이, 아이도 자기 소리에 대한 피드백이 많으면 많을수록 신이 나서 더 말을 많이 하려고 한다. 아이가 옹알대는 소리를 엄마도 똑같이 따라 하고, 아이가 하려는 말을 대신 영어로 말해 주고, 엄마도 영어로 대답해 주고, 아이가 내는 소리에 접목해서 단어를 반복적으로 들려주자. 비록 아직 말을 못하더라도 그 말을 다 알아듣는 것처럼 영혼을 듬뿍 담은 반응을 해 주고 영어로 티키타카를 해 줘야 한다. 그러면 말문이 터지는 4세부터 영어와 한국어가 빵 터지는 놀라운 경험을 하게 될 것이다.

04

리듬감을 살려서 반복 리딩을 해 줘라

"내성적이라 큰 소리로 영어책을 읽어 주기가 창피해요."

"영어 울렁증이 있어서 자신이 없어요."

엄마표 영어책 읽기를 하는데 내성적 성격과 부족한 영어 실력을 고민하는 엄마들이 많다. 단언컨대, 이전의 성격과 영어 실력은 잊어라. 소심하고 자신감이 좀 부족하더라도 영어책을 들고 있는 이 시간만큼은 내 아이를 위해 나 자신을 바꾸겠다는 마음가짐이 필요하다. 엄마인데 못 할 게 뭐가 있겠나.

아이에게 영어책을 읽어 줄 때는 손가락으로 그림을 가리키면서 동시에 읽어 줘야 한다. 이때 리듬이 가장 중요하다. 영어책 읽기를 할 때 조용하고 평온하게 읽는 것은 아무 소용이 없다. 리듬감 있게 액션을 가미해서 읽어 줘야 진짜 영어책 읽기가 된다. 배고프냐고 물어볼 때도 밋밋하게 "Are you hungry?"라고 하는 게 아니라 노래를 부르거나 랩을 하듯이 "Are you hungry? Are you hungry?" 하면서 어감을 살리면 좋다. 그렇게 두세 번씩 반복하면 아이도 흥미를 느끼면서 따라 하게 된다. 유아 때는 엄마의 기분과 말투가 '업'되면 아이도 덩달아 '업'되기 때문이다. 그러니까 하이텐션이 중요하다. 현진이의 말수가 많아지자 나는 모든 말을 두 번씩 리듬감 있게 반복했다. 예를 들어 밥 먹을 시간에는 "Let's have rice, Let's have rice." 이렇게 항상 리듬감 있게 두 번씩 하니 확실히 더 쉽게 기억하고 재미있게 느꼈다.

어느 날 리듬감을 살려 반복하면서 "Blow blow blow your nose(풀어 풀어 코 풀어)"라고 읽어 줬더니 현진이도 놀이처럼 받아들이고 반복하면서 따라 했다. 어느 날 내가 코를 푸는 걸 보더니 손가락을 코에 대면서 "Blow blow blow your nose(풀어 풀어 코 풀어)" 하고 온종일 "Blow blow" 하면서 랩처럼 외치는 것이다.

엄마가 롤모델이 되지 않으면 아이는 변하지 않는다. 엄마가 입 다물고 있으면 아이도 입 다물고 있고, 엄마가 무뚝뚝한데 아이한테만 춤을 추라 하면 아이도 쭈뼛거리며 춤을 못 춘다. 하지만 엄마가 하면 아이도 한다. 엄마가 춤추면 아이도 춤춘다. 엄마가 리듬감을 살려 읽어 주면 아이도 똑같이 리듬감 있게 따라 외치고, 엄마가 즐겁게 책 읽기를 하면 아이도 책 읽기가 즐거워진다.

똑같은 말을 하더라도 리듬감 있게 반복하는 훈련을 해 놓으면 엄마가 윽박지르지 않더라도 아이는 즐기면서 따라 한다. 유아 때는 그렇게 노는 것처럼 분위기를 유도하며 영어책을 읽어 줘야 한다.

리듬감을 살려주는 필살기는 의성어와 의태어다. 아이가 처음 보는 그림에 흥미를 느끼고 귀를 기울일 때 시선을 끄는 몸동작이나 재밌는 의성어를 섞어서 읽어 주면 효과가 배가된다. 3세 때 아이들은 '주룩주룩 아이 차 주룩주룩 아이 차' 같은 반복적인 의성어, 의태어들을 무척 좋아한다. 아이들은 '꽈당' 'kaboom'이라든가 '주룩주룩' 'pitter-patter'와 같은 리듬감 있는 표현들을 특히 잘 외운다. 자, 이제부터 우리는 '마미 래퍼'다.

핵꿀팁) **영어 스토리북에 가장 많이 등장하는 의성어와 의태어**

아이가 스스로 영어책을 읽기 시작할 때 읽을 때 가장 많이 막히는 부분은 바로 의성어(Onomatopoeia)와 의태어(mimetic word)다. 사전에 나오지 않는 단어가 많고, 뜻을 정확하게 파악하기 어렵기 때문이다.

영어 의성어와 의태어를 읽어 줄 때는 "Achoo! Achoo! 에취! 에취!"처럼 영어로 리듬감 있게 노래하듯이 읽어 준 후 우리말로 두 번 반복해서 읽어 준다.

영어 스토리북에 자주 등장하는 의성어와 의태어를 모아서 정리해 보면 다음과 같다.

[동물의 울음소리]

- bee(벌) buzz(윙) / bird(새) twit twit(짹짹)

- cat(고양이) meow(야옹) / chick(병아리) chick-a-biddy(삐악삐악)

- cow(소) moo moo(음매) / cricket(귀뚜라미) chirp chirp(귀뚤귀뚤)

- crow(까마귀) caw caw(까악까악) / dog(개) bow wow(멍멍)

- dove(비둘기) croo croo(구구) / duck(오리) quack quack(꽥꽥)

- frog(개구리) croak croak(개굴개굴) / hen(암탉) cluck cluck(꼬꼬댁)

[의성어와 의태어]

- babble babble 졸졸(시냇물이 흐르는 소리)

- flicker 깜박깜박(전등이 켜졌다 꺼졌다 반복할 때)

- gargle 꿀꺽꿀꺽(음료수를 마실 때 목구멍으로 넘어가는 소리)

- glug glug 꿀꺽꿀꺽(침 삼키는 소리)

- hiccup 딸꾹(딸꾹질할 때)

- huff huff 씩씩(화가 나서 씩씩댈 때)

- itch itch 긁적긁적, 벅벅(근질거려서 긁을 때)

- kachunk 파파팟, 번쩍(아이디어가 쏟아지는 순간)

- pitter patter 주룩주룩(빗방울 또는 물이 떨어지는 소리)

- shuffle 질질(신발을 질질 끌고 가는 모습)

- tap tap 탁탁, 톡톡(손이나 발로 바닥을 탁탁 칠 때 나는 소리)

- varoom 우르릉 쾅쾅(천둥소리)

- whip 찰싹(채찍으로 내리칠 때)

- whirl whirl 빙빙(빙빙 돌 때)

4~6세

엄마표 영어책
리딩의 최적기

짧은 시간이라도
규칙적으로 읽어 줘라

4~6세는 아이들이 본격적으로 움직이고 활동하는 시기이자 영어책 리딩에 있어서 최고의 골든타임이다. 아울러 읽어 주는 대로 머릿속에 쏙쏙 흡수해서 말문이 터지는 '아웃풋 최적기'이기도 하다. 그래서 이때 매일 규칙적으로 엄마가 어떻게 읽어 주느냐에 따라 우리 아이의 영어 아웃풋이 급격한 변화를 보인다. 환자에게 있어서 골든타임이란 사고가 발생한 후 치료가 이뤄져야 하는 최소한의 시간이다. 환자의 생사를 결정짓는 순간으로 이 시기를 놓치면 그야말로 사망에 이를 수 있다. 1~3세에 영어책 읽기를 하지 않았다면, 아쉽고 원통할 수는 있지만, 영어가 끝났다고는 할 수 없다. 그러나 4~6세는 좀 다르다. 이때 엄마가 어떻게 읽어 주고 어떻게 습관화를 시키고 어떤 책을 들이밀었느냐에 따라서 내 아이의 평생 영어가 좌우된다 해도 과언이 아니다. 또한 이 시기에 어떤 책을 읽어 주었느냐에

따라 아이의 어휘력과 문해력도 달라진다.

특히 이 시기는 문자에 대한 흥미를 끌어올릴 수 있는 시기다. 아이들이 머리가 커질수록 취향이 강해진다. 취향이 강해지다 못해 똥고집을 부린다. 이 시기에 픽션과 논픽션 유아용으로 읽어 주는 습관을 규칙적으로 만들어야 한다. 그렇지 않으면 어느 한쪽으로 치우치는 편독을 하기 때문이다. 시중에 나와 있는 영어그림책들 대부분 픽션이라 픽션 그림동화책만 읽어 주게 되면 큰일 난다. 초등학교 들어가면 논픽션 영어 지문이 많이 나오는 책들을 읽어야 하는데 습관이 안 잡혀 있으면 읽기 힘들어하기 때문이다. 그래서 4~6세 때 이런 논픽션 책들을 얼마나 많이 접하게 해 주고 읽어 주느냐에 따라 '논픽션 평생 리딩 습관'을 만들어 줄 수 있다. 현진이는 이 시기 이솝우화나 디즈니 스토리만 영어로 보려 해서 일부러 논픽션 리더스북을 더 자주 내밀었다. 처음엔 거부하면서 "No, No"를 외쳤지만 예쁘고 귀여운 강아지, 고양이, 새, 염소 사진을 보여 주며 dog, cat, bird, goat라고 영단어들을 읽어 줬더니 금세 따라 읽기 시작했다. 아이들은 대개 동물에 큰 관심을 보이기 때문에 가능했다. 아이는 엄마와 애착 관계가 형성돼 있어서 동물의 세계에서도 '엄마와 아기'의 관계에 관심을 갖게 된다. 논픽션을 싫어한다면 맨 처음엔 새끼 동물과 엄마 동물의 명칭을 자연스럽게 읽어 주면서 접근해 보자. 아이가 집중하여 듣게 되면 그때부터 논픽션 리딩이 시작된다.

이때 습관이 잘 만들어지면 초등학교 입학해서도 위인전이나 역사책, 과학 지식이 담긴 책을 자연스럽게 읽는 아이로 성장할 가능성이 엄청나게 커진다. '프리스쿨러(preschooler)' 시기는 영어책 리딩에 있어서 최고의 골든타임이라고 할 수 있다. 그러니까 이런 황금 시기를 알차게 활용하고 다져야 한다. 이 시기의 아이들에게 말랑말랑한 동화책, 붕붕 자동차 이야기, 캐릭터가 살아 있는 마블 액션, 그림체가 너무나 아름다운 디즈니 공주님 동화책만 읽게 한다면, 아이의 머릿속에는 픽션의 세계만 가득 찬다. 앞으로 세상을 살아가면서 뼈가 되고 살이 될 과학과 역사 지식은 쌓지 못하고 초등학생이 되는 것이다. 학교 공부에 엄청난 득이 되고 도움이 되는 기초와 지식을 어떻게 장착해 놓느냐에 따라서 아이들의 인생이 달라진다.

초중고 영어시험과 수능 영어시험에서 가장 어려운 지문이 무엇인가? 바로 '논픽션', 즉 비문학 지문이다. 영어의 논픽션 지문은 전혀 들여다보지 않다가 갑자기 보면 읽기도 쉽지 않다. 어휘가 전문용어들이라 만만치 않고 잘 외워지지도 않는다. 무조건 어릴 때부터 읽으면서 어휘를 쌓아야 한다. 이 시기 아이를 둔 엄마들이 꼭 해야 할 일은 매일 짧은 시간 규칙적으로 책을 읽어 줘야 한다는 것이다. 〈겨울왕국〉이 아무리 재밌어도 러닝타임이 10시간이라면 끝까지 보기 힘들 것이다. 아이가 아무리 그네타기를 좋아해도 두 시간 동안 쉬지 않고 태우면 멀미가 생길지 모른다. 영어공부가 아무리 중요해도 영어책만 두세 시간씩 읽어 주는 건 미친 짓이다. 지루하게 두 시간 읽어 주는 것보다, 신나게 15분 읽어 주는 게 훨씬 더 유용하다.

우선 우리 아이의 집중력이 어떤지 면밀하게 살펴보자. 처음에는 신나게 듣던 아이라도 어느 정도 시간이 지나면 집중력이 떨어지는 기색이 보이기 마련이다. 이때 "왜 우리 아이는 주의가 산만할까"라고 탓하거나 혼내지 말고, 자신을 돌아보자. 엄마가 책을 재미없게 읽어 주지는 않았는지 점검해야 하고, 무엇보다 아이가 감당할 수 있는 집중력은 유한하다는 것을 명심해야 한다. 만약 서너 페이지까지는 정말 집중해서 들었다면, 우리 아이의 집중력은 서너 페이지다. 5분이든, 10분이든 그게 아이가 집중할 수 있는 시간이다. 순둥이 아이라고 해서 집중력이 높은 건 아니다. 말없이 잘 앉아 있기는 해도 멍때릴 수도 있기 때문이다. 아이가 동화책 내용에 흥미를 느끼고 주목하는 시간을 정확하게 파악하지 않고 엄마 혼자 신나게 읽어 줘 봤자 원맨쇼일 뿐이다. 엄마표 동화책 읽기의 핵심은 상호작용, 티키타카라는 것을 기억하자.

어느 아이든 강렬하게 집중을 잘하는 때가 있는가 하면 산만한 타이밍이 있다. 한창 신나게 뛰어놀고 있는 아이에게 "자, 이제 책 읽을 시간이야" 하고 데려가서 억지로 앉혀 놓고 책을 들이대 봤자 짜증내고 반항만 할 뿐이다.

책을 읽어 줄 때도 전략이 필요하다. 전략을 세울 때 가장 중요한 것이 상황 파악이다. 무턱대고 읽어 주면서 "대체 왜 너는 이걸 즐기지 않니?"라고 탓할 게 아니라 아이가 집중하지 않은 원인이 구체적으로 무엇인지 파악해야 한다. 또한 집중하게끔 레벨에 맞는 재미있는 책을 신나게 읽어 줘야 한다. 맞춤형 전략이 필요하다. 현진이는 어릴 적에 성격이 산만하고 자기주장이 강했다. 자기가 내키지 않을 때는 내가 아무리 열정적으로 읽어 줘도 짜증을 내고 도망가 버렸다. 그래서 발상을 전환했다. 현진이가 에너지를 발산할 때 굳이 앉혀 놓고 읽어 주는 것보다 오히려 차분하고 나른해 있을 때 영어책을 읽어 줬더니 잘 듣는 것 같았다. 어느 날 아침에 현진이가 눈을 뜨고 몸을 일으키기 전에 머리맡에서 읽어 줬더니 "또… 또 읽어 주세요"라고 하는 게 아닌가. 어제는 싫다던 책이 갑자기 더 읽고 싶은 책이 된 것이다. 아이의 집중력이 올라가거나 거부할 수 없는 시간, 또는 거부감이 덜한 시간에 책을 읽어 주는 것도 중요한 전략이라는 것을 알았다.

아이가 쌩쌩하게 놀고 있는 대낮보다는 이른 아침 일어나자마자, 밤에 자기 전에, 목욕하고 나서 몸이 노곤해져 있을 때 책을 읽어 주고 CD로 들려주면 좀 더 집중한다. 또는 아이가 좋아하는 맛있는 간식을 앞에 두고 같이 먹으면서 읽어 주면 기분이 좋아져 좀 더 집중할 수 있다. 아침에 일어나자마자 15분, 자기 전에 15분, 목욕 후 나른할 때 15분, 식후 15분에 각각 '영어책 읽기 시식'을 시켜 주면서 아이에게 맞는 시간대를 파악하자. 가장 집중 잘하는 시간을 체크한 후, 그 시간대를 '리딩타임'으로 정하는 거다. 그럼 아이도 집중하면서 듣고 엄마는 아이랑 실랑이 벌이지 않고 신나게 읽어 줄 수 있다. 영어책 읽기도 치고 빠지는 전략이 필요하다.

어릴 적 친구들과 공기놀이할 때를 떠올려 보면, 쉬는 날 하루 종일 주야장천 공깃돌을 가지고 놀 때보다 쉬는 시간 10분 동안 노는 게 훨씬 더 짜릿하고 재밌다. 공기놀이를 6시간 내내 하라고 하면 지쳐서 그만두겠지만, 쉬는 시간에 10분 밖에 못 한다고 하면 그 시간 동안 노는 게 재미있어서 다음 쉬는 시간이 오기만 기다린다. 그러므로 장시간 길게 읽어 주는 것에 목숨 걸 필요가 없다. 오늘은 반드시 책 한 권을 다 끝내야만 한다는 강박관념을 버리고, 그 대신 오늘 다 못하더라도 매일 규칙적으로 읽어 주자. 책 읽는 시간을 정해서 짧지만 강렬하게, 내일 책 읽는 시간이 기다려지도록 만들어야 한다. 나는 지금도 생생하게 기억한다. 신나게 15분 읽어 준 뒤 "That's it for today(오늘은 여기까지)"라고 말하면 현진이가 엄청나게 아쉬워하며 "More, more(더, 더)"이라고 외치던 순간을.

"오늘은 피곤하니까 내일 몰아서 하자" 또는 "지금은 바쁘니까 나중에 하자"라며 불규칙적으로 책을 읽어 줄 때도 많은데, 아이들은 규칙적인 시간에 책을 읽어 줄수록 더 집중한다.

영어책 읽기는 얼마나 몰입하고 이해했느냐가 관건이다. 얼마나 많은 책을 얼마나 오래 읽었느냐가 아니라 단 한 페이지를 읽더라도 얼마나 집중해서 듣고 즐기며 푹 빠졌느냐가 더 중요하다.

Q. 어떤 환경에서 영어책 읽어 주는 게 효과적일까?

A. 엄마가 아이에게 책을 읽어 주는 시간만큼은 주변 환경이 조용해야 한
다. '베드타임 스토리'라는 말이 있지 않은가. 책 읽기를 잠자기 전에 하
는 건 잠들기 전 집중력이 높아질 뿐만 아니라 주변도 조용하기 때문이
기도 하다. 매일 새벽 4시 30분에 일어나 책을 읽고 자기계발 시간을
갖는다는 김유진 국제변호사의 유튜브가 큰 화제가 된 적이 있다. 김
유진 변호사가 아침 시간을 활용하는 중요한 이유 중 하나는 주변이 고
요하고, 카톡 단톡방의 알림으로 방해를 받지 않으며, 이메일도 전화도
안 오는 시간이기 때문이다. 방해 없는 완벽한 환경의 새벽 두 시간은
그만큼 집중도를 높일 수 있어 효율성도 좋다.

엄마들 중에는 TV를 켜놓고 책을 읽어 주는 분들이 있는데, 그럴 거면
차라리 마음 편히 TV만 보라고 말하고 싶다. 아이에게 책을 읽어 줄 때
만큼은 TV도 꺼놓고 주변을 조용한 환경으로 조성해 주자.

4~6세 아이에게
어떤 책을 읽힐까

4~6세 때 엄마들은 책 읽기를 하면서 아이에게 어떻게 하면 글자를 빨리 익히게 할지 고민한다. 어떤 엄마들은 글자를 빨리 익히게 할 목적으로 그림을 가리고 글자만 보여 주는 경우가 있는데 이는 잘못된 방식이다. 아이들은 그림을 보면서 문장의 뜻을 유추하고 문맥을 파악하기 때문이다. 그러면서 자주 나오는 단어는 자연스럽게 기억하게 된다. 빈도수가 높아서 책 속에 자주 등장하는 단어를 '사이트 워드(Sight Word)'라고 한다. 책에 자주 나오기 때문에 아이들이 보는 순간 바로바로 읽어야 하는 단어들이다. 예를 들어 I, you, am, is, the, come, like, eat 등의 단어들은 수없이 이 책 저 책에 반복해서 등장한다. 바로 이런 단어들이 사이트 워드인데 워낙 자주 등장해서 알파벳 글자나 파닉스 규칙을 몰라도 이 단어들을 보면서 통단어로 저절로 익히게 된다. 4~7세는 사이트 워드를 그림책을 통해 보면서

익힌다. 이 시기 아이들은 글자, 파닉스 규칙을 몰라도 이미지로 알파벳을 익힌다. 그래서 글자 사이즈가 아주 크고, 굵은 것이 좋다. 글씨체도 중요하다. 어떤 책은《이상한 나라의 앨리스》에 등장하는 이상한 나라의 문자인가 싶을 정도로 모양을 비틀고, 꼬아서 멋을 낸 글자체가 있다. 그림 작가가 눈에 띄고 재미있게 하려고 만든 것이지만, 주목은 끌 수 있어도 처음 영어 글자를 익히는 데는 큰 도움이 안 된다.

나는 큼직하고 바른 글씨체를 자주 강조하는데 글씨 크기의 기준은 엄마 엄지손톱이다. 최소 엄마 엄지손톱 정도는 돼야 아이들 머릿속에 글자가 각인된다. 글자가 너무 작으면 분별하기가 어려워 기억하기 쉽지 않다. 사람들의 뇌리에서 떠나지 않게 하려고 입구나 건물에 걸어두는 간판 글씨는 크고 진하게 만든다. 간판 아래쪽에 있는 전화번호는 안 보이더라도 상호는 달리는 자동차에서도 보인다. 신문의 헤드라인처럼 아이들에게 알파벳을 더 잘 각인시키기 위해서는 굵고 진한 큰 글씨가 필요하다. 반드시 익혀야 하는 사이트 워드 역시 굵고 진하며 커야 한다는 것을 기억하자.

책의 레벨을 고를 때 엄마들이 자주 간과하는 게 있다. 돈을 내는 사람이, 또 책을 고르는 사람이 엄마이다 보니까 엄마 기준으로 책을 보는 것이다. 아이 눈높이가 아니라 엄마 눈높이에서 보고 페이지 당 한두 줄밖에 없는 책은 너무 쉽다고 무시한다. 엄마 눈에 쉬워 보이는 책은 멋대로 건너뛰며 깨알 같은 글자가 쓰여 있는 높은 레벨의 책을 사서 아이에게 안겨 준다. 이거야말로 위험한 책 선택이다. 아이가 읽을 책이니까 엄마가 아니라 아이들 눈높이에서 봐야 한다. 아이는 여전히 한 줄 읽기도 버거워하는데 엄마 눈에만 쉬워 보인다고 그 레벨을 건너뛰는 것이다. 나는 수퍼맘스토리카페에서 양질의 영어책들을 고르고 골라서 소개하는데, 그 책들 중에는 한두 줄이라고 해도 어려운 단어가 있는 게 많다. 예를 들어 "Whales are mammals"라는 문장이 나오면 짧은 한 줄이라도 이 시기 아이들은 쉽게 이해를 못 한다. 'mammals(포유류)'라는 단어 뜻이 쉽지 않기 때문이다. 아이들 눈에는 쉽게 읽히는 한 줄이 아니라 고난도 한 줄일 수도 있다. 특히 논픽션 리더스는 한 줄짜리도 어휘가 어려운 책들이 많으므로 이때부터 유아용 논픽션 리더스를 많이 읽어 줘야 한다. 그래서 풍부한 기초 어휘력을 쌓아야 한다.

4~6세 시기에 '집중 뽀개기' 해야 할 책

생활동화 · 인성동화

4~6세 때는 생활동화, 인성동화를 많이 읽어 줘야 한다. 1~3세 때도 생활에서 많이 사용하는 표현이 들어간 그림동화책을 자주 접하게 해 주라고 했는데, 인성동화는 여기서 한 발 더 나아간다. 아이들이 유치원에 가서 배우게 되는 사회성, 친구들과의 관계, 약속, 배려,

규칙, 청결이나 절약 같은 내용이 담긴 책을 인성동화라고 한다. 영어 그림책의 도덕책이라고 생각하면 이해가 좀 쉬울 것 같다. "Wash your hands(손을 씻자)" "Help each other(서로 도와야 해)" "Don't run(뛰면 안 돼요)" "Stand in line(줄을 서야 해요)" 같은 내용이 담겨 있다. 이 시기 아이들의 정서 발달에 도움이 되면서 영어도 익히는 일거양득의 리딩 타임이 될 것이다.

리더스북

이 시기는 리더스북(Reader's Book)을 시작해야 하는 때다. Reader(책을 읽는 사람)가 스스로 읽을 수 있도록 도움을 주고자 만든 책이 리더스북이다. 특히 이 시기는 본격적인 리딩을 하기 전에 파닉스 학습과 병행하면서 읽을 만한 영어책이 좋다. 그림과 글자로 페이지 당 서너 문장씩 있는 영어책이 좋다. 문장이 쉽고 그림과 내용이 딱 떨어지기 때문에 아이들이 처음 접하기에도 부담감이 없고, 스스로 읽었다는 자부심을 심어 주기도 좋다.

얇은 리더스북만으로 독서의 힘을 기를 수 있을까, 너무 짧은 스토리에만 익숙해지는 게 아닐까 걱정하는 엄마들이 많다. 얇은 리더스북의 어휘와 표현을 꼼꼼하게 숙지한다면 두꺼운 책 10권도 부럽지 않다. 읽기 레벨이 만능이 아니라고 여러 차례 강조했지만, 현지 원어민들도 정확하게 번역하기 어려운 '뉘앙스'는 절대 레벨만으로 만들어지지 않는다. 얇은 리더스북에도 우리가 모르는 최신 관용구가 다양하게 나와 있고 전문 번역가들도 모르는 표현이 수두룩하다.

패턴북

패턴북(Pattern Book)은 그야말로 문장의 패턴을 통해 어법, 문법, 어휘, 회화를 자동으로 익히게 도와주는 책이다. "I like to draw" "I like to sing" "I like to run" 이런 식으로 같은 구조의 뼈대 문장이 한 권의 책에서 계속 반복된다. 책을 읽으면 영어의 리듬감을 느낄 수 있어서, 마치 노래나 랩을 하듯이 신나게 읽어 주면 문장의 패턴을 금세 익힐 수 있다. 기본 구조는 같지만 페이지마다 바뀌는 새로운 단어를 접할 수 있으므로 어휘력을 확장하는 데도 유용하다. 사실상 본격적인 영어책 읽기 시기인 4~6세 때 생활인성 동화책과 함께 패턴북을 적절히 읽어 주면 아이들의 어휘력과 회화력이 쑥쑥 확장된다.

예를 들면 한 권의 패턴북에서 "I go to the library" "I go to the market" "I go to the room"이라는 문장들을 통해서 'I go, 나는 가다'라는 형태의 뼈대 문장을 익힐 수 있는 동시에 도서관, 정원, 시장, 방 같은 단어의 살을 붙이면서 어휘력을 확장할 수 있다. 4~6세의 영어 그림책 상당수가 패턴문장인 이유가 바로 이 때문이다. 나는 특히 어렵거나 낯선 어휘가 많은 논픽션 과학 리더스북을 패턴문장으로 읽어 주었는데 너무나 쉽게 아이가 어려운 과학 용어도 금세 이해하고 흡수할 수 있었다.

워크북 또는 액티비티북

워크북(Work Book)은 아이가 책의 내용을 직접 체험해 볼 수 있는 여러 기제가 갖춰진 책이다. 예를 들면 아이가 이야기를 읽으면서 영단어 스티커를 붙이거나 문제를 푸는 방식으로 폭넓게 활용할 수 있다. 또한 해당 영단어에 색칠을 하거나 동그라미를 치면서 자신이 읽고 기억한 영단어를 즐겁게 확인하도록 도와주는 액티비티북이다. 종이를 오리고, 그리고, 풀칠하고, 붙이면서 즐거운 독후활동 놀이로 여기게 된다.

플랩북

플랩북(Flap Book)은 흔히 입체북이라고도 하는데, 책 페이지마다 접힌 부분을 펼쳐서 볼 수 있다. 플랩을 열어 펼치면 그림과 연결되는 또 다른 그림이나 내용이 있으므로 아이들의 호기심을 자극하고 상상력도 키워준다. 1~3세 아이들은 책을 물고 빨며 찢기 때문에 플랩북을 시도하기 힘들다. 4~6세에 접어들면 마치 책이 '까꿍'하고 말을 걸어 주는 것 같은 입체북에 금방 빠져든다. 밋밋한 것보다는 입체에 눈길이 가고 직접 만지고 펼칠 수 있기 때문이다. 초기 플랩북은 픽션 스토리북이 많았는데 요즘은 다양한 논픽션 장르의 플랩북들이 출간돼 있다. 예를 들면 몸속에서 벌어지는 음식물의 소화 과정을 입에서부터 위, 장, 항문까지 탐방하듯이 순차적으로 손으로 밀고 잡아 당기며 볼 수 있어서 쉽게 이해할 수 있도록 돕는다. 또한 달걀

이 어떤 과정을 거쳐 부하가 되고 병아리에서 닭으로 성장하는지 손으로 플랩북을 조작하면서 보여 주는 등 다양하고 유용한 논픽션 플랩북들이 많이 나와 있다. 자칫 지루하게 느껴질 수 있는 과학 소재를 재미있게 접하도록 해 준다는 장점이 있다. 진짜 요즘 엄마들이 부러울 지경이다. 어려운 과학 개념과 과학 용어들을 이렇게 플랩북으로 놀면서 배울 수 있기 때문이다.

사운드북과 소리 나는 월차트

아이들의 주목을 순간적으로 끌어내려면 소리만큼 효과적인 게 없다. 사운드북(Sound Book)이나 소리 나는 월차트(Wall Chart)는 이 시기에 아이들의 흥미를 유도하기 좋은 교구다. 사운드북은 책 속의 버튼을 누르면 소리가 나는데, 자동차 그림을 누르면서 '빵빵' 경적이 나면 'car, car'라고 읽어 주고, 새 그림을 누르면서 '짹짹' 소리가 나면 'bird, bird' 하며 영단어를 읽어 준다. 아이들은 바로바로 따라 외친다. 사운드북의 장점은 그림과 글자와 소리를 동시에 보고 들을 수 있어서 시각과 청각을 동시에 자극한다. 이 시기 아이들이 사운드북의 버튼을 누르는 걸 좋아하기 때문에 스스로 몇 번 누르면서 반복하여 소리를 듣고 자연스럽게 따라 한다. 소리 나는 월차트는 벽에 붙인 포스터로 펜이나 손으로 누르면 단어나 문장의 소리가 난다. 심지어 노래도 나온다. 매일 집안을 돌아다니며 수시로 눌러가며 영어의 소리를 들을 수 있다. 이 시기에는 다양한 월차트 시리즈를 활용할 수 있다. 숫자뿐 아니라 가족, 교통, 동물, 음식 등 주제별로 수 없이 많은 종류가 나와 있다. 4~6세 아이들은 금방 싫증을 내기 때문에 사운드북의 수명도 상대적으로 짧은 편이다. 몇 번 가지고 놀다 보면 한동안 멀리하는데, 월차트는 하루 종일 집에 걸어 놓을 수 있다. 아이 침실 벽면, 냉장고 문, 화장실 문에 붙여 놓으면 활용도가 높다. 나는 현진이를 키울 때 집에서 가장 자주 여는 냉장고 문과 화장실 안쪽 문에 소리 나는 월차트를 붙여 놓았다. 냉장고에서 음식을 꺼낼 때도 월차트를 한 번씩 눌러보고, 현진이가 응가를 할 때도 월차트를 활용했다. 현진이는 특히 신체(Body), 알파벳(Alphabet), 반대말(Opposite Words) 월차트를 틈만 나면 손가락으로 누르면서 듣고 따라 외쳤다.

유아용 논픽션 리더스

픽션은 상상으로 지어낸 허구 이야기이고, 논픽션은 사실을 근거로 쓴 스토리다. 이솝우화, 디즈니 스토리, 창작그림책, 리더스북, 챕터북, 소설, 고전, 세계명작 등이 픽션에 속한다. 신문, 역사책, 위인전, 다큐멘터리, 사이언스 리더스, 과학 교과서, 논픽션 리더스북, 논픽션 챕터북 등이 논픽션에 속한다.

나는 강연에서나 유튜브 라이브방송에서 지난 20년 동안 수백 수천 번 강조해 온 게 있다. 바로 논픽션 리더스북 읽기의 습관화를 최대한 일찌감치 하라는 것이다. 왜냐하면 논픽션 스토리북은 뒤늦게 갑자기 읽으려고 하면 절대로 술술 읽히지 않기 때문이다.

논픽션 스토리에 등장하는 영단어들은 전문용어가 많아 유추하기가 힘들고, 배경 지식을 모르면 더더욱 내용을 이해하기도 힘들어서 어릴 적부터 읽지 않은 아이들은 집중하며 읽지 못하기 때문이다.

나는 수많은 아이가 논픽션 리더스북 읽기를 거부하고 재미난 픽션 리더스북만 읽는 '편독 현상'을 많이 봐왔다. 심지어 엄마들도 내게 가장 많이 묻는 말 중 하나가 "우리 아이가 영어 논픽션 리더스북을 거부하는데 어떡하죠?"이다.

이런 질문에 대해 어떤 사람들은 아이가 좋아하는 장르의 영어책만 읽어 주라며 논픽션은 읽어 주지 않아도 된다고 한다. 난 절대 반대다. 큰일 날 소리다. '세 살 버릇 여든까지 간다'고 이때 한 줄짜리 논픽션 리더스북을 시작하지 않으면 커서는 논픽션을 좋아하기가 너무너무 힘들다. 무조건 어릴 때부터 50대 50의 비율로 픽션과 논픽션을 읽어 줘야 한다.

과학 좋아하는 아이들을 보면 어릴 적부터 과학잡지나 과학도서를 많이 읽고 자란 아이들이다. 우리가 초등학교 들어가서 고학년이 되면 영어리딩 레벨이 높아지면서 영어시험에 논픽션 지문을 만나게 된다. 중·고등학교 교과서를 보면 논픽션 제목이 훨씬 더 많다. 어디 그뿐인가. 수능 영어나 수능 국어를 보면 비문학 지문이 많이 나오는 것처럼 중고등학교 내신 영어시험이나 수능 영어시험에 우리의 발목을 잡는 것이 바로 논픽션 지문들이다. 영어시험에서 킬링

문항도 다 논픽션 주제들이다. 물리, 화학, 세계사, 공학을 영어로 갑자기 읽고 시험을 치를 수 없다. '불수능'이라는 말이 나올 때마다 시험문제를 보면 99.99퍼센트가 다 '논픽션 지문'들 때문이다. 논픽션 영어 리더스북을 보면 일상에서 흔히 접하기 힘든 전문용어들이 많이 나온다. 심지어 유아용 논픽션 리더스북에 나오는 어휘도 만만치 않다. 따라서 반드시 이 시기에 과학 논픽션 리더스 유아용을 읽어주는 것을 습관화하자.

Grade K(5~7세용 논픽션 리더스에 나오는 단어들)

- matter(물질) / living things(생물) / non living things(무생물)
- scales(비늘) / stem(줄기) / shrub(관목) / soil(토양)

Grade 1(6~8세용 논픽션 리더스에 나오는 단어들)

- condense(응결하다) / evaporate(증발하다) / temperature(온도)
- freeze(얼다)/ food chain(먹이사슬) / shelter(주거지) / pupa(번데기) / larva(유충)

픽션과 달리 논픽션은 유아용 스토리북에 나오는 단어들도 만만치 않다. 그래서 차근차근 레벨별로 와이드 와이드 리딩을 어릴 적부터 해야 한다는 것이다.

영어시험 잘 보려고 과학용어를 영어로 열심히 외우자는 게 아니다. 논픽션 스토리북에 나오는 단어들이나 지문들을 어릴 적부터 친근하게 느끼도록 한 줄짜리부터 읽어 줘야 한다. 아울러 이때 한글책으로도 과학이나 논픽션 책들을 많이 읽어 주면 이해를 더 빨리한다.

픽션은 잘 읽는데 논픽션을 싫어하는 아이들의 공통점이 어릴 적부터 픽션만 읽어 주었거나 한글책으로 많이 읽지 않은 경우가 많다. 하지만 우리 아이들이 접하게 될 현실은 '논픽션 영어 지문 대잔치'라 해도 과언이 아니다. '영포자들'이 포기하는 시점이 바로 까다로운 '논픽션 리더스 지문'들을 못 읽고 못 풀 때라고 한다.

정치, 경제, 사회, 문화, 역사, 지리, 지구과학, 물리, 화학, 우주공학까지 다양한 분야의 스토리와 영단어들을 유아용부터 접하면서 기본지식을 쌓아야 술술 리딩이 되고 술술 문제를 풀 수 있다. 나는 지금도 농담 반 진담 반으로 강연장에서 말한다. "내가 수학 과학만 잘했으면 서울대학교나 하버드대학교 갔다"라고….

논픽션 리더스에 관해 초등 고학년 파트에서 이야기해도 될 텐데 왜 유아기에 강조하냐고 의아해하는 분들이 있을 것이다. 4~6세는 평생 영어책 읽기 습관의 입문 시기인데, 이때 처음 접하는 스토리가 전부 픽션일 경우 평생 논픽션 리더스북 읽기를 힘들어하고 지루해하며 포기하게 될 확률이 높기 때문이다. 따라서 이때부터 한 줄짜리 논픽션 리더스 읽기를 픽션과 함께 50대 50으로 해야 한다.

4-6세 아이들에게 논픽션 리더스를 읽어 주는 법

패턴북이란 책 속의 특정 문장이나 표현이 반복적으로 사용되는 책을 의미한다. 흥미진진한 픽션 스토리북에 비해 지루하거나 재미없게 느낄 수 있는 논픽션 스토리를 리듬감을 살려 읽어 주면 마법처럼 없던 재미도 생겨난다. 특히 패턴 문장으로 전개되는 논픽션 스토리는 반복되는 뼈대 영어문장을 통해 문법을 따로 배우지 않아도 문맥을 파악할 수 있다. 논픽션 영어 단어나 문장을 쉽게 이해하며 문장 전체를 금세 외울 수 있다.

다음 논픽션 사이언스 리더스 유아용을 패턴 문장으로 리듬감을 살려 읽어 보자.

- This is a seed(이건 씨앗이야).

- This is a stem(이건 줄기야).

- This is a leaf(이건 나뭇잎이야).

- This is a flower(이건 꽃이야).

- This is a branch(이건 나뭇가지야).

- This is a root(이건 뿌리야).

- This is a tree(이건 나무야)!

엄마가 책 읽어 줄 때 가장 많이 쓰는 표현들

[책 읽기 시작할 때]

- Let's read a book(책 읽자). / I'll get the book(책 갖고 올게요).

- What do you want to read(뭐 읽고 싶어)? / Snow White(백설공주).

- You choose the book(네가 책을 골라). / Ok, mom(네, 엄마).

- How about this book(이 책은 어때)? / It looks fun(재밌어 보여요).

[표지 보며 대화하기]

- Look at the cover(표지를 봐봐). / It's Peter Pan(피터팬이다).

- What's the title(책의 제목은)? / Cinderella(신데렐라요).

- Do you know this story(이 이야기 아니)? / Yes, I do(네, 알아요).

- Who's the main character(누가 주인공이지)? / Cinderella(신데렐라요).

[책 읽는 도중에]

- Read it out loud(크게 읽어 봐). / OK, I will(네, 그럴게요).

- You got it(이해했니)? / I got it(이해했어요).

- Do you remember this word(이 단어 기억나니)? / Yes, I do(기억나요).

- Mark the new words(새로운 단어는 표시해 두자). / I'll underline them(밑줄 칠게요).

[다 읽고 나서]

- That's it for today(오늘은 여기까지). / Thank you mommy(엄마, 고마워요).

- We read the whole book(끝까지 다 읽었다) / I enjoyed it(정말 재밌었어요).

- Read me more(더 읽어 주세요)! / You really like this book(이 책을 정말 좋아하는구나).

- How was the story(이야기 어땠어)? / It was fun(재밌었어요).

[CD를 들을 때]

- Let's listen to the CD(CD 들어 보자). / I'll lie down(누울게요).

- I missed that part(그 부분을 놓쳤어요). / I'll play that again(다시 틀어 줄게).

- I can't hear it well(잘 안 들려요). / I'll turn it up(소리를 크게 할게).

- Do you remember that part(저 부분 기억나)? / Yes, I do(네, 엄마).

영어책과 한글책의 비중은
50 대 50

4~6세를 흔히 '프리스쿨러'라고 한다. 취학 전 유아원이나 유치원을 다니는 아동들을 말한다. 프리스쿨러 엄마표 영어책 읽기에서 가장 중요한 핵심은 한글책과 영어책의 비중이 50 대 50이어야 한다는 것이다. 한글책과 영어책 비중이 반반이라고 듣는 순간 "너무 심한 것 아냐?"라는 의구심이 드는 엄마도 있을 것이다. 절대 아니다. 어떤 엄마들은 한국어 먼저 뗀 다음에 해야 영어 실력이 더 탄력을 받는다고 한다. 모국어가 탄탄히 다져져야 영어도 된다는 거다. 내 말은 모국어를 소홀히 하라는 게 아니라 반반으로 균형을 맞추자는 것이다.

한글책과 영어책 비율을 7 대 3이나 8 대 2로 한다면, 일주일에 한두 시간 영어공부하는 수준일 뿐이다. 내가 학교 다닐 때는 영어 시간이 일주일에 8시간이었다. 과연 우리 영어 실력이 국어 실력만큼

늘었을까? 자신 있게 답할 분들이 많지 않을 것이다. 왜 아직도 영어 원어민이 "하우 아 유(How are you)?"라고 물으면 당황해서 "파인 땡 큐(Fine, thank you)"라는 대답만 나올까. 영어를 처음 배웠던 중학교 1학년 수준에서 실력이 멈춰 있기 때문이다. 주당 영어 수업 시간이 8시간이라도 국어, 수학, 역사, 과학 등 다른 수업은 죄다 한국어로 진행됐으니 실제로 한국어 비율이 영어 대비 월등히 높았던 셈이다.

그런데 유럽 국가에서는 영어와 모국어 교육 비율이 50 대 50이 다. "유럽 애들은 언어 뿌리가 같아서 영어를 잘한다"라고 착각하는 사람이 많다. 독일어나 프랑스어를 보면 영어와 문법도 어휘도 완전 히 다르다. 유럽인들 중에도 영어 못하는 사람들이 정말 많다. 바꿔 생각해 보면, 같은 한자 문화권이라고 우리가 일본이나 중국어를 다 잘하는가? 언어 뿌리가 같아서 영어 잘한다는 것은 어불성설이고, 진짜 비결은 50 대 50에 있다. 네덜란드나 스위스에 가보면 TV에 영 어 채널이 널려 있다. 이중 언어의 소리 환경에서 사는 것이다. 4~6 세 때 한글 모국어 실력을 키워야 한다고 하는 분들이 있는데 수퍼 맘표 비결은 철저한 50 대 50이라고 강조하고 싶다.

엄마들이여, 아이가 한국어를 못 할까 봐 절대 걱정하지 말라. 여 러분들의 아들딸들은 평생 한국어 한 줄을 원 없이, 진절머리날 때 까지 읽을 수 있으니 걱정은 붙들어 매도 된다. 영어책을 많이 읽는 다고 모국어 실력이 떨어질까 걱정할 사이에 차라리 영어책을 더 읽혀라.

프리뷰 단계
파닉스를 시작하라

이 시기에 영어 원서 읽는 걸 정말 좋아하는 아이로 만들려면 글자 읽기도 좋아하게 만들어야 한다. 그렇다고 글자를 써서 외우라는 건 아니다. 연습장에 꽉 차게 베껴 쓰는 깜지를 빡빡하게 하라는 뜻도 아니다. 다만 글자를 눈으로 보고 그 글자를 입으로 소리 내어 외치고 발음이 어떤 것인지는 알아야 한다. 즉, 파닉스의 왕기초 단계인 프리뷰 단계 파닉스를 해 줘야 한다.

프리뷰 단계 파닉스는 초등학교 입학 후 하게 될 메인 단계 파닉스와는 좀 다르다. 첫 번째 차이는 빡세게 쓰지 않는다, 두 번째는 힘들게 학습하며 파닉스를 익히지 않는다는 것이다. 공부한다는 마음으로 쓰면서 파닉스를 익히는 게 아니라 "애 애, 에이 에이. 애플 apple"이라고 외치면서 'a'를 소리로 알고 'a'라는 알파벳을 이미지처럼 느끼는 것이다. 여기까지 말하면 "에이 문자를 너무 빨리 익히는 거 아니에요?"라고 질문하는 엄마들이 분명히 있을 것이다. 전혀 빠르지 않다.

현진에게도 굳이 글자 쓰기를 가르치지 않았다. Orange의 'O'를 눈으로 익힐 수 있게 'O'모양의 장난감을 보여 주면서 소리로 들려 줬다. 대문자 글자를 가지고 놀이를 하면서 눈으로 각인시키되 연필로 쓰게는 하지 않았다. 아직 문자 학습을 할 준비가 안 됐다고 생각했기 때문이다. 미국과 캐나다에서도 이 나이대 아이들에게는 절대 철자를 쓰게 하거나 외우게 하지 않는다. 글자를 그림처럼 따라 그리는 정도만 해도 충분하다. 우리나라 아이들은 너무 빨리 문자 학습을 시작하기 때문에 입이 일찍 닫힌다. 영어가 모국어인 아이들도 8세나 돼야 알파벳을 쓰는데 왜 우리나라만 5세 때는 알파벳 떼고, 6세 때는 파닉스 배우고, 7세 때는 책을 읽어야 한다고 주장하는 것인지 이해가 되지 않는다.

파닉스 학습 전 소리로 익숙해지는 것이 중요하다

우리 아이가 아직 파닉스를 못 떼어서 책을 읽어 주지 않는다는 엄마들이 많다. 그런데 거꾸로 한 번 생각해 보자. 아이가 한글을 못 읽어도 엄마들이 한글책을 아기 때부터 읽어 주지 않는가. 아이들은 한글을 몰라도 계속 귀로 들으면서 때로는 글자를 보거나 엄마가 읽어 주는 소리를 들으면서 그 글자에 해당하는 발음을 익히게 된다. 그러면서 자연스럽게 그 글자를 읽을 수 있는 힘도 기를 수 있다. 영어에 'xylophone'이라는 단어가 있다. 맨 앞에 'x'가 버젓이 있지만, 아이들은 '엑실로폰'이라고 발음하지 않는다는 것을 안다. 만날 귀로 '자일러포운'으로 영어 단어를 들었기 때문이다. '자일러포운'을 듣고 보면서 파닉스 규칙이 자연스럽게 쌓여서 '엑실로폰'이 아니라 '자일러포운'으로 읽는 것이다. 즉, 파닉스 규칙을 배우기 전이든 배운 후이든 가장 중요한 건 소리로 익숙해지는 것이다. 소리로 들으면서 자연스럽게 파닉스 규칙을 터득하게 되고 그 글자를 읽게 된다. 아직 파닉스 음가 법칙을 공부하지 않았다고 아이에게 책도 읽어 주지 않으려고 하면 안 된다.

X-mas도 12월만 되면 수도 없이 접하게 된다. 이걸 보고 사람들이 엑스마스라고 하지 않고 크리스마스라고 읽기 때문에 아이들도 보자마자 크리스마스로 인식한다. 파닉스 규칙을 배웠는지 아닌지는 상관이 없다. 그런데 X-ray는 엑스레이라고 읽는다. 우리가 만날 엑스레이라고 하니까 귀에 익숙해져서 그대로 엑스레이라고 읽게 되는 것이다. 아무도 X-mas와 X-ray의 다른 파닉스 규칙을 의심하거나 따지지 않고 그대로 받아들인다. 'wednesday(웬즈데이)'도 '웨드네스데이'라고 읽지 않는다. '웬즈데이'라는 걸 귀로 수없이 들어왔기 때문이다.

음가 규칙을 따로 배우지 않았어도 엄마가 많이 읽어 주는 단어들은 자연스럽게 자꾸 눈과 귀로 익혀서 통단어로 읽는 능력을 갖추게 된다. 아이가 글자를 모르니까 읽어 주지 않는다는 생각은 버리고 아이의 귀를 트이게 해 주자.

다섯 손가락 법칙으로
아이 레벨에 맞는 영어책 고르는 법

영어에 '다섯 손가락 법칙(Five Finger Rule)'이 있다. 이것은 아이가 혼자 읽기에 적당한 수준의 책인지 쉽고 빠르게 확인할 수 있는 방법이다. 아이가 읽고 싶어 하는 책을 펼쳐 본 다음 한쪽 주먹을 쥐고 모르는 단어를 만날 때마다 손가락을 하나씩 펴는 것이다. 펴진 손가락 개수에 따라 아이의 리딩 레벨이 판가름 난다.

모르는 단어가 한 페이지 안에 한 개일 때 이 책은 아이가 쉽게 읽을 수 있다는 뜻이고 두세 개일 때는 아이에게 딱 맞는 수준, 4개일 때는 엄마와 함께 해석본이나 단어 뜻을 찾아가며 읽어야 하고 5개 이상이면 아이에겐 어려운 책이다.

엄마들이 쉬운 영어책은 무시해 버릴 때가 많다. 영어책을 고를 때 아이가 "엄마, 나 여기 나오는 거 다 알아"라고 하면, 그 책은 건너뛰고, 더 어려운 책을 찾아본다. 그것은 치명적인 실수다. 아이가 "다 알아"라고 하는 그 책이 바로 우리 아이 수준에 딱 맞는 책이다. 아이가 다 안다고 생각하는, 모르는 단어가 페이지 당 한두 개 정도 있는 책이 우리 아이의 맞춤형 책인 것이다.

영어책을 읽어 주다가 아이가 이해하지 못하는 어려운 영단어가 나오면 아이에게 우리말로 설명해 줘야 한다. 단어를 설명하는 것까지는 좋은데 아무리 설명해도 아이가 이해하지 못해서 설명이 길어질 때는 아이에게 어렵다는 의미다. 영어를 읽는 중간에 엄마의 우리말 해설이 너무 길어져서 다음 페이지로 넘어가는 시간이 오래 걸릴수록 그 책은 아이에게 안 맞는다. 아이가 영어를 싫어하는 이유 중 하나는 영어가 어렵기 때문이다. 아이에게 영어가 어려우니까 영어책 읽기가 싫어지고, 재미없어져서 집중을 못하는 것이다.

"우리 아이가 영어책 읽기를 그렇게 좋아했는데, 크더니 갑자기 영어책을 안 읽어요."

이런 고민을 털어놓는 엄마가 있다면, 나는 한 치의 망설임도 없이 이런 진단을 내놓는다.

"그 영어책이 재미없거나 어렵기 때문이에요. 영어책 안에 모르는 어휘가 너무 많거나 배경 지식이 필요한 역사, 위인, 사회 과학 분야의 책이면 자신감이 떨어지면서 흥미도 잃게 됩니다"라고 말이다. 배경 지식이 없거나 어려운 어휘가 많으면 아이는 절대 책을 안 읽으려고 한다.

아이들이 영어책 읽어 주는 것 자체를 싫다고 하는 경우는 대부분 다음과 같은 이유 때문이다.

첫째, **아이에게 너무 어려운 책이기 때문이다.** 문장과 어휘도 어려우니까 엄마에게 우리말 설명과 해석을 자꾸 요구하는데, 이때는 바로 더 쉬운 레벨의 영어책으로 바꿔서 읽어 줘야 한다.

둘째, **오랫동안 한글책만 읽어 주다 보니 영어책이 낯선 경우다.** 영어로 읽어 주는 것을 불편해하거나 답답하게 느낄 수 있다. 이때는 '한글책 읽는 시간'과 '영어책 읽는 시간'의 분배를 '100 대 0'에서 '50 대 50'으로 서서히 조절하면 된다.

셋째, **지루하고 무미건조한 리딩을 하기 때문이다.** 재미없는 책도 재미있게 만드는 게 엄마가 부릴 수 있는 마법이다. 한글책은 재미나고 신나게 읽어 주는데, 영어책은 그만큼 재미를 살리지 못하는 엄마들이 있다. '노잼' 책을 재미있게 해 주는 게 엄마의 힘이고 재미없게 만드는 것도 엄마의 마법이다. 밋밋하게 읽어 주면 아이의 집중도가 떨어진다. 이럴 때 엄마는 자신감을 가지고 영어책 읽기에 도전해야 한다. 발음은 CD를 듣고 교정하면 되니까 발음 걱정하거나 주눅 들지 말고 적극적으로 신명 나게 읽어 주면 된다.

넷째, **중간 설명이 많기 때문이다.** 모르는 영단어나 문장이 너무 많아서 우리말 해석과 설명이 수시로 끼어들면 흐름이 끊겨서 집중력이 떨어진다. 우리말 설명도 빨리 치고 빠지는 식으로 해야 한다. 치고 빠지면서 살짝하고 넘어가야지 길게 하면 배가 산으로 간다. 기본적 이해를 하는 정도로 짧게 설명하고 빨리 넘어가야 한다. 이래서 '다섯 손가락 법칙'에 해당하는 영어책 읽기가 중요하다.

다섯째, 이해를 돕는 그림이 적절히 있어야 하는데 깨알같은 글밥에 스토리가 이어지면 아이들이 유추하기 힘들다. 이런 책은 무조건 내동댕이쳐야 한다. 영유아에서 초등 저학년 때까지의 영어책은 그림이 절대적으로 중요한 역할을 한다. 문장 하나에 그림 하나인 책이 좋다. 4~6세는 엄마의 설명이 없더라도 그림으로도 상황을 파악할 수 있는 책을 읽어야 아이들도 집중하며 읽는다.

"His nose is bleeding"이 무슨 뜻인지 몰라도 코피가 나는 그림을 보면 딱 상황 파악이 된다. 책 내용을 한눈에 이해시켜 줄 정도로 확실한 그림 영어책으로 읽어 주면 아이의 흥미도 올라간다.

여섯째, 한글책 읽기 비중이 압도적으로 많은 경우 영어책 읽기를 거부하기 때문이다. 한글책이 영어책보다 더 익숙하므로 고집을 부리는 경우인데, 이때 엄마는 아이와의 심리전에서 밀리거나 바로 포기하면 안 된다. 아이에게 한글책을 읽어 줬을 때 가장 관심을 보인 주제가 무엇인지 먼저 생각해 보고 비슷한 주제의 아주 쉬운 수준의 영어책부터 시작해 보자.

일곱째, 즐거운 리딩이 아닌 무서운 티칭을 하려 하기 때문이다. 엄마가 아이와 함께 즐기며 읽어 주는 게 아니라 가르치거나 확인하려고 하면 아이는 영어책 읽기에 싫증을 낸다. 어릴 적부터 워크북으로 문제 풀고 점수 매기는 게 넌더리 난다는 아이들의 이야기를 수

없이 들었다. 우리나라 엄마들은 무조건 '영어=공부'라고 생각한다. 그렇다 보니 영어책을 읽어 줄 때 같이 즐기지 못한다. 그 순간 아이는 영어책을 싫어하기 시작한다. 영어책 읽어 주는 시간은 공부 시간이 아니라는 걸 기억하자.

✦ · · ✦ · · ✦

| 마법의 코칭 |

Q. 아이가 유추하며 읽지 않고 쉬운 것도 계속 물어보는데 어떻게 하면 좋을까?

A. 처음에는 정말 어렵고 이해가 잘 안 되는 영어 문장들만 설명해 주면 된다. 그 외에 쉬운 문장이나 단어들은 한국말로 짧게 알려주거나 그냥 넘어간다. 안 그러면 아이들은 수시로 한글 설명을 요구하기 때문이다. 가볍게 넘어가는 지혜가 필요하다. 'poisoned apple'은 '독사과'라고 간단히 설명하면 된다. 아이의 관심을 끌려고 독사과를 설명할 때 MSG를 살짝 칠 수는 있지만, 지나치게 긴 우리말 설명은 한글 의존성만 키울 뿐이다. 약도 많이 먹으면 해가 된다.

책에 홀딱 빠지게 만드는
비디오 역할

엄마표 영어책을 읽는 분 중에 4~6세 때 디즈니책 안 읽어 준 엄마는 없을 거다. 그만큼 디즈니책은 전 세계 엄마들에게 '머스트 리드 북(필독서)'이다. 나도 현진이에게 《피노키오》, 《피터팬》, 《신데렐라》, 《백설공주》, 《인어공주》 등 수많은 디즈니책을 마르고 닳도록 읽어 줬다. 그런데 내가 수많은 엄마로부터 공통으로 듣는 질문이 있다. 글밥이 많아지고 난도가 높은 디즈니책을 읽을 때 아이가 지루해한다거나 이해나 집중을 하지 못한다는 것이다. 나도 똑같은 경험을 했기 때문에 이 부분은 꼭 짚고 싶다. 《겨울왕국》, 《토이 스토리》, 《벅스 라이프》, 《이상한 나라의 앨리스》 등의 디즈니책들은 글밥도 많아지고 어휘도 어려워지며 아이들이 이해하기 힘든 역사적 배경이 깔려 있어서 절대 짧고 쉽게 풀어낼 수 없는 스토리다. 그래서 술술 리딩이 안 되는 것이다. 이때 아이가 이해하기 쉽도록 도와주는 핵꿀쩝

도우미가 있다. 바로 영어 비디오다.

아이와 함께 먼저 비디오를 시청하면서 엄마가 중간중간 부연 설명을 가끔 해 주면 아이는 비디오 내용을 완벽하게 이해하게 된다. 그런 다음에 책을 보여 주면 어려웠던 디즈니 스토리가 너무나 쉽게 다가오게 된다.

이 책을 읽는 엄마들 중에 대부분 디즈니 스토리 전집을 책장에 꽂아 두고 1단계 책들만 맨날 읽었을 것이다. 중간 단계에서부터는 내용과 어휘가 어려워져서 엄두를 못 냈는데 비디오를 보여 주고 그 다음에 책을 읽어 주면 쉽게 해결된다. 나 또한 현진이가 "읽기 싫어, 못 읽어" 하면서 중간 단계의 디즈니책들을 거부했을 때 이 비디오를 보여 주면서 수월하게 넘어갔다.

이 비디오로 어려운 원서도 거뜬히 도전할 수 있다는 것을 입증해 준 것이 바로 《해리포터》 시리즈 아닐까. 대학교수도 읽기 어렵다는 《해리포터》 영어 원서를 초등학생들이 어떻게 읽었을까? 바로 먼저 영화를 접했기 때문이다.

엄마가 비디오를 함께 보지 않고 다른 일을 하고 있으면, 아이도 혼자 비디오에 몰두하며 보지 않는다. 오디오나 비디오만 믿고 아이를 맡기는 것은 좋지 않다. 기계음만을 통해서 듣는 영어공부는 한계가 있다. 이 시기에는 현진이 혼자 했던 게 거의 없다. 영어책도 같이 읽고 DVD도 같이 보며 스토리 CD도 같이 들었다.

나도 어릴 때부터 혼자 뭘 하라고 하면 딴청을 피우고 집중도 못

하며 외로워했는데, 내 아이도 혼자 외롭게 듣고 보며 읽게 하고 싶지 않았다. 언어는 상호 스파링이 많이 이루어질수록 효과가 높아진다. 엄마도 영어 스파링 파트너로서 아이와 항상 함께할 수 있어야 한다.

디즈니는 어디서 봐야 할까. 디즈니플러스, 유튜브 키즈, 넷플릭스 키즈에서 디즈니 제목을 입력하면 무수히 많은 영화를 만날 수 있다. 특히 한글 더빙, 무자막이나 유자막으로 선택해서 볼 수 있다. 이때 절대로 한글 자막을 켜놓으면 안 된다. 아이는 원어민 성우의 음성으로 들어야 하는데 자꾸 한글 자막에 의존하기 때문이다. 따라서 무조건 노자막으로 원어민 음성으로 디즈니를 보여 줘야 한다. 간혹 알아듣지 못하는 부분이 있다면 영어 자막을 잠깐 보는 것은 괜찮다.

챈트송으로 리듬감을 살려 반복하라

사람의 뇌는 비주얼보다 오디오 자극을 더 오래 기억한다고 한다. 어릴 때 부르던 동요는 중년이 넘어서도 기억을 한다. 10대 때 좋아하던 god 노래는 30~40대가 되더라도 라디오나 카페에서 흘러나오면 바로 따라 흥얼거린다. 내가 이걸 아직도 외우고 있었나 스스로 놀랄 정도다. 외우긴 힘들어도 외운 걸 잊어버리는 것은 한순간이다. 한번 외운 것을 장기기억 저장소에 넣으려면 외우는 데서 끝나는 게 아니라 반드시 써먹어야 한다.

"집에서 하루 종일 영어를 쓰는 것도 아니고, 원어민과 같이 사는 것도 아닌데 어떻게 영어를 써먹나요?"라고 물어보는 엄마들이 있는데, 챈트송이 답이라고 말해 주고 싶다.

책에서 핵심이 되거나 활용하기 좋은 중요 문구를 따로 뽑아 리듬감 있게 반복할 수 있는 것이 챈트송이다. 랩을 생각하면 쉽다. 리듬과 비트가 있으므로, 텍스트로는 어렵게 느껴질 수 있는 비교급 표현이나 잊어버리기 쉬운 표현을 래퍼가 랩을 하듯이 쉽게 따라 할 수 있다. 신나게 흥얼거리다 보면 금세 내 표현이 된다. 엄마가 읽어 줬던 책 속의 중요 문장에 멜로디를 넣어서 리듬감 있게 외치면 아이의 귀에도 익숙하게 느껴지고 리듬을 타면서 즐기게 된다. 즐기는 가운데 입으로 터져 나온다.

구구단을 생각해 보면 이해하기가 쉽다. 구구단을 평생 기억하는 건 구구단에 리듬을 넣어서 소리 내며 외우기 때문이다. 지금도 구구단은 마치 자판기 버튼처럼 누르면 바로 나오지 않는가. 구구단 외듯이 영어도 리듬감 있게 수십 번 수백 번 읽어 주고 아이에게도 외쳐 읽게 하면 자연스럽게 입 밖으로 나온다.

미국에서 큰 인기를 끌었던 《Reading Together》라는 책에 이런 구절이 나온다.

"Wake up your mouth, take out your words."

잠들어 있는 당신의 입을 깨워 외치게 하라, 그리고 머릿속에서 맴돌고만 있던 말들을 입 밖으로 끄집어내서 써라. 바로 이것이 아이를 위한 엄마표 영어책 읽기의 핵심이자 기본이다.

아이에게 마이크 쥐여 주고 책에서 읽었던 것을 노래하듯이 리듬감을 살려 여러 번 외치게 해 주면 마치 구구단처럼 익숙해지고 말문이 터진다. 영어 그림책도 그냥 읽어 주고 끝나는 책보다 마지막에 챈트송으로 마무리할 수 있는 책이 더 좋다. 시중에 출판된 영어책

중에 챈트송이 수록된 것을 선택하는 게 도움이 된다.

✦ · · ✦ · · ✦

| 마법의 코칭 |

Q. 아이가 5세인데 산만하게 돌아다녀서 집중시키기가 어렵다. 엄하게
혼내서 강제로 앉아 있게 하는 것은 싫은데 어떻게 하면 영어에 집중
하게 할 수 있을까?

A. 아이가 장난감을 가지고 놀길래 영어 DVD를 끄려고 하면 "내가 보
고 있으니 끄지 마"라고 한다. 눈으로 보지는 않더라도 귀로는 듣고
있다는 뜻이다. 듣고 싶은 것만 들을 때도 있고, 발췌해서 들을 때도
있다. 그렇다고 아예 안 듣는 것은 아니다. 아이의 귀는 뚫려 있다.
아이가 산만하게 뛰어다니다가도 엄마가 실감 나게 읽어 주면 "오
잉?" 이러면서 달려와 책을 쳐다보게 되고 귀를 기울인다. 어떻게 읽
느냐에 따라 귀는 더 열린다. 어떤 아이는 엄마 옆에서 책을 보며 듣
지만, 상당수는 돌아다니면서 귀로만 듣는다. 아이가 바른 자세로 앉
아 있는 모범생 스타일로만 책을 읽지 않는다. 귀로 듣고 있다가 재
밌게 읽어 주면 궁금해서 달려와 책에 있는 그림을 보게 된다. 아이
를 움직이게 하는 건 바로 엄마다.

골든 센텐스를
채굴하라

가장 재미있게 본 영화 제목과 그 영화에서 가장 기억에 남는 명대사, 또는 감명 깊게 읽은 책과 문장 하나씩만 말해 보라는 질문을 받았을 때 의외로 쩔쩔매던 기억이 있다. 영화를 정말 좋아하고 셀 수없이 많은 영화를 봤으며, 수만 권의 책이 책장에 꽂혀 있을 정도로 책을 좋아하는데 막상 답이 나오지 않았다. "〈타이타닉〉도 있었고요. 아 거기 그 장면에서 이런 말이 나왔는데…" 하고는 열심히 생각해보지만 머릿속을 맴돌 뿐 문장이 명쾌하게 떠오르지 않았다. 명대사는커녕 요즘에는 최근에 봤던 영화 제목조차도 헷갈린다.

영화를 그렇게 좋아하는데 왜 영어 대사가 줄줄 떠오르지는 않는걸까. 맹목적으로 많이 보기만 해서 그런 게 아닐까. 아이들의 영어책 읽기도 비슷하지 않을까 하는 생각이 든다. 영화를 너무 많이 봐서 제목이나 명대사가 기억이 나지 않는 것처럼, 다독에만 너무 집중하다 보니 영어책을 겉핥기식으로 읽고 정리할 시간 없이 바로 다음 책으로 넘어가기 때문이다. 한 권 한 권을 깊이 있게 반복하지 못한다면 아무리 많이 읽어도 남는 것이 없다. 그런 점에서 '골든 센텐스'를 얼마나 잘 캐내느냐에 영어책 읽기 성공이 달렸다고 해도 과언이 아닐 것이다.

현진이의 경우, 영어책을 읽어 준 다음 그 책에서 제일 기억에 남는 걸 그림으로 그려 보게 했다. 《백설공주》를 읽어 줬더니 독사과가 제일 기억에 남는다고 했다. 그래서 그려 보라고 종이를 줬더니 검은색 사과를 하나 그려 냈다. 알파벳을 몰랐을 때지만 'a poisoned apple'이라는 글자를 그림 그리듯이 따라 써보게 했다. 현진이가 4세 때 경험한 최초의 독후활동이자 황금 단어 찾기다.

책 한 권을 읽고 기억에 남는 한 단어를 그림으로 그리게 한 후에 문장으로 하나씩 남겨 뒀다. 현진이가 자라면서 1~2년이 지나자 사과 그림은 "She ate poisoned apple"이라는 문장으로 바뀌었고, 학년이 올라가자 이제는 내가 시키지 않아도 책에서 읽은 기억나는 문장을 써서 책 앞에 붙여 놓는 습관이 생겼다. 한 문장씩 쌓이고 쌓이면 실력이 된다. 그림에서 문장으로 직접 쓰고 외치는 골든 센텐스가 된 것이다.

현진이에게 《신데렐라》를 읽어 줬을 땐 "It doesn't fit"을 찜했다. "모자가 안 맞아요, 티셔츠가 안 맞아요, 신발이 안 맞아요" 등 다양하게 활용할 수 있는 문장이라고 생각했다. 이렇게 하나만 골라서

연습하다 보니 나중에는 현진이가 현관의 구두만 봐도 "It doesn'
t fit"이 튀어나올 정도로 아웃풋이 됐다. 《알리바바와 40인의 도
적》에서는 "Open, sesame!" 하나만 익혀도 "Open the window,
Open the box, Open your eyes" 등 확장할 것이 넘쳐났다. 외출
할 때 엘리베이터 버튼을 눌러 놓고 기다리면서도 현진이랑 "Open,
sesame!"를 외쳤다. 골든 센텐스 연습도 됐지만, 엘리베이터 기다리
는 시간이 놀이처럼 변했다.

골든 센텐스는 바뀌기도 한다. 처음엔 "Open, sesame!"였지
만 다시 《알리바바와 40인의 도적》을 읽을 때는 또 다른 문장이 눈
에 들어오기도 했다. 그럴 때마다 현진이에게 포스트잇으로 표시하
도록 했다. 읽은 책들이 몇백 권 몇천 권씩 늘어나고, 현진이도 커가
면서 골든 센텐스는 성장 기록이 됐다. 하루는 영어책을 읽으면서
"Mommy isn't always here(엄마가 영원히 여기 있지 않다)"라는 문장을
읽더니 엄마한테 더 잘 해줘야겠다고 생각했다며 눈물을 펑펑 흘렸
다. 얼마나 대견하고 감동스럽던지….

책 읽기를 통한 아웃풋은 욕심을 낮추는 데서 발전하기 시작한다.
'책 한 권에 20페이지, 20개의 문장이 있으니까 20개를 다 익히게 해
야지'라고 하면 다 놓친다. 책 한 권에 딱 한 문장으로 족하다. 책 한
권 속에서 우리 아이가 꽂힌 문장을 하나만 정하고 그걸 신나게 반
복해서 같이 외치자. 하나씩만 하자고 목표를 정하면 아이도 즐겁고
엄마도 신이 난다.

책 한 권에서 문장 한 마디만 아이 입에서 술술 나왔어도 대성공이다. 이런 문구가 하나씩 쌓여서 1년이면 365문장, 10년이면 3,650개의 문장이 되고, 아이가 하나하나 평생 내뱉고 활용할 수 있는 말이 된다. 내 아이만의 골든 센텐스의 역사, 히스토리를 남기는 것이다. 훗날 아이가 스스로 책을 읽고 글씨를 쓸 줄 알게 되면 직접 손으로 써서 붙이게 해 보자. 하지만 지금 시기는 골든 센텐스를 많이 듣고 외치게 하는게 중요하다.

이렇게만 읽어 주면 재미와 효과 만점

동화책 한 권을 읽어 주더라도 아이의 기억 속에 쏙 박히게 해 주려면 역동적이고 입체적인 읽기가 중요하다. 내 아이의 관심을 끌 만한 노하우 몇 가지를 소개한다.

첫째, 내용만 한 번 쭉 읽어 주면서 끝내지 말고 반드시 주거니 받거니 역할놀이가 필요하다. 엄마와 아이가 책의 등장인물을 하나씩 맡아서 번갈아 가며 읽거나 한 줄씩 번갈아 가며 읽는 방법이 있다. '누가 더 큰 목소리로 읽나' '누가 더 리듬감 있게 읽나' 시합도 하면서, 엄마가 일방적으로 읽어 주는 게 아니라 엄마와 아이가 쌍방향으로 같이 책을 읽는 것을 '크로스 리딩(cross reading)'이라고 한다. 또 다른 크로스 리딩 방법은 아이의 대답을 유도하는 것이다. 책을 여러 번 반복해서 읽어 주다 보면 아이도 주요 부분에서 어떤 말이 나오는지 서서히 알게 된다. 주요 부분에서 문장의 맨 마지막 단어를 엄마가 빈칸으로 남겨 아이가 스스로 그 빈칸을 채우게 하는 것이다. 엄마가 "So Cinderella said, (   )?" 하고 아이에게 토스를 해 줘서 아이가 "It fits me(구두가 딱 맞아)!" 하고 넘겨받게 하는 식이다.

할리우드 스타 브루스 윌리스는 어린 시절 말더듬증이 심했다고 한다. 언어 치료를 받을 정도로 심각했는데, 엄마가 꾸준히 책을 읽어 주면서 아들과 번갈아 가며 크로스 리딩을 했다. 어린 브루스 윌리스가 책 속의 문장을 자연스럽게 받아서 말할 수 있게 이끌어 준 것이다. 엄마와의 크로스 리딩 연습 덕분에 평소에는 말을 더듬던 어린 브루스도 책 속의 문장만큼은 자연스럽게 읽었다. 결국 연극반에도 들어갈 수 있었고, 훗날 세계적인 배우가 될 수 있었다. 브루스 윌리스는 "My whole life started from my mom's story. She made me talking(나의 모든 인생은 엄마의 책 읽기에서 시작됐습니다. 엄마는 제가 말할 수 있게 만들어 줬어요)"라며 엄마에 대한 고마움을 표현했다.

앞에서 엄마표 책 읽기에서 확인은 금물이라고 했는데, 크로스 리딩이라는 간접적이고 흥미로운 방법을 통해 확인보다 확실한 효과를 얻을 수 있다.

둘째, 책 읽기로만 끝나는 게 아니라 꼬리에 꼬리를 무는 질문을 해야 한다. 엄마표 '꼬꼬무'다. 예를 들어 책에 바나나가 나오면 "What's this?" "Banana" 하고 끝내지 않고, "What color is this banana?" "Yellow" "Yellow? What is yellow?" 이런 식으로 계속 연결해서 현진이랑 쉴 새 없이 수다를 떨 듯 이어갔다. 짤막하고 불완전한 영어라도 아는 단어를 동원해서 말하려고 하고 그렇게 하다 보면 눈부시게 스피킹 실력이 늘게 된다.

아이가 아는 단어인데도 잘 따라 하지 않거나 쉽게 떠올리지 못할 때는 '연상 고리'를 만들어 줘야 한다. 예를 들어 한국어로는 개를 말할 줄 아는데, 영어로 'dog'을 기억하지 못한다면 개 울음소리나 몸동작을 보여 주면서 단어를 떠올리게 연결고리를 만들어 주자. '숟가락, spoon'을 잘 기억하지 못 한다면 손으로 떠먹는 동작을 보여 주면서 아이가 단어를 떠올릴 수 있도록 해 주자.

셋째, 우리말과 영어 두 가지 버전으로 나온 쌍둥이책을 읽어 주는 것을 강추한다. 이 시기 현진이의 책 읽기는 한국어와 영어 두 버전으로 나온 쌍둥이책을 통해 효과를 얻었다. 그림과 페이지까지 똑같고 그 안의 글만 한국어와 영어 버전으로 따로 나뉜 쌍둥이책을 보고 아이는 신기해했다.

아이에게 우리말로 된 책을 오전에 재미있게 읽어 주고 나서, 저녁에 똑같은 책을 영어로 읽어 주었더니 굳이 내가 해석해 주지 않아도 책 내용을 바로바로 이해하는 것이었다. 그냥 영어책만 읽어 주었을 때는 어려운 단어나 문장이 나오면 간단하게 번역해 주거나 보충 설명을 해 주어야 했는데, 쌍둥이책으로 읽어 주면 그럴 필요가 없었다. 오히려 내가 번역과 설명을 해 가며 영어책을 읽어 주었을 때보다 이해 속도가 훨씬 더 빠르고 효과가 좋았다.

예를 들어 오전에 한글책으로 "그는 넘어져서 발목을 삐었다"라는 문장을 읽어 준 뒤, 저녁에 영어로 "He fell and sprained his ankle"이라고 읽어 주면 설명해 줄 필요도 없이 "발목 삐었어! 발목 아파!"라고 말하는 것이었다. 더 나아가 쌍둥이책이 아닌 다른 영어책에서 "sprained his ankle"이 나오면 자기가 쌍둥이책으로 익혔던 숙어라 바로 뜻을 파악할 정도였다. 특히 쌍둥이책은 시차를 두어 각각의 언어로 읽어 주면 좋다. 왜냐하면 각각의 언어로 기억하고 저장할 시간이 필요하기 하기 때문이다.

나는 오전이나 오후에 한글책을 먼저 읽어 주고, 저녁이나 밤에 영어책을 읽어 주었다. 특히 중요한 단어나 문장은 두 언어 다 큰 소리로 읽어 주었더니 기가 막히게 두 언어로 다 기억하고 따라 외쳤다. 쌍둥이책이라 해도 대충 읽어 주면 안 된다. 우리말과 영어 두 언어로 엄마가 얼마나 재미있고 맛깔스럽게 읽어 주느냐에 따라 아이의 집중력과 습득력이 달라진다.

4~6세 시기에는 쌍둥이책으로 큰 효과를 보는데, 이때 영어 문해력에 큰 도움을 주는 것은 결국 '모국어의 힘'이다. 우리말 책을 읽어 주면 영어 단어와 숙어 및 문장의 의미를 더 쉽고 빠르게 익히게 된다. 항간에는 몰입 교육이라 해서 무조건 영어책만 읽어 주라고 하지만, 이 시기만큼은 쌍둥이책으로 큰 효과를 볼 수 있다는 것을 잊지 말자.

넷째, 문어체 대신 회화체를 사용하자. 우리말 그림책에는 입말인 구어체보다 문어체가 많이 쓰이는데, 아이가 커서 영어 말문이 트이도록 하려면 문어체보다 구어체의 완전한 문장으로 읽어 줘야 한다. 단어만 무한 반복하는 주입식이 아니라 대화체로 살을 붙여서 읽어 주면 아이도 문장 안에서 단어를 경험할 수 있게 된다. 그래서 나는 책 속의 큰따옴표로 표시된 회화체 문장들을 큰 소리로 두세 번씩 반복해서 읽어 주었다. 그 덕분에 영어 말문이 금방 터졌다.

다섯째, 스토리북의 주인공 이름을 아이의 이름으로 바꿔서 읽어 주면 좋다. 예를 들어 "Mary is walking. 현진 is walking" "Tom is hungry. 현진 is hungry, too" 이렇게 이름을 넣어 주면 아이도 더 신나서 집중하여 듣는다. 엄마가 읽어 주는 책 속에서 자신의 이름이 자주 들리게 되면 아이는 스토리북 이야기를 마치 자신의 이야기로 인식해 흥미를 갖게 된다. 이렇게 몰입해서 들은 이야기는 아이의 머릿속에 깊이 각인돼 더 쉽게 아웃풋으로 터져 나올 수 있다.

엄마가 툭 쳐 주는
토싱을 시작하라

4~6세 아이들에게는 엄마가 일방적으로 읽어 주기만 하는 게 아니라 함께 읽는 투게더 리딩 시기다. 함께 챈트도 외치며 엄마가 토서가 되고 아이가 받아서 호흡을 맞춘다.

투게더 리딩은 어렵게 생각할 필요가 없다. 나는 현진이가 《신데렐라》에 빠졌을 때 "Is it her shoe(이게 저 아가씨의 구두일까)?"라고 수없이 물어보고 현진이는 "No! The shoe is small(아니, 구두가 작아)"이라고 신나게 받아쳤다. 그게 바로 투게더 리딩이다. 자주 반복되는 단어를 외치는 게 아웃풋의 시작이자 같이 읽는 투게더 리딩의 스타트다. 특히 이 시기 아이들에게 "네가 다 읽어 봐" "따라 읽어 봐" 하는 말은 절대 금물이다. 서로 주고받는 토싱을 얼마만큼 하느냐에 따라서 발화력의 차이가 난다. 앞에서도 말한 것처럼 "왜 안 따라 해?"라면서 강압적으로 하면 안 된다. 배구도 토스해야 공격을 하지, 바로 스파이크를 받아서 공격할 수 없다. 아이의 독서 아웃풋을 위해 엄마가 중간에 툭 쳐 주는 것이 바로 토싱이다. 병원에서 주사를 맞을 때도 주삿바늘을 놓기 전에 간호사 선생님이 엉덩이를 살짝 쳐 주지 않는가. 그래야 덜 아프기 때문이다.

진정한 엄마표 영어책 읽기는 아이를 끊임없이 동참시키는 것이다. 엄마가 아이에게 큰 소리로 따라 읽으라고만 하고 정작 엄마는 입을 다물고 있으면 아이의 흥미도 사라진다. '왜 엄마는 안 하면서 나한테만 이렇게 어렵고 힘든 걸 하라고 하지?'라면서 멀뚱히 쳐다만 볼 것이다. 엄마가 먼저 큰 소리로 읽어 주고, 책 읽는 중간중간에 아이에게 토스해 주면서 주거니 받거니 하고, 그다음에 CD를 통해서 원어민의 발음을 들으며 아이와 함께 발음 연습을 하는 것이다.

아이들은 책 내용을 완벽히 알고 나서 CD를 들으면 원어민의 발음에 더 집중해서 듣게 된다. 이 과정에서 아이는 알아서 발음을 교정한다. 아이들은 자가 발음 교정 능력을 갖추고 태어나기 때문이다. 그러나 책 내용을 이해 못 한 상황에서는 백날 들어봤자 소용없다. 뜻도 모르고 읽는 영어책은 절대 외울 수가 없다. 알지 못하는데 어떻게 기억하겠는가. 4~6세 아이들에게는 반복 리딩이 중요한데, 이 시기가 반복 리딩의 완벽한 타이밍이다. 더 커서는 반복하는 것을 지루해하기 때문이다.

엄마들은 아이가 알아서 원어민 음성의 CD를 들으면서 영어책 읽기를 하길 바란다. 그런데 이게 쉽지 않다. 이 시기 아이들의 집중력은 10분 정도이기 때문에 기계음이 나오면 대부분 아이는 도망가거나 딴청을 부린다. 귀의 낯가림이 심한 시기이므로 낯선 목소리가 들려주는 말을 듣기 싫어한다. 요즘 오디오북이 잘 나와서 한글책도 오디오북으로 들려주는 엄마들이 많다. 성우가 아무리 잘 읽어 줘도 아이들에게는 낯선 목소리일 뿐이다. 아이들은 가장 사랑하는 엄마의 목소리로 영어 소리를 듣고 싶어 한다는 것을 잊지 말라.

엄마야말로 우리 아이 전문가다. 아이가 가장 집중력이 높은 시간을 찾아서 자투리 시간을 활용하면 된다. 밥 먹을 때나 목욕하면서, 또는 아이가 아침에 일어나지 않고 침대에서 밍기적거리거나 응가할 때도 좋은 시간이 된다.

4~6세 때 아이들은 산만함이 기본이다. 우리 애가 ADHD(주의력결핍 과잉행동장애)가 아니냐고 의심할 정도인데, 이 시기의 특성을 수용하면서 방법을 다르게 하면 된다. 나는 현진이가 산만하면 '여러 분야에 동시에 관심이 많다'라고 긍정적으로 생각하려고 했다. 아이에게 꼭 바른 자세로 앉아서 영어책 CD를 들으라고 할 필요는 없다. 누워서 들어도 된다. 무엇인가를 먹으면서 들어도 괜찮다.

영어책 읽어 줄 때
절대 해서는 안 되는 7가지

엄마표 영어책 읽기라고 해서 엄마가 열심히만 한다고 즉효가 나타나지는 않는다. 죽죽 읽어 주기만 해도 아이가 척척 받아 소화하면 좋겠지만, 엄마표 영어책 읽기란 여러 가지 요소가 맞아떨어져야 하는 고난도 작업이다. 그렇다고 지레 겁먹을 필요는 없다. 몇 가지 법칙만 알고 있으면 효과 만점이기 때문이다. 4~6세 우리 아이에게 영어책 읽어 줄 때 절대 해서는 안 될 7가지 법칙이 있다.

① 부분 번역을 하지 말라

예를 들어 'I don't want to have a snack'이라는 문장이 나왔을 때 아이가 'snack(스낵)'이라는 단어만 모른다고 하자. 그러면 엄마들은 아이에게 "스낵은 간식이란 뜻이야"라고 떼어서 설명해 주는데 절대 안 된다. 우리가 조심해야 할 게 바로 부분 해석이다. 해석은 반드시 전체 문장으로 즉, 통문장으로 다 해 줘야 한다. 왜냐하면 아이는 통문장을 읽으면서 전체 스토리를 이해하는, 즉 숲을 볼 줄 아는 문해력을 키우기 때문이다. 만일 부분 해석을 자주 하게 되면 나무나 가지만 보는 반쪽짜리 독해력이 되기 때문이다. 고등학교 동창들을 만나면 늘 듣는 이야기가 쉬운 어린이 영어책 하나도 이해를 못 해서 번역본을 찾게 된다고 한다. 그 이유는 딱 하나다. 우리가 학창시절 영어 수업 시간에 선생님이 중간에 모르는 단어가 나오면 "밑줄 짝~이건 무슨 뜻이야"라며 부분 해석을 했기 때문이다. 그러다 보니 단어 자체의 뜻만 기억하고 그 단어가 문장 속에서 어우러져 사용되는 뜻을 파악하고 유추해 내는 능력이 떨어진다. 무조건 'I don't want to have a snack'이라고 영어로 읽어 준 다음, 부분 해석하지 말고 "난 간식 먹기 싫어" 이렇게 통문장 해석을 해 줘야 한다.

절대 모르는 단어만 빼서 번역해 주면 안 된다. 숲을 바라보는 문해력을 키워야 하는데 자꾸 나무나 가지 부분만 보는 부분 리딩을 하게 되면 전체 문장을 보는 이해력이 떨어지기 때문이다.

② 문장을 분해하지 말라

"I wish could go there"이라는 문장을 'I'는 '나' 'wish'는 '희망한 다'라는 식으로 단어 하나씩 끊어서 문장을 이해하면 안 된다. 수능 영어 지문에 해석이 어려운 긴 문장이 나오면, 그 문장만 보느라 시간을 허비하고 만다. 전체 내용 속에서 앞뒤 문맥을 파악하다 보면 해석이 안 되는 부분도 유추가 된다. 그래서 통밥으로 전체 스토리를 파악하는 능력은 어렸을 때 엄마가 통문장으로 해석해 준 것을 들으면서 자란 아이에게 생긴다. 현진이도 전체 문장 중에 모르는 단어 한두 개가 나와도 전체를 보면서 유추하는 능력이 굉장히 빨랐다. 통문장 감각, 문해력을 익히게 하려면, 문장을 분해하지 않고 통문장으로 접하게 해 주는, 첫 단추부터 잘 끼워야 한다.

③ 문법 설명을 하면서 읽어 주지 말라

요즘도 초등, 중등 영어에서 1형식, 2형식 같은 문장 구분과 주어, 목적격, 보어 같은 용어로 문장을 설명하는 수업을 종종 본다. 'I went to the park'를 그냥 문장 자체로 보는 게 아닌 '주어+동사 과거형+부정사+목적격'이라고 분석하는 아이들은 그런 식으로 영어책을 읽는 나쁜 습관이 있다. 그게 아니면 번역을 못 한다. 그런데 그런 문법을 정작 미국인들은 모른다. 16만 명 넘는 우리 카페 회원님들 중에도 가끔 "이 문장이 몇 형식인가요?" "이게 목적격 보어인가요?"라는 식의 질문을 하는 분이 있다. 이건 그야말로 아이의 문해력에 도움이 안 되는 고춧가루를 뿌리는 리딩이다. 생각해 봐라. 우리가 한글책 읽을 때 문법 설명을 해 준 적이 있었는가. "옛날 옛날에 왕자님이 살았어요. 주어는 왕자님, 옛날 옛날에는 부사, 살았어요는 살다의 과거형"이라고 설명하는 순간 아이는 한글책 읽기를 거부했을 것이다.

④ 확인하지 말라

4~6세 때 특히 하지 말아야 할 일은 책 읽어 주는 중간중간에 자꾸 영어 어휘력 테스트를 하는 것이다. 엄마가 신나게 읽어 주고 나서 아이에게 갑자기 "What is this(이건 뭐야)?" "Can you read this(이거 읽을 수 있어)?" "What's the spelling(철자가 뭐야)?" 이렇게 확인하기 시작하면 아이는 영어책 읽기 자체에 질리게 된다. 처음엔 대답하던 아이라도 4~6세쯤 되면 알면서도 "몰라"라며 대답을 회피하거나 입을 꾹 다물고 함묵할 때가 많다.

그냥 즐기는 건 좋지만 누군가 테스트하면 짜증 나지 않나. 성인 도 마찬가지다. 나는 성인이 된 후에 스페인어 학원에 다니다가 선생님이 수업 중간에 자주 확인 질문을 하니깐 스페인어에 대한 흥미가 급격히 떨어져 버렸다. 어른도 그런데 아이들은 더할 것이다. 즐겁게 엄마표 영어책 읽기로 끝내야 하는데 자꾸 확인 사살을 하면 아이의 흥미만 떨어지게 할 뿐이다.

⑤ 영어로만 읽지 말라

수많은 엄마들이 착각하는 것이 하나 있다. 바로 영어책은 영어로만 읽어야 한다는 착각이다. 물론 아이가 이해하는 내용이라면 충분히 영어로만 읽어 줘도 된다. 그런데 역사적인 배경이나 과학 지식이 들어간 스토리는 엄마의 친절한 설명이나 해석이 필요하다. 그렇지 않고 계속 영어로 읽어 주면 아이는 모르는 단어나 문장이 나와도 그냥 넋 놓고 듣게 된다.

그 순간부터 집중력이 떨어진다. 왜냐하면 내용의 흐름이 막히기 때문이다. 현진이 역시 모르는 단어나 문장이 나왔을 경우 해석을 안 해 주면 그때부터 눈이 풀리면서 집중력이 떨어지는 게 바로 보였다. 무조건 모르는 단어나 문장은 해석해 주고 간단하게 설명해 줘야 한다.

영어를 네이티브 수준으로 잘하는 엄마라면 영어로 MSG를 뿌리면 되겠지만, 한국어로 양념을 쳐도 괜찮다. 영어로만 읽어 주면 아이의 흥미는 확 떨어진다는 것은 수십 년 경험을 통해 확인한 사실이다. 뜻을 알아야 아이가 막힘없이 집중해서 듣게 된다.

⑥ 장시간 읽어 주지 말라

지루하고 긴 리딩 타임은 '노답'이다. 아이의 집중 시간은 한정돼 있기 때문이다. 귀의 집중 시간은 10분 정도로 20분을 넘지 않는다. 4~6세 아이에게 한 시간씩 영어책 리딩을 해 준다면? 아이들은 결국 다 졸거나 잘 것이다. 아무리 좋은 오디오북이라도 20분 넘게 들으면 졸립고 집중력이 떨어진다. 오디오북이 결국 수면제가 된 셈이다. 장시간이 중요한 게 아니라 짧은 시간이라도 초집중으로 하면 효과는 배가된다.

⑦ 작은 목소리로 읽지 말라

너무 작은 목소리로 읽어 주면 안 된다는 것은 매우 중요한 포인트다. 성우들 목소리를 보면 대체로 하이톤인데, 하이톤의 목소리가 집중이 잘되기 때문이다. 목욕탕이나 동굴에서 나오는 것 같은 저음은 듣기에는 좋을지 몰라도 아이들은 집중하기 힘들다. 아이들이 드라마 같은 성인 프로그램보다 유아 프로그램에 환장하는 이유가 〈뽀뽀뽀〉 뽀미 언니부터 〈TV유치원 하나둘셋〉 하나 언니들까지 다 하이톤으로 말해 줬기 때문이다. 그렇다고 너무 큰 소리로 읽어 주라는 것은 아니다. 적절한 크기의 목소리로 정확하게 읽어 주라는 뜻이다.

핵꿀팁

문장 속의 중요 단어 외우는 법

굉장히 중요한 단어, 어려운 단어, 잘 외워지지 않는 단어가 있다면 통문장으로 읽어 준 후, 해당 단어를 반복해서 따라 외치게 하면 오래 기억하게 된다. 예를 들어 "He is great athlete(그는 위대한 운동선수야)"라는 통문장을 영어로 읽고 해석한 다음, "athlete, athlete"이라고 크게 외친다.

단어 외우는 법을 요약해 보면 다음과 같다.

통문장 영어 읽기 → 통문장 우리말 해석 → 중요 영단어 크게 외치기

민사고 졸업 후 SAT 고득점으로
아이비리그 합격한 김태훈 군의 단어 암기법

민사고 국제 유학반 친구들은 해당 국가 언어로 대학교 수업을 미리 공부하니까 단어 암기가 가장 중요하다. 민사고 학생들은 천재급이니까 알아서 술술술 몇백 개씩 단어를 외우지 않을까? SAT(미국 대학입학자격시험)에서 거의 만점 가까이 받은 김태훈 군에게 물었다.

Q **번역본이 정말 중요한가요?**

A 영어의 뜻을 정확하게 번역본을 본 다음 암기하면 특정한 표현을 쓰는 데 훨씬 더 능숙해집니다. 속어나 속담 같은 것은 영어만 봐서는 정말 무슨 뜻인지 이해를 못 할 때가 많습니다. 번역본으로 같이 보면서 단어들이 어떤 식으로 쓰였는지 정확하게 파악하면 기억에 더 오래 남는 것 같습니다. 그래서 민사고에서는 경제, 물리, 화학, 생물학을 쌍둥이책으로, 즉 한글책을 보면서 영어책을 읽고 공부했습니다.

Q 모르는 단어가 나왔을 때 번역본을 보고 소리는 내서 읽었나요, 아니면 눈으로만 봤나요?

A 모르는 문장이나 단어는 반드시 소리 내어 읽는 게 좋습니다. 어떻게 발음하는지도 일단 알아야 그냥 저절로 나올 수 있으니까요. 외울 때는 입으로 항상 쑥덕쑥덕하면서 말하게 되는 것 같습니다.

Q 논픽션은 특유의 과학 전문 용어가 있는데 수학이나 과학도 그렇게 외우나요?

A 제가 생물 과목을 수강했는데, 생물 과목은 용어들을 따로 퀴즐렛으로 공부를 해야 했습니다. 단어만 따로 외우지 말고 지문이랑 문장을 읽는 게 중요합니다. 부분적으로 단어를 외우는 것은 독해 실력을 키우는 데 전혀 도움이 되지 않습니다. 통문장으로 많이 소리 내어 읽는 것이 중요합니다.

7~9세

파닉스, 글자 읽기를
시작하는 시기

섀도 리딩을 해야
아웃풋이 터진다

7~9세는 취학을 앞둔 때부터 초등학교 저학년 시기로, 이때 두 갈래로 나뉜다. 일찌감치 영어책 읽기를 시작한 아이는 서서히 스스로 읽기를 시작한다. 반면에 이 시기에 영어를 시작한 아이들은 파닉스를 접하게 된다.

초등학교 입학을 한 후 나와 현진이는 충격과 고민에 빠졌다. 초등학교 저학년인데도 현진이 또래 아이들이 초등 고학년이 읽는 책을 읽거나 미국 교과서를 학원에서 공부하는 아이들이 꽤 많았다. 그것을 보고 나는 깜짝 놀랐다. 초등학교 1학년인데 미국 현지 학생들이 보는 고학년 교과서를 어떻게 이해한단 말인가. 알고 보니 대치동 목동에서 영어 선행학습을 초1 때부터 하는 것이 엄청나게 유행이었다.

나는 무조건 반대한다. 7~9세는 와이드 와이드 리딩으로 단단하게 다지는 시기인데 이해하기 어려운 미국 교과서로 머리 뜯어가며 선행학습을 할 필요가 없기 때문이다. 요즘 광풍이 불고 있는 초등학교 의대 입시 준비반을 가보면 미국 수학 교과서와 과학 교과서를 현지 아이들 7~12학년용으로 선행 학습한다. 많은 아이들이 개념조차 제대로 이해하지 못한 상태에서 난도 높은 영어 어휘와 문장을 암기하는 데 엄청난 어려움을 겪고 스트레스로 인해 탈모 현상까지 겪고 있다고 한다. 7~9세는 수준에 맞지 않는 의대 준비반을 위한 영어 학습이 아니라 즐거운 리딩을 본격적으로 시작하면 된다.

초등 1학년인데 독해와 단어에 집중?

현진이가 초등학생 때 영어 강사로 인기를 끌고 있었던 나는 학교에 일일 명예 교사로 아이들에게 영어 특강을 하곤 했다. 그때마다 아이들이 "너희 엄마는 영어를 저렇게 잘하는데, 너는 왜 그런 쉬운 책을 읽어?"라면서 현진이를 놀렸다.

나는 제대로 아이의 영어 발달 단계에 맞춰 즐겁게 엄마표 리딩을 하고 있는데 한국 교육 현실에 등 돌리고 너무 이상적인 영어 교육에 빠져 있다는 말까지도 들었다.

"현진 엄마, 요즘 아이들 영어 독해 실력 장난 아니에요. 지금 그런 책을 읽는 건 아닌 듯한데요. 우리 아이는 《해리포터》 시리즈를 읽거든요."

고학년도 아니고 이제 막 초등학교 입학한 아이한테 《해리포터》라니! 막상 미국 초등학교 1학년 아이들이 읽는 책을 보면 이게 네이티브 수준인가 싶을 정도로 아주 쉬운데 말이다. 심지어 그들이 보는 1학년 워크북을 보면 대문자와 소문자를 줄로 연결하거나 그림으로 알파벳을 색칠하는 수준이다. 영어가 모국어인 미국에서도 초등학교 1학년 아이들에게 이렇게 쉽게 영어를 가르치고 있는데, 우리나라 엄마들은 아이가 초등학교에 입학하는 순간 갑자기 영어 리딩 레벨을 팍팍 올리고 입시 영어 교육으로 방향을 틀어 버린다.

1학년 때는 어디까지 진도를 끝내며 2학년 때는 어떤 전집을 다 읽히고, 3학년 때는 주니어 토익 몇 점 이상을 받아야 한다고 청사진을 세워 놓는다. 이런 기준은 상위권 아이 중에서도 정말 극소수 아이들만 다다를 수 있는 수준인데 마치 이것이 초1 영어의 기준인 양 엄마들은 설레발친다. 방향이 틀리면 속도는 아무 의미가 없다. 그런데 지금 우리나라의 영어 교육은 초1 때부터 선행학습을 했는지가 기준이 되는 말도 안 되는 현상이 일어나고 있다.

한때 영어학원을 운영했던 지인의 말이 생각난다. 20년 전만 해도 조기 영어 교육이 정말 재미있었다는 것이다. 원어민 교사들과 아이들이 영어 동요를 부르고 한 줄짜리 책을 암송하며 신나게 영어 말하기 공부를 했다고 한다. 그런데 이제는 학부모들이 영어유치원에서까지 "중학교 영어는 언제 선행학습을 시작하나요? 진도 좀 빨리 빼주세요"라고 요구한다는 것이다. 결국 말하기 수업이 중심이었던 학원들은 학생이 점점 줄어들고 이젠 초등생 영어학원도 입시 영어학원으로 가는 추세다.

전 세계가 자신이 아는 지식을 영어로 말하고 쓰는 위주의 IB교육으로 향하고 있는데 이게 도대체 말이 되는 상황인지 안타까울 뿐이다.

섀도 리딩 학습법

섀도 리딩은 책 속의 문장을 보고 원어민 음성을 들으며 그림자처럼 똑같은 악센트, 속도, 발음, 리듬, 억양으로 따라 읽는 것을 말한다. 영어책을 여러 번 반복해서 원어민의 그림자처럼 똑같이 소리 내어 따라 외치면 원어민처럼 매끄럽게 읽게 되고 문장도 쉽게 암기가 되어 미국과 영국에서는 오래전부터 실천해 온 리딩법이다.

아이가 영어 독서를 열심히 하는데도 스피킹 실력이 늘지 않거나 매끄러운 리딩 능력이 생기지 않는다면 섀도 리딩(Shadow Reading) 학습법을 활용해 보자.

섀도 리딩 방법

Step 1. MP3를 들으면서 지문을 눈으로 읽기.

Step 2. MP3를 들으며 반 박자 후에 한 문장씩 따라 읽기.

Step 3. MP3를 들으면서 비슷한 속도로 동시에 따라 읽기.

짤막한 단문, 쉬운 레벨의 영어책으로 섀도 리딩을 시작한다

효과적인 섀도 리딩을 위해서는 처음부터 긴 문장의 어려운 책을 따라 읽는 것은 금물이다. 처음엔 무조건 단문 위주의 쉬운 책, 아이 레벨에 맞거나 조금 더 낮은 레벨의 책부터 섀도 리딩을 해야 한다. 따라 읽는 것이 수월해지면 서서히 긴 문장으로 확장해 나간다.

반드시 원어민 음원을 들으며 따라 읽는다

섀도 리딩은 엄마가 읽어 주는 것을 아이가 따라 하는 것이 아니다. 원어민의 정확하고 자연스러운 음원을 듣고 속도, 발음, 리듬, 억양, 악센트를 그림자처럼 똑같이 따라 하는 것을 뜻한다. 따라서 반드시 원어민이 녹음한 CD나 MP3를 들으면서 따라 읽어야 한다.

섀도 리딩은 원어민 속도와 똑같이 읽어야 한다

평소 영어책을 느리게 읽거나 한국인 귀에 맞추어 느린 속도로 녹음된 음원을 듣게 되면 막상 원어민이 정상 속도로 말했을 때 알아듣기 어렵다. 그래서 디즈니 애니메이션이나 시트콤을 보면 잘 알아듣지 못해서 자막을 보려 하는데 이건 잘못된 방법이다. 원어민처럼 알아듣고 말하려면 원어민 속도로 듣는 연습, 말하는 연습을 해야 한다. 그러기 위해서는 어릴 때부터 약간 빠르게 느껴질 정도의 정상 속도로 듣는 연습을 하자.

끊어 읽기를 잘해야 진짜 섀도 리딩

섀도 리딩에서 '끊어 읽기(phrasing)'는 문장의 구조와 의미를 더 잘 이해하는 데 도움을 준다. 호흡에 맞춰 문장을 끊어서 읽으면 각 구절이나 절의 의미를 더 쉽게 파악할 수 있고, 특히 긴 문장을 읽을 때 매우 효과적이다. 또한 '끊어 읽기'는 읽기 속도를 적절히 조절하게 해준다. 빠르게 읽으면 놓칠 수 있는 중요한 정보를 놓치지 않고, 집중해서 읽을 수 있다.

섀도 리딩의 핵은 '연음 읽기'

연음(Linking)은 단어 끝소리와 다음 단어의 첫소리를 연결하여 발음하는 것이다. 영어 원어민처럼 자연스럽게 말하려면 연음이 매우 중요한데 연음은 영어 듣기에서도 중요한 역할을 한다. 특히 빠르게 말하는 원어민의 말을 이해하기 위해서는 연음이 어떻게 사용되는지 알고 있어야 더 자연스럽게 듣고 바로바로 이해할 수 있다. 또한 MP3를 듣고 연음을 그대로 잘 따라 하면 더욱더 유창하게 말할 수 있고, 의사소통이 수월해진다. 이를 위해 짧고 간단한 문장부터 연음을 적용해 발음 연습을 해 보도록 한다. 연음이 자연스럽게 나올 때까지 반복해서 연음을 따라 읽는 연습을 하는 게 도움이 된다.

[끊어 읽기 꿀팁]

- 문장을 구와 절 단위로 나누어 읽는다.

  When I was a child, / I loved drawing pictures.

- 쉼표, 마침표, 세미콜론 등 문장부호를 만나면 자연스럽게 끊어 읽는다.

  I bought pears, / oranges, / and apples.

- 접속사(and, but, because, so 등)를 만나면 앞에서 끊고 다음 구를 읽는다.

  He was tired, / but he kept working.

7~9세 아이에게
어떤 책을 읽힐까

7~9세는 아이가 파닉스를 배우고 글을 읽기 시작하면서 엄마 리딩에서 아이 리딩으로 넘어가는 시기다. 엄마가 주도적으로 읽어 주다가 함께 주고받으며 '투게더 리딩'을 병행하면서 아이 스스로 독립적으로 읽는 단계로 옮겨 간다. 따라서 내 아이의 수준과 흥미를 잘 파악하여 다양한 영어책을 읽게 해 줘야 한다. 이를 통해 아이의 영어 문해력도 폭발적으로 늘어날 수 있다. 영어책을 선택할 때는 한국어로 읽는 수준보다 한 단계 낮춰야 더 효과적이라고 여러 차례 강조했다. 그렇다면 어떤 책으로 어느 정도 낮춰야 할까? 이것은 아이마다 다를 것이다. 왜냐하면 영어를 일찍 시작한 아이들은 더 어려운 영어책을 읽을 수도 있고, 늦게 시작한 아이들은 더 쉬운 책을 읽어야 하기 때문이다. 7~9세의 아이들이 공통으로 좋아하고 쉽게 읽어 줄 수 있는 스토리는 이솝우화, 디즈니 스토리, 재미난 창작동화 책들이다.

그리고 이 시기에도 논픽션 리더스는 매우 중요하다. 저학년용 논 픽션 리더스는 학교 교과 과정과 연계된 내용이 많으므로 미국이나 영국의 교과 과정 연계 레벨드 리더스를 많이 읽게 해 줘야 한다.

7~9세 아이가 읽어야 할 책

이솝우화

《이솝우화》는 영어 독해 시험에 자주 등장하는 단골 소재다.《이솝우화》속에 나오는 수많은 문장들은 일상회화에서도 많이 쓰는 표현들이기 때문에 영어로 읽어 주면 말문이 빨리 트인다. 어떤 엄마는《이솝우화》를 이미 한국 책으로 먼저 다 읽은 아이가 "다 알아. 영어로 읽기 싫어"하면서 읽지 않으려고 한다고 걱정하는데, 그렇다고 영어로 읽기를 건너뛴다는 것은 잘못된 생각이다. 1년 365일 매일 쓰는 필수 회화 표현들이 듬뿍 담겨 있는 필수 영양소 같은 책인《이솝우화》는 이 시기에 읽어야 평생 영어 뼈대가 만들어지기 때문이다. 물론 엄마로서 불안한 생각도 들 수 있다. 한국어책은 이미 논픽션에 들어갔는데, 영어로는 그것보다는 쉬운《이솝우화》를 읽고 있으니 뒤처지는 듯하여 불안감이 든다는 것이다. 아이들도 "《이솝우화》다 알아"라면서 유치하다고 보려고 하지 않을 수도 있다. 그러니까 7~9세 시기를 놓치면 영어《이솝우화》를 읽어 줄 기회가 영영 없어진다.

인성동화와 생활동화

생활동화는 일상생활을 배경으로 한 이야기가 중심이 된다. 생활, 관계, 사람, 사건, 중심으로 한 이야기들로 구성돼 있다. 아이들은 생활속에서 일어나는 일들을 영어 스토리북으로 읽으면서 자연스럽게 영어를 배우며 좋은 생활습관을 만들 수 있다. 인성동화는 아이들이 올바른 인성을 기르는 데 도움이 될 만한 교훈적인 스토리가 주요 내용이다. 바람직한 삶의 태도, 건강한 생각을 하게 만드는 데 목적이 있다. 7~9세 아이들은 초등학생이 되면서 이전에는 없었던 새로운 관계, 환경을 경험한다. 영어로 생활동화와 인성동화를 접했을 때 가장 와닿는 시기가 이때다. 아이들이 학교라는 첫 사회생활을 시작했기 때문이다. 사회, 인성, 생활, 가족과의 사랑, 친구들과 우애를 담은 동화는 7~9세 아이들에게 큰 공감을 줄 수 있다.

10세가 넘어가면 아이들에게 인성동화를 읽게 하기가 힘들다. 친구들과의 협동을 강조하는 인성동화를 초등학교 고학년 아이들에게 보여 주면 "협동이 더 중요한 거 안다"며 거들떠도 보지 않을 것이다. 생활동화나 인성동화는 아이 혼자 읽게 하는 것보다 엄마가 읽어주는 것이 좋다. 한국 사람이 쓴 영어 인성동화는 0.1퍼센트도 안 된다. 주로 수입 도서라 미국식 표현이 많이 들어가 있다 보니 수준이 상당하다. 애들 읽는 책이라고 무시했다간 글밥이 꽤 많아서 당황할 수밖에 없다. 반드시 해석본과 수입사에서 만든 음원이 있는 책을 구매해야 한다.

인성동화에 자주 나오는 표현들

I'm on your side(난 네 편이야).

I trust you(난 널 믿어).

Thank you so much(정말 고마워요).

I'll do the dishes(제가 설거지할게요).

Thank you for helping me(도와줘서 고마워요).

얼마나 따뜻한 말들인가. 인성동화나 생활동화를 영어로 읽게 되면 사회성도 길러지고 남을 배려할 줄 아는 마음도 생기고 특히 예쁜 말을 영어로 하게 된다. 왜냐하면 수없이 반복해서 이 표현들이 나오기 때문이다. 그래서 미국이나 영국, 캐나다 엄마들은 인성동화와 생활동화를 읽어 줄 때 무조건 아이가 큰 소리로 따라 읽게 한다. 특히 미국에서는 SEL(Social Emotional Learning)이라고 해서 '사회정서학습'을 국가적 차원에서 연구 및 개발하고 그와 관련된 인성동화를 모든 초등학교에서 읽도록 강조하고 부모들도 열심히 읽어 준다.

패턴동화

패턴 문장으로 구성되어 있어서 쉽게 읽을 수 있는 패턴동화는 문장 반복을 통해 패턴을 익히는 데 특효가 있다. 이솝우화, 창작동화, 인성동화 들은 패턴 문장이 많지 않다. 왜냐하면 스토리의 흐름에 집중하기 때문이다. 반면에 패턴동화는 아웃풋 발화 능력을 키우는

데 가장 효과적이다. 특히 뼈대 문장에 단어의 살을 붙이면서 계속 반복하기 때문에 아이는 쉽게 해당 문장을 기억하고 곧바로 아웃풋으로 터지게 된다. 예를 들면 다음과 같이 단어의 살을 붙이며 반복하는 것이다.

> My tummy hurts(배가 아파).
> My back hurts(등이 아파).
> My ear hurts(귀가 아파).

그뿐만 아니라 문법도 자동으로 익히게 된다. 우리가 패턴동화를 읽게 되면 힘들게 'could have pp' 가정법을 문법으로 공부할 필요가 없다. 왜냐하면 'could have pp' 형식의 문장이 패턴동화에서 수십 번 반복적으로 나오면 그것을 눈으로 보고 귀로 듣고 팔로우 리딩까지 하면서 자동으로 습득하기 때문이다. 그래서 현진이는 이 시기에 문법 공부를 따로 한 적은 없는데도 패턴동화를 수백 권 읽은 덕분에 문법에 맞게 저절로 말을 하기 시작했다.

또한 이왕이면 챈트로 녹음된 패턴동화책을 강추한다. 리듬감 있는 챈트송을 따라 하다 보면 책 읽는 속도도 빨라진다. 그렇다면 패턴동화를 이 시기에 얼마나 읽어야 할까. 최소 300~400권은 읽어야 말문이 빵빵 터진다. "어떻게 그렇게 많이 읽어요"라고 푸념할 엄마들이 있겠지만 반복적인 문장들이라 쉽게 300~400권을 읽게 된다. 패턴동화 몇십 권 읽는다고 말문이 빵빵 터지지는 않는다.

글밥이 늘어난 디즈니 스토리북

이 시기에는 글밥이 늘어나면서 내용도 깊어지고 흥미진진한 디즈니 스토리를 즐기기 시작한다. 내용은 흥미롭지만 좀 더 어려운 어휘들이 많이 등장하기 때문에 엄마의 도움이 필요하다. 매일 밤 아이와 함께 한 권씩 읽는 배드타임 스토리로 활용해도 좋다.

《겨울왕국》을 보고 "렛 잇 고(Let it go), 렛 잇 고~"를 따라 부르지 않는 아이가 없을 정도로 디즈니 스토리는 전 세계 아이들이 최고로 좋아한다. 그런데 의외로 디즈니 스토리의 영어 원서는 글밥이 꽤 있고 어렵다. 왜냐하면 문장 길이가 길어지고 스토리의 기승전결이 있으며 어휘의 난도가 높기 때문이다. 디즈니북에는 7~9세용이라고 돼 있지만, 글밥이 많아 읽기에 만만치 않다. 그런데도 무조건 7~9세에는 디즈니 스토리를 최대한 많이 읽어 줘야 한다.

디즈니를 읽지 않는다면 《그리스 로마 신화》를 건너뛰어서 '판도라의 상자'를 모르는 것과 같고, 《피터팬》을 읽지 않아서 '피터팬 증후군'이라는 용어를 모르는 것과 같다. 이 시기에 디즈니를 건너뛰면 초등학교 고학년이 되는데 그때는 아이들이 잘 읽지 않으려고 한다.

"시시해" "유치해" 하면서 초등 고학년생들은 디즈니를 잘 읽으려고 하지 않으니 7~9세에 디즈니를 완독하는 것을 추천한다. 특히 영어로 디즈니 스토리북을 읽으면 어휘력이 풍부해지고 그 속에 나오는 수많은 회화 표현을 자연스럽게 익히게 된다. 디즈니북을 읽어 줄 때는 할리우드 배우처럼 생생하고 실감 나게 큰 소리로 재미있게 읽어 줘라. 아이 혼자 읽을 때는 반드시 원어민 CD를 듣고 따라 읽는 새도 리딩을 하며 읽게 하자.

글밥이 많은 리더스북

리더스북은 말 그대로 아이들이 영어책을 스스로 읽을 수 있도록 연습하기 위해 만들어진 책이다. 수준별로 레벨 표시가 돼 있어서 아이의 수준에 맞게 선택할 수 있고, 수준에 맞는 단어와 짧은 문장, 반복적 표현으로 읽기 훈련에 최적화돼 있다. 한마디로 아이가 영어책을 읽을 수 있도록 이끌어 주는 책이다. 이 시기 아이들은 파닉스를 시작하거나 떼기 때문에 본격적인 독립 리딩을 시작할 수 있다. 단 너무 어려운 책으로 읽기 연습을 하지 말아야 한다. 파닉스를 떼고 디코더블 리더스로 읽기 연습을 거친 후 가장 낮은 단계의 한두 줄짜리 리더스부터 읽기 연습을 시작한다.

걸음마도 다 떼기 전에 어려운 책을 보여 줘서 포기하거나 좌절하게 만들기보다는 자신감을 심어 주는 리더스북을 찾아야 한다. 그래야 아이가 신이 나서 큰 소리로 읽는 시도를 할 수 있다. 어려운 구조나 복잡한 문장보다는 짧고 쉬운 문장으로 된 리더스북이 좋다. 패턴북이나 서너 문장으로 된 재미난 리더스북을 반복적으로 읽게 해 주자. 예를 들어 빅캣 리더스나 코맷 리더스가 좋다.

파닉스북과 디코더블 리더스

이 시기에 아이들은 대부분 파닉스를 시작한다. 그런데 영어 파닉스는 정말 밑도 끝도 없다. 규칙을 벗어나는 예외가 많다 보니 파닉스 규칙으로 모든 단어를 다 다뤄 줄 수 없다. 그리고 전적으로 파닉스에 의존해서 책을 읽는 것도 바람직하지 않다.

이것은 마치 우리가 'ㄱ'과 'ㅏ'가 합쳐지면 '가' 발음이 난다는 파닉스 규칙을 안다고 해서 한글책을 술술 읽지 못하는 원리와 같다. 한글책을 잘 읽으려면 무조건 통문장으로 많이 읽어야 한다. 영어책도 마찬가지다. 파닉스를 떼었다고 해서 영어책을 술술 매끄럽게 읽지 못하는 것은 당연한 일이다. 특히 파닉스는 영어 음운 규칙을 정확하게 익힌 것을 토대로 단어를 제대로 발음하는 데 그 목표를 두는 것이다. 그러므로 파닉스는 문제로 풀면 안 되고 무조건 책을 읽고 소리 내서 외치며 배워야 한다. 우리나라의 수많은 파닉스 교재가 쓰고 문제를 푸는 방식으로 구성되어 있는데, 문제 풀기보다는 하나라도 더 소리 내어 발음해 보는 게 더 중요하다.

그래서 보카 파닉스북과 디코더블 리더스를 강추한다. 짝꿍처럼 같이 갖추고 있으면 좋다. 보카 파닉스 북은 여러 단어를 통해서 자연스럽게 파닉스를 익힐 수 있다. A의 발음만 외우는 게 아니라 'angel, apron, apple, ant'라는 단어를 통해서 배운다. 단어를 보면서 알파벳과 파닉스를 익히니 어휘력도 키울 수 있다. 사운드펜이 같이 있는 책이라면 더 효과적이다. 챈트송이 더해진 보카 파닉스북이 있으면 더 흥이 나게 익힐 수 있다. 보카 파닉스로 단어와 발음을 같이 익혔다면 쓰기북으로 쓰기 연습까지 더하면 좋다. 파닉스 쓰기 북을 통해서는 대문자와 소문자를 각각 따라 써보고 발음을 복습할 수 있다. 이때 입 다물고 알파벳을 쓰는 게 아니다. 예를 들어 "A, A, Apple"이라고 반드시 소리 내어 글자 이름과 발음, 그리고 단어의 발음을 읽으면서 쓴다.

남들은 유치원 때 다 한다는 파닉스를 현진이는 초등학교 들어와서 했다. 파닉스도 쓰기보다는 읽기로 익혔다. 쓰지 말고, 눈으로 보고 읽으면서 익숙해지려고 했다. 어떤 엄마들은 파닉스를 하면서 아이들에게 스펠링 테스트를 하려고 한다. 파닉스를 스펠링 테스트로 착각해서는 안 된다. 파닉스는 파닉스로 끝내면 된다. 파닉스는 책을 읽을 때 발음을 알기 위해서 하는 것이지 발음이 들어간 단어 스펠링을 외우고 쓰기 연습을 하기 위한 것이 아니다.

오히려 이때 '디코더블 리더스'를 많이 읽어 주는 것이 더 중요하다. 디코더블 리더스는 '파닉스'에서 '리더스'로 올라갈 때 파닉스 규칙을 녹여낸 스토리북으로 단어 식별 능력을 가속화하고 읽기 능력에 엄청난 자신감을 준다. 예를 들어 단모음 i를 익히는 디코더블 리더스라면 "Tim hits the big ball"이란 문장에서 단모음 i를 강조해서 읽어 주면 된다. 이제까지 익힌 파닉스를 복습하면서 재미난 스토리로 이루어진 문장들을 큰 소리로 따라 읽어 보자. 그러면 읽기 훈련을 제대로 할 수 있다. 한마디로 파닉스에서 리더스로 넘어가기 전

'디딤돌 리더스'다. 특히 수퍼맘클래스(www.supermomclass.com)에서 하는 것처럼 입 모양을 영상으로 보면서 파닉스를 익히는 것을 추천한다.

핵꿀팁 | 알파벳 쓰기가 재미있어지는 스마트 보드

물가가 많이 올라서 1만 원으로 살 수 있는 게 많지 않다. 장바구니 물가가 계속 오르는 요즘, 1만 원도 되지 않는 돈으로 살 수 있는 '꿀템'이 있다. 바로 스마트보드(전자 메모패드)다. 얼핏 태블릿PC 같아 보이는데 전자펜으로 스마트보드에 글씨를 쓰고 버튼을 누르면 감쪽같이 지워진다. 수백 번이고, 수천 번이고 썼다 지웠다 할 수 있는 데다 아이들이 쓰고 지우는 과정을 마치 장난감 놀이처럼 좋아한다.

7~9세는 쓰기에 재미를 느낀다. 이 시기에 파닉스로만 끝내지 말고 반드시 소리 내서 발음하고 즐겁게 쓰도록 유도하자. 눈으로 보고, 손으로 따라 쓰면서 큰 소리로 발음하는 가이드까지 해 줘야 한다. 7~9세 때 이 준비가 안 되면 나중에 멘붕이 된다. 무조건 읽기와 쓰기에 강한 아이로 키우면서 '쓰는 것'을 즐거워하게 이끌어 줘야 한다.

스마트보드에 맘껏 쓰라고 하고, 엄마가 칭찬해 주면 좋다. 나도 현진이와 화이트보드에 쓰고 지우기를 수천 번 했다. 현진이가 쓴 단어를 한껏 칭찬해 주니까 현진이도 신나게 쓰고 나서는 "엄마 이거 왜 안 봐줘" 하면서 적극적인 반응을 보였다. 그럴 때마다 나는 리액션을 하면서 "너무 잘 썼네. 이거 엄마가 회사 사람들에게 보여 줘야지" 하면서 마치 기념물처럼 여겼다.

손가락으로 단어를
하나하나 짚으며 읽지 말라

"엄마 이게 무슨 뜻이야?"

아이와 영어책을 읽다 보면 가장 많이 나오는 질문이 바로 '무슨 뜻'이냐는 것이다. 아이가 정말 모르는 영어 문장을 해석해 주면서 읽어 주는 게 당연하지만 아이가 의미를 이해하면 굳이 해석하지 않고 영어로 읽어 주면 된다. 한 줄 한 줄 다 해석할 필요 없이 아이가 어려워하는 문장만 설명해 줘도 충분하다. 해석해 줄 때는 반드시 통문장으로 해야 한다. 예를 들면 다음과 같이 문장 시작부터 마침표가 찍힐 때까지 전체 문장을 한꺼번에 설명해 줘야지 절대 문장을 분해해석해서는 안 된다. 영어로 전체 문장을 읽은 뒤 통문장의 한글로 읽어 줘야 한다.

I 나는 went 갔었어 to the museum. 박물관으로 (x)

I went to the the museum(나는 박물관에 갔어). (O)

분해 해석은 아이가 영어책 전체를 이해할 수 있게 만드는, 즉 숲을 보는 능력을 떨어뜨린다.

특히 손가락으로 단어를 하나하나 짚으면서 읽어 줘서도 안 된다. 우리가 한글책 읽어 줄 때를 생각해 보라. 아이가 모르는 단어가 나온다고 그 단어를 손가락으로 짚어가면서 읽어 주지 않았을 것이다. 그뿐만 아니라 단어 하나하나를 손가락으로 짚어가면서 단어 설명을 따로 하지도 않았을 것이다.

단, 아주 중요한 단어인데 아이가 모르거나 자꾸 까먹을 때 엄마가 책에 빨간색, 파란색으로 동그라미 표시를 해 주면 200퍼센트 효과가 올라간다. 어떤 엄마들은 책을 아끼다 못해 신줏단지처럼 고이고이 모시곤 한다. 책에 표시하는 게 내키지 않으면 반투명 형광 포스트잇을 해당 단어 위에 붙이면 된다. 또는 지워지는 볼펜이나 지워지는 사인펜을 사용해도 좋다.

책을 가보로 물려줄 것도 아닌데 왜 책에 동그라미 표시도 못 하고 모셔만 두는가?

진짜 중요하고 반드시 익혀야 할 단어라면 빨간 동그라미 표시를 해라. 엄마가 표시한 동그라미로 't'만 알고 있던 아이가 'too'를 보고 'oo'가 어떤 발음인지 파닉스까지 절로 익히게 될 것이다. 즉, 통단어로 자연스럽게 파닉스를 익히게 되고, 배우지 않은 단어를 보고

도 유추하는 능력이 생긴다.

한 가지 더 중요한 팁이 있다. 통문장으로 영어 문장을 읽은 후 우리말로 해석해 주되 절대 그것을 영어 문장 아래에 한글 뜻을 쓰거나 따로 메모하면 안 된다. 아이는 그 해석을 습관적으로 보려 하기 때문이다. 우리가 학창시절 영어 교과서의 수많은 문장 밑에 한글로 해석을 썼던 일을 기억할 것이다. 그것 때문에 오히려 다 안다고 착각한다. 영어는 영어만 읽어야 한다. 절대로 영어 문장 속에 모르는 단어가 있다고 문장 밑에 한글 뜻을 쓰면 안 된다. 그럴 시간에 영어와 우리말 뜻을 소리 내어 외치는 연습을 해 보자.

단어의 스펠링을
소리 내어 외쳐라

7~9세는 '스펠 아웃(Spell Out, 스펠링을 소리 내어 외치기)'을 가장 많이 연습하는 시기다. 영어유치원에서도 단어 스펠링 시험을 치르거나 소리 내어 외치는 시험을 많이 보고 미국 초등학교에서도 필수 기초 단어들을 큰 소리로 스펠 아웃하는 수업 광경을 흔히 볼 수 있다.

현진이도 초등학교에 입학하면서 스펠 아웃을 본격적으로 하기 시작했다. 1학년 때부터 단어 스펠링을 리듬감 있게 입으로 소리 내어 외치는, 즉 '스펠 아웃'은 우리 모녀에게 있어서 신나는 랩 타임이었다. 'apple'을 외울 때 "a, p, p, l, e(에이, 피, 피, 엘, 이)" 하고 밋밋하게 철자를 말하는 것이 아니고 리듬감 있게 노래처럼 외쳤다. 현진이는 스펠링을 수십 번 백지에 쓰면서 외우는 것을 싫어했다. 이것은 이 책을 읽고 있는 엄마들도 반드시 명심해야 할 포인트다. 우리 시대처럼 요즘 아이들은 깜지로 스펠링을 외우게 하면 절대 안 된다. 우리가 연습장에 수십 번, 수백 번 쓴 단어들을 기억하지 못하고 까먹었던 것을 생각해 보면 무슨 말인지 알 것이다. 무조건 소리 내어 외치면서 쓰는 것이 훨씬 더 효과적이다.

이 시기에 소리 내어 외치지 않으면 동음이의어(발음은 똑같고 철자는 다른 단어들)에서 많이 헷갈린다. 예를 들어 소리 내어 [베뤼]라고 외치지 않고 'bury(파묻다)'를 수십 번 쓰기만 하면, 이 단어를 [버뤼] 또는 [부뤼]로 읽는 실수를 하게 된다. 반드시 쓰면서 외쳐야 한다.

내가 죽을 때까지 절대로 까먹지 않는 스펠 아웃 꿀팁을 알려 주겠다.

'b-u-r-y'만 주구장창 쓰는 게 아니라 "b, u, r, y(비 유 알 와이), 베리, 파묻다, bury bury!"라는 식으로 외치게 한다. 입으로 구구단 외우듯이 이렇게 철자, 한글 뜻, 단어의 발음을 같이 외치면 절대로 헷갈리지 않고 정확한 뜻으로 철자를 외우게 된다. 왜냐하면 입으로 소리를 내면서 외우면 입 근육을 움직였던 경험이 뇌리에 남는다.

아이들이 'wednesday'나 'february' 같은 단어들의 스펠링을 종종 헷갈릴 때가 있는데, 그때는 입으로 되뇌면서 스펠링을 확인해 본다. 눈으로만 외우면 헷갈리고 틀릴 확률이 높지만, 입으로 외치면서 익힌 단어는 몸에 체득돼 실수하지 않는다.

'스펠 아웃'을 할 때 마치 랩을 하듯이 비트를 맞추고 리듬을 살리면 효과는 배가된다. "wednesday"라고 하면 "더블유 이 디 / 엔 이에스 / 디 에이 와이"로 음절을 끊고 리듬을 붙여서 래퍼처럼 외쳐야 한다.

'juice'처럼 맨 마지막 모음을 빼먹거나 헷갈릴 수 있는 단어는 중요 부분의 억양을 높여서 "제이 유 아이/씨 이" 하고 소리를 냈다. 스펠 아웃을 이렇게 진행하면서 현진이는 스펠링 시험에서 1등을 놓치지 않게 됐다. 그뿐만 아니라 소르본대학교에서 치른 스펠링 시험에서도 전체 1등을 하게 됐다. 현진이는 지금도 이렇게 외우면 수백 개 수천 개도 즐겁게 외울 수 있다고 말한다.

단어는 눈이 아니라 입으로 외워라

현진이는 뭐든지 입으로 외치거나 소리 내어 읽는 영어공부를 했다. 책도 소리 내어 읽고, 단어 암기할 때도 소리 내어 암기했다. 나도 현진이가 쓰면서 외우려고 하면 "현진아, 쓰지 마. 연필에서 손 떼. 손 떼고 네가 입으로 수없이 외친 걸 나중에 써 봐"라고 조언해 줬다.

초등학교 저학년부터 규칙적으로 어휘를 익히는 훈련을 본격적으로 시작해야 한다. 그런데 이때 최대한의 목표를 세우는 게 아니라, 현실 가능한 기준을 세우는 게 중요하다.

수많은 영어학원에서 하루에 200개나 300개씩 단어 암기를 숙제로 내주고 시험을 보는데 이것은 완전히 미친 짓이다. 300개를 매일 외운다고 해도 막상 외우는 것은 30개도 안 될 것이다. 인간에게는 들어갈 수 있는 용량이 이미 정해져 있다. 꾸역꾸역 집어넣는다고 해서 다 받아들일 수 없다는 말이다. 나도 처음에는 현진이에게 하루 10개씩 새로운 단어를 외우라고 했다.

하루 10개씩 한 달이면 300개이고, 1년이면 3,650개라고 계산을 하면서 욕심을 부렸기 때문이다. 그런데 당일엔 곧잘 하던 현진이도 다음 날 되자 절반 이상을 까먹고, 하루 더 지나니 2~3개밖에 기억을 못 했다. 일주일 동안 외웠던 70개 단어 중에 20개를 정확하게 기억했다. 단어는 하루에 최대한 몇 개를 외우느냐가 아니라 얼마나 정확하게 몇 개를 외우는가가 중요하다.

나는 10개라는 목표 대신 하루 5개씩 소리 내 외치는 것으로 기준을 잡았다. 5개를 외우더라도 다음 날 새로운 단어를 외우는 게 아니라, 그 전날 외쳤던 단어들을 반복하고 새로운 단어들을 덧붙이는 식으로 쌓아 갔다.

하루 5개씩 하니 한 달에 150개가 됐다. 그 150개도 완벽하게 다 외우기 힘들어했지만, 그래도 거의 다 정확하게 기억해 냈다. 그런 다음 다양한 스펠링 코스북을 풀면서 문장 속에서 정확한 철자로 단어 쓰기 연습을 시켰다. 그러면서 서서히 암기 단어 개수를 늘려 갔다.

아이가 우물거리지 않고 입에서 곧바로 튀어나오게 하려면 외치는 단어의 양을 무리하게 잡지 말고 현실 가능한 개수로 잡아야 한다. 가장 중요한 포인트는 이렇게 입으로 외운 단어들을 깜지로 수십 번 수백 번 쓰는 것이 아닌 스펠링과 어휘력을 동시에 훈련시키는 《180 days of spelling & words》와 같은 스펠링 코스북으로 단어와 스펠링 문제를 다양하게 풀면서 연습과 반복을 하게 해야 한다.

05

가장 중요한 통문장이
입에 붙을 때까지

4~6세가 영어책을 읽으면서 가장 기억에 남는 골든 센텐스를 귀로
듣고 채굴하는 시기였다면, 7~9세는 골든 센텐스를 입으로 내뱉는
시기다. 아이들에게 반복해서 중요 핵심 문장을 여러 번 읽어 주다
보면 어느새 아이 입에서 그 문장이 자꾸 튀어나오는 현상을 발견하
게 된다. 그래서 이 시기에 생활동화나 재미난 픽션 리더스북을 반복
적으로 읽어 주면 그 속에서 나온 회화 표현들을 툭툭 내뱉게 된다.
따로 회화 공부를 하지 않았는데 "쟤가 저 말을 영어로 어떻게 알지"
하며 깜짝 놀랄 때가 많았다.

　알고 보니 현진이는 내가 읽어 준 수많은 영어책들 중에서 특히
픽션 리더스북의 회화 표현들을 기억하고 아웃풋으로 마구 내뱉기
시작한 것이었다. 이 시기의 엄마들은 대부분 회화 공부를 따로 해야
한다고 착각한다. 그래서 "회화 학원은 어디가 좋을까요?" "영어 회

화 학원을 추천해 주세요"라는 질문을 수없이 한다. 내가 자신 있게 말할 수 있는 건 회화는 많은 양의 어휘나 표현이 머리에 쌓였을 때 내뱉기 시작하는 것이다. 머리에 든 어휘가 없는데 어떻게 말을 하겠는가. 그러므로 이 시기에는 욕심부리지 말고 조급해하지 말고 즐거운 픽션 리더스 북 리딩을 많이 소리 내어 읽게 하면 된다.

　이때 내가 강조하는 것이 바로 책 속의 중요한 핵심 문장인 골든 센텐스다. 자주 쓰는 회화 표현, 일상어 문장들, 그리고 반드시 알아야 할 숙어구나 관용구가 들어간 문장들을 소리 내어 읽게 하자. 예를 들면 다음과 같다.

> He's holding a grudge(그는 꽁해 있다).
> Don't take it out on me(나한테 화풀이 하지마).
> You need to slow down(천천히 해).
> I don't feel very well(오늘 몸이 안 좋아).
> I find it overwhelming(난 그게 부담스러워).

이런 표현들은 픽션 리더스에서 자주 등장하는데, 그냥 읽고 지나치면 절대로 자기 말이 될 수 없다. 평생 쓰는 중요 회화 표현이기 때문에 힘을 주어 반복해서 읽어야 한다. 이런 골든 센텐스를 외우는 데도 요령이 필요하다. 엄마들은 아이가 초등학교에 입학하면 기대감도 커진다. 책 한 권을 읽으면 통달해서 한 권을 통째로 외우길 바라기도 한다. 아이의 문해력도 저절로 훌쩍 자랐을 거로 생각하기 때문이다. 물론 책 한 권을 다 외운다면 좋겠지만, 이렇게 몽땅 한꺼번에 달달 외우는 것보다는 골든 센텐스를 공략하는 게 더 현명하다. **책에서 자주 반복되는 중요한 표현이나 키포인트 구문을 몇 개 채굴한 다음에 그 문장을 통째로 소리 내어 읽는 것이다.** 읽을 때는 진짜 내 것이 될 때까지, 입에 붙을 때까지 여러 번 반복하는 것이 좋다.

특히 이 시기에 꼭 해야 할 '머스트 리딩' 꿀팁이 있다. 바로 하이라이팅 표시다. 많은 엄마들이 책에 낙서하는 걸 꺼린다. 물려주거나 당근마켓에 팔기 위해 책을 더럽혀서는 안 된다는 생각을 하고 있다. 그러다 보니 책 속의 골든 센텐스에 밑줄을 치거나 동그라미를 하지 않는 엄마들이 대부분이다.

우리가 학교 다닐 때를 생각해 보라. 교과서나 참고서를 암기하며 공부할 때 중요 문구나 핵심 문장은 어떻게 했는가. 빨간펜으로 밑줄 긋거나 형광펜으로 동그라미 친 것을 기억하는가. 중요한 부분을 각인하기 위해서 우리가 했던 표시들이다. 내가 강연장에서 골든 센텐스에 밑줄 그으라고 해도 엄마들은 "어휴 어떻게 책에 표시를…그건 좀 곤란한데…"라고 말한다. 그럼 나는 이렇게 마음속으로 외친다. "이 책들 가지고 순장할 건가요?" 그게 아니라면 내 아이의 골든 센텐스에 과감하게 표시해 주면 좋겠다.

다음 세 가지 방법을 제시하고 싶다.

① 썼다 지웠다가 가능한 펜이나 색연필로 골든 센텐스에 밑줄

짝 긋고, 동글뱅이 동글동글!

② 형광 포스트잇으로 붙이고 그 위에 펜으로 밑줄 긋거나 동그라미 표시하기.

③ 지워지는 형광펜으로 문장 위에 색칠하기.

나의 경우 현진이와 책을 읽으면서 "현진이는 어떤 말이 제일 기억나니?"라고 묻고, 해당 문장을 현진이가 스스로 동그라미 표시를 하게 했다. 현진이는 그럴 때마다 신나서 했다. 왜냐하면 "여기서 핵심 문장을 찾아봐"라고 일방적인 주입식 교육을 하는 게 아니라 아이가 스스로 책장을 뒤적이며 좋은 문장을 찾아서 형형색색 펜으로 밑줄 그으며 동그라미 표시를 하고, 스티커를 붙여 가면서 자신이 채굴한 문장을 각인했기 때문이다. 현진이가 표시한 문장은 꼭 서너 번 소리 내어 읽게 했다. 이를 통해 책 내용과 문장을 스스로 다시 한 번 생각해 보게 할 수 있었다.

현진이가 1학년 때 《황소와 개구리(The Ox and the Frog)》라는 동화책을 읽었는데, 개구리가 배를 부풀리는 장면이 강렬하게 기억에 남았는지 "Is he as big as me (그 녀석이 나보다 크냐)?"라는 문장에 동그라미를 수없이 쳤다. 그때 익힌 'as 형용사 as 용법(~만큼~하다)'은 내가 문법을 설명해 준 적이 없는데도 신기할 정도로 자기 것으로 만들었다. 또한 엄마 개구리가 배가 빵 터져 죽었다는 부분이 너무 슬펐다고 말하면서, 계속 그 부분을 외우고 싶다며 "Mom's tummy burst. He cried and cried(엄마 배가 빵 터졌어요. 개구리는 울고 또 울었어요.)" 하는 문장을 여러 번 외쳤다.

이 시기의 아이들은 책을 읽어 주면 자기만의 꽂히는 대목이 있다. 그때 아이가 동그라미 친 문장이 감동적이거나 멋진 표현이 아니어도 좋다. 아이가 스스로 찾아냈으면 그거 자체로도 충분하다. 이렇게 채굴하다 보면 책 한 권을 읽어도 아이만의 '감동 문구'인 골든 센텐스가 차곡차곡 쌓이게 되고 자발적으로 공부하는 습관을 갖게 할 수 있다. 무엇보다도 골든 센텐스를 반복적으로 큰 소리 낭독을 함으로써 완전히 자기 문장으로 만들 수 있게 되고 그것은 곧 아웃풋, 즉 발화로 이어진다.

골든 센텐스 리딩 꿀팁

1. 아이와 함께 가장 기억에 남는 문장, 가장 중요하다고 생각한 문장에 표시한다

2. 해당 문장을 큰 소리로 정확하게 읽는다.

3. 리듬감을 살려 읽는다.

4. 처음엔 천천히 서너 번, 두 번째는 정상속도로 조금 더 빠르게 서너 번 읽는다.

5. 잘 따라 읽지 못하면 엄마랑 토싱(주고받기)을 한다. 예를 들어 엄마가 "You need to!"라고 읽으면 아이가 "slow down"을 외치도록 유도한다

책 제목을 큰 소리로
수십 번 낭독하라

내가 현진이에게 영어책을 읽어 주면서 깜짝 놀란 적이 많다. 쉬운 영어책인데도 책 제목이 매우 함축적이며 해석이 쉽게 안 될 때가 아주 많았기 때문이다. 영어 동시통역을 한 나조차도 쉽지 않은데, 보통 엄마들이 과연 이 영어책의 제목을 해석할 수 있을까 하며 갸우뚱한 적이 참 많다. 수퍼맘스토리 카페 엄마들에게 물어보니 "안 그래도 제목이 어려워서 그냥 넘어갔어요" "제목을 어떻게 해석해야 할지 몰라서 그냥 직역해서 알려 줬어요"라는 얘기들이 나왔다.

그때 비로소 알게 되었다. 대한민국 엄마들은 영어책을 엄청나게 사면서 막상 가장 중요한 책 제목은 제대로 해석을 하지 않고 넘어간다는 사실을! 나 역시 유명 해외 도서를 수입할 때 카페 회원인 어머니들을 위해 무료로 번역을 다 해서 제공하는데 그때마다 머리를 쥐어 싸맨 적이 한두 번이 아니었다. 나뿐만이 아니다. 난다 긴다 하는 영어 통번역사, 영문학과 교수님들조차도 짧은 제목인데도 어떻게 우리말로 해석을 자연스럽게 해야 할지 고민을 엄청나게 한다.

예를 들어 〈Trip Trouble〉이라는 제목의 책이라면 'trip trouble'은 어떻게 해석할까? 단어별로 떼어서 보면 둘 다 명사다 'trip'은 여행, 'trouble'은 문제, 고난이란 뜻으로 둘 다 명사인데 대체 어떻게 해석해야 하는 걸까? 'trip trouble'은 고된 여행이라는 뜻이다. 그런데 명사가 두 개 붙으니까 해석이 안 되는 것이다. '왜 이런 말을 몰랐지?'라고 자책할 필요는 없다. 이것은 미국인들이 자기네 식으로 만든 영어다. 사전을 백날 찾아봤자 나오지 않는다. 그래서 내가 해석본을 만들어서 어머니들에게 제공하는 것이다. 굳이 문법을 따지고 문장을 분석할 필요도 없다. 그냥 이것은 영어권 사람들이 만들어 낸 언어유희일 뿐이다. 그래서 따지지도 말고 해석본을 보고 'trip trouble=고된 여행'이라고 익힌 후에 한국어로도 말해 보면서 영어 제목을 되새겨야 한다. 나는 현진이에게 영어책을 읽어 줬을 때 영어 제목에 많은 힘을 기울였다. 특히 뜻이 애매할 때는 더욱더 큰 소리로 제목을 여러 번 외치면서 그에 대한 우리말 뜻을 정확하게 알려 줬다.

여러 번 강조하지만, 우리말로 정확한 의미를 파악하는 것이 중요하다. 영어 제목을 반드시 내 것으로 만들어야 하는 이유는 다음과 같다.

- 초중고 수능, 토플 등 모든 영어시험에서 긴 지문이 나온 뒤 해당글의 제목이 무엇이냐는 질문이 나오기 때문이다.
- 전체 스토리를 한 번에 이해할 수 있는 유추 능력이 생기기 때문이다.
- 아이가 읽은 제목이 또 다른 책들의 제목으로 등장하기 때문이다.

그래서 영미권에서는 제목에 아주 많은 의미를 두고 "왜 이 제목일까?" "이 제목이 뜻하는 의미는 무엇일까?" "제목과 관련된 그림을 그려 보라" 등 수많은 타이틀 리딩 연습을 시킨다.

반면에 우리나라 아이들은 영어책을 읽을 때 지문에만 목숨을 걸고 제목을 그냥 넘어가기 일쑤다. 그런데 우리가 독해 시험문제를 보면 "위의 지문을 읽고 제목으로 알맞은 것은?" "위의 지문은 무엇을 얘기하고자 하는 것인가?" "지은이가 말하고자 하는 것은?" 이런 식으로 제목을 묻는다. 요즘 시험 유형은 지문을 아무리 읽어도 제목을 본문에서 찾기 힘들다. 그만큼 제목 뽑기가 쉽지 않다는 뜻이다. 수없이 많은 영어 제목을 접하고 읽어 본 아이들은 제목을 유추하는 능력이 뛰어나다. 나도 학창시절 영어시험에서 제목 묻는 문제를 틀린 적이 많다. 그래서 현진이한테 항상 책을 읽기 전 그리고 책을 다 읽고 나서 제목을 다시 한 번 각인시켰다.

심지어 다 읽은 책들을 책꽂이에서 갑자기 빼내어 표지를 보여 주며 "이 책 제목이 뭐더라, 뜻이 뭐였지?" 이렇게 제목과 뜻을 확인하는 시간도 가졌다.

제목의 뜻을 정확하게 알려 줘라

아이에게 읽어 줄 때 다음 제목을 어떻게 해석해 줄 것인가?

"Today is a big day out for me(오늘은 나에게 중요한 외출이 있는 날이다)"가 리더스북의 제목이었다. 이 문장에서 'big day out'은 무슨 뜻일까. 'day out'은 외출이란 뜻이다. 'big'은 'important'라는 뜻이 있어서 '중요한 외출'이라는 뜻이다. 쉬운 단어지만 연상이 쉽게 되지 않는다. 제목에 익숙해지기 위해서는 스토리 읽는 것도 중요하지만 제목을 큰 소리로 많이 외치는 게 중요하다. 영어로 제목을 읽은 뒤 우리말로도 큰 소리로 '대단한 나들이'라고 외치게 해 보자. 수많은 수많은 엄마가 제목은 처음에 한 번 대충 읽고 끝낸다. 아마도 열 명 중 아홉은 그럴 것이다. 그런데 진짜 요령 있는 엄마라면 영어 제목을 여러 번 반복해서 읽어 주거나 읽게 하고 반드시 우리말로 해석해 준다. 특히 책을 다 읽고 나서 "이 책 제목이 뭐더라" 하면서 기억의 문고리를 끌어내는 티키타카를 해야 한다.

앞에서도 언급한 "The monkeys go bananas"가 책의 제목인데 '원숭이들이 바나나로 간다?'인지 '원숭이들이 바나나를 따라 간다?'

로 잘못 해석 할 수 있다. 'go bananas'는 'go crazy'라는 뜻으로 흥분하고 광분한다는 뜻이다. 'go bananas'는 참 많이 쓰는 말이지만 이 숙어를 모르면 문장의 해석이 안 된다. '원숭이들이 광분하다, 흥분하다는 뜻인데 만약 영어책 지문만 읽고 해석본은 보지 않았다고 하면 '바나나 찾으러 간다'는 뜻으로 오역하기 쉽다. **스토리를 보고 말도 안 되는 번역을 어설프게 하고 넘어가는 오류를 피하기 위해서는 반드시 번역본이 있어야 한다. 그리고 그 영어 제목은 몇 번씩 큰 소리로 읽어야 한다.**

영어책의 알쏭달쏭한 제목의 예는 다음과 같다.

My Super Sense(나의 뛰어난 감각).

Just the ticket(안성맞춤, 바로 그것).

The jumpy bumpy feeling(콩닥콩닥 두근두근).

Family Matters(가족이 최고야).

Smart new shelves(깔끔한 새 책장).

아이가 읽을 줄 안다고 해도
엄마가 읽어 줘라

이 시기의 아이들은 파닉스를 익히면서 어느 정도 스스로 영어책을 읽기 시작하게 되는데, 그래도 엄마와 함께 영어 동화책을 읽는 경험은 여전히 매우 중요하다. 엄마표 영어책 읽기는 공부가 아니라 놀이이자 추억이 돼야 하기 때문이다. 어차피 초등 고학년이 되면 엄마표 리딩에서 '자기 주도 독립 리딩'이 되기 때문에 더 같이 읽고 싶어도 읽기 힘들다. 그러므로 7~9세가 엄마와 함께하는 마지막 리딩 시기라 생각하고 더욱더 열정적으로 읽어 주자. 무엇보다 즐겁고 역동적인 시간이 돼야 한다. 엄마가 재미난 연극을 하듯이 리듬을 타며 신나게 읽어야 아이도 그 시간을 즐길 수 있다.

특히 이 시기에 아이들에게 책을 알아서 읽으라고 맡겼다가는 한쪽으로 치우치는 편식 리딩을 하는 현상이 나타날 수 있다. 나 역시 현진이가 파닉스를 떼고 나서 스스로 책을 읽으려고 하길래 "오 제

법인걸. 그래, 네가 골라서 읽어 봐" 하면서 내버려 두었더니 정말 중요한 논픽션 리딩은 다 제쳐두고 맨날 공주님 왕자님 이야기만 읽고 있는 것이었다.

정말 이런 '편식 리딩'은 큰일 날 일이다. 왜냐하면 우리가 중고등학교, 대학교에 가면 접하는 영어 지문과 시험문제 지문들 대부분 비문학 논픽션 주제로 이루어져 있기 때문이다. 과학, 사회, 지리, 경제, 세계사 등의 영어 지문들에 사용된 어려운 용어들이 우리 아이들의 발목을 잡게 되고 그로 인해 영포자가 중학교 때부터 엄청나게 많이 생긴다. 그것을 막기 위해서 영미권에서도 그리고 우리나라 대치동이나 국제학교에서도 논픽션 리딩을 유치원 때부터 픽션과 함께 50 대 50의 비율로 균형 있게 시킨다.

그걸 모르는 엄마들은 아이들이 좋아하고 재미있어하는 픽션 스토리에만 많은 시간을 할애하고 그런 책 위주로 사주는데, 논픽션 리딩을 픽션 리딩만큼 잘 배분해서 읽어 줘야 한다. '세 살 버릇 여든 살까지 간다'고 이 시기에 논픽션을 멀리하게 되면 학년이 올라갈수록 더욱더 논픽션 리딩을 기피한다.

나 역시 현진이에게 자연 관찰, 세계사, 사회 현상들을 주제로 한 논픽션 리더스북을 읽어 줬을 때 아이 눈이 풀리면서 집중력이 흐트러지고 "디즈니 책을 더 읽어 주면 안 될까요" 하면서 심통을 부리는 경우를 많이 봤다. 그럴 때마다 달래기도 하고 혼내기도 하면서 논픽션 리딩의 재미를 붙이게 하려고 참 많은 노력을 했다. 유아기가 지난 후 아이에게 읽어 주려니깐 쉽게 흥미나 재미를 못 느끼기 때문에 논픽션 리더스북을 읽어 줄 때마다 두 배 더 열정적으로 신나게 깔깔 웃으며 읽어 주었다.

예를 들어 식물이 자라는 데 필요한 것은 물, 공기, 빛인데 이것을 영어로 "We need water, light and air(우리는 물과 빛과 공기가 필요하다)"라는 문장이 나오면 나는 이것을 밋밋하게 읽고 해석만 하면서 끝내지 않았다. 아이가 지루해하니깐 직접 아이 손을 잡고 놀이터로 나가서 물을 벌컥벌컥 마시며 "I need water!", 햇빛을 향해 두 팔을 벌리며 "I need light!", 그리고 숨을 크게 들이마시면서 "I need air!"라고 외쳤다. 이렇게 해야 편식 리딩을 하는 아이에게 엄마표가 강력한 효과를 발휘하게 된다. 엄마표 리딩은 아이가 싫어하는 책들조차도 재미있게 읽도록 만드는 마법을 부릴 수 있다. 이것은 마치 맛은 없지만, 영양가 높은 음식들을 엄마가 아이에게 재주껏 먹이는 비법과도 같다.

아이는 유아 때부터 엄마가 읽어 주는 베드타임 스토리를 여전히 좋아한다. 그래서 책을 읽기 시작했다고 "알아서 읽어 봐"라고 내버려 두지 말고 옆에서 같이 읽어 주는 것이 좋다. 이것은 마치 자전거 타기와 똑같다. 처음 자전거를 탈 때 엄마가 뒤에서 밀어주지만, 아이 스스로 탈 줄 알게 되면 엄마들은 대부분 "알아서 타 봐"라고 손을 뗀다. 그러나 아이는 어설프게 자전거를 타면서 어디로 어떻게 가야 할지 몰라서 여전히 불안한 상태다. 이때 엄마가 뒤에서 밀어주지 않더라도 옆에서 같이 걸으면서 코칭을 해 주면 아이들은 안정감을 느끼며 편하게 자전거를 탈 수 있다. 따라서 이 시기에도 엄마가 함께 읽어 주는 것을 멈추지 말자.

함께 소리 내어 읽는 투게더 떼창 리딩

이 시기 영어책을 읽어 줄 때 엄마들은 대부분 아이에게 "따라 읽어 봐, 따라 외쳐 봐, 뭐라고 했지" 등등 일방적으로 강요하는 리딩을 시도하려고 한다. 처음에는 몇 번 따라 읽기도 하지만 변덕이 심한 이 시기의 아이들은 심통을 부리며 안 따라 하거나 함묵할 때가 있다. 나는 그 심리를 너무나 잘 안다. 왜냐하면 이야기에 빠져서 듣고 있는데 큰 소리 낭독을 자꾸 시키면 어느 순간 '내가 왜 이걸 해야 하지' '왜 자꾸 이걸 시키지' 하는 반감이 생기면서 안 따라 하는 것이다. 그럴 때 특효약이 하나 있다. 바로 '투게더 리딩', 함께 소리 내어 읽기다. 엄마가 영어로 읽어 준 다음 "이 문장 재미있는걸. 같이 읽어 보자, 원, 투, 쓰리" 하면서 둘이 합창하듯이 같이 읽기 시작하는 것이다. 이때 중요한 사항은 처음에 함께 읽을 때 "원, 투, 쓰리" 하면서 가이드 리딩하는 것이다.

그러면 아이는 홀로 외롭게 읽는 것이 아닌 엄마와 함께 신나는 떼창 리딩을 한다고 생각하고 같이 큰 소리로 읽어 나간다. 이것은 내가 학원에서도 효과를 본 리딩법이다. 영어학원 강사 시절 아이들에게 중요 문장을 따라 읽으라고 하면 작은 소리로 중얼중얼 읽던 아이들이 "선생님과 함께 읽어 보자. 원, 투, 쓰리!" 하면서 내가 큰 소리로 읽어 나가면 아이들도 같이 더 큰 소리로 읽기 시작하는 것이다. 효과 만점인 투게더 떼창 리딩을 많이 사용해 보기 바란다.

오코풀, 에코풀 리딩 코스북을
시작하라

아이가 읽은 영어책의 내용을 어느 정도 잘 이해했는지 확인할 수 있는 용도로 독해 문제집을 많이 사용한다. 영미권에서는 이런 용도로 '코스북'을 가장 많이 활용한다. '코스북, 코스북' 하는데, 코스북은 무엇일까. 코스북이란 아이들이 영어를 처음 시작하는 단계에서 사용하는 교재다. 영어의 모든 영역인 듣기, 말하기, 읽기, 쓰기를 통합적으로 발전시키는 교재를 뜻한다. 쉽게 말하면 학교 영어시험 잘 보도록 미리 연습시켜 주는 책이다. 그중 '리딩 코스북'은 독해 연습을 하게 해 주고, 독해 지문을 읽고 난 후 해당 독해 지문에서 문법, 파닉스, 독해, 어휘, 리스닝 등 다양한 문제들을 영어로 접하며 시험 문제 풀이 능력을 키워 준다.

리딩, 회화, 문법용 코스북

엄마가 영어책을 읽어 줄 수 있어도 아이의 독후 활동까지 일일이 다 챙겨 줄 순 없기에 '리딩 코스북'은 그야말로 구세주다. 아이가 영어책을 읽은 후 즐겁게 풀 수 있도록 쉽고 재미있는 리딩 코스북을 엄마와 함께 풀어 보는 것을 추천한다. 반면에 회화 코스북은 회화 지문을 보면서 어휘, 파닉스, 회화 문장 연습을 하는 것이고, 문법 코스북은 문법 형식과 문법 개념을 알려 준 뒤 연습 문제로 문법을 익히는 책이다.

이 시기의 아이들은 학교에서 영어시험을 풀어 보는 연습을 조금씩 시작해야 한다. 초등 3학년 때부터 학교에서 공식적으로 영어 수업을 하고 시험을 보기 시작하는데, 영어시험 유형을 접해보지 않은 아이들은 시험을 망치기 일쑤다. 그래서 영어유치원이나 영어학원을 초등 1, 2학년 때 다니면서 코스북을 많이 풀어 본 아이들이 초등 3학년 때 올라가서 영어시험을 처음 접해도 전혀 당황해하지 않고 능숙하게 푸는 장면을 많이 보았을 것이다.

그렇다면 엄마표 영어를 하는 엄마들이여. 영유나 영어학원 다니는 아이들을 부러워만 할 것인가. 우리도 준비하면 된다. 별거 없다. 내가 수퍼맘스토리 카페에서 소개한 수많은 코스북들을 엄마들에게 소개했더니 이구동성으로 이렇게 말한다.

"오 정말 쉽네요. 내가 아이에게 가르쳐줄 수 있겠어요."

"학원 안 다녀도 아이와 하루 한 장식 풀었더니 금세 다 떼었어요."

"학원에서 레벨 테스트를 봤는데 너무 잘 봤어요. 코스북 덕분에 문제가 쉽게 느껴졌어요."

왜냐하면 요즘 나오는 7~9세 코스북은 기초 어휘, 파닉스, 한 줄짜리 문장, 자주 나오는 사이트 워드 등을 색칠하기, 밑줄긋기, 선 연결하기, 괄호 채우기, 퍼즐 맞추기 등의 다양한 액티비티로 푸는 방식이라서 아이나 엄마가 부담 없이 즐겁게 술술 풀 수 있기 때문이다. 그래서 나는 강연장에서 "오코풀! 에코풀!"이라고 외친다.

'오분씩 코스북 풀기, 에브리 데이 코스북' 풀기다. 왜냐하면 매일 5분씩이라도 코스북을 풀어야만 실력이 늘기 때문이다. 시험 때만 부랴부랴 벼락치기로 코스북을 푼다면 단기 암기는 될지언정 휘발성 암기가 되므로 빨리 까먹게 된다. 피아노 잘 치는 아이들은 일주일에 한 번, 한 달에 한 번만 연습하지 않는다. 그러면 손가락이 굳어버리고 음감이 떨어지기 때문에 매일매일 20분씩 피아노 연습을 한다. 마찬가지로 영어 코스북도 일주일에 몇 번 푸는 방식으로는 절대로 문해력, 독해력, 유추력이 생기지 않는다. 단 5분이라도 매일 풀어야 문제 풀이 감각이 늘고 풀이 속도도 빨라진다.

운동선수들도 휴가 기간에 쉬고 있으면 체중이 늘고 몸이 굳어 버리는 것처럼 영어 코스북은 꾸준히 매일 조금씩 풀어야 그 감각이 계속 유지된다. 리더스북을 아무리 재미있게 읽었다 할지라도 시간이 지나면 자연스럽게 책 제목이나 본문 내용과 단어들을 잊어버리게 된다. 나 역시 그토록 재미있게 읽어 준 책을 현진이에게 물어보면 책의 내용을 기억하지 못하고 엉뚱한 대답을 할 때가 많았다.

현진이도 코스북을 매일 풀어 보면서 단어들을 잘 기억하게 됐고, 무엇보다 문제 푸는 능력을 키울 수 있었다.

매일 5분 습관, 영어 코스북 풀기

책의 내용이나 단어들을 잊어버리지 않고 학교 영어시험을 잘 보려면 코스북을 많이 풀어 봐야 한다. 그러려면 7~9세가 매우 중요하다. 워밍업 스타일의 쉬운 문제이지만 엉덩이를 붙이고 손가락을 움직이며 끄적끄적 푸는 연습을 단 5분이라도 해야 한다. 취학 전 아이에게 30분 또는 한 시간 이상 앉아서 엉덩이를 딱 붙이고 코스북을 풀어 보라고 하면 상당히 힘들어한다.

그래서 낮은 레벨일수록 페이지 수가 적고, 빨리 풀 수 있게 만들어야 한다. 6세든, 초등 1학년이든 4학년이든 10분 이상 의자에 앉아서 집중하기는 힘들다. 한 시간 동안 앉아서 문제 풀기는 엄마들도 어렵다. 초등학교 저학년은 5~10분, 3~4학년은 10~15분, 고학년은 20분 기준으로 하되 30분을 넘지 않는 것이 이상적이다. 과식하는 건 효과가 적다. 코스북을 풀 때 입 다물고 손으로 푸는 건 절대 금지! 무조건 소리 내어 문제를 읽으면서 푼다. 엄마는 아이가 문제를 풀면 칭찬해 주는 것을 잊으면 안 된다. 또한 소리 내어 외치기로 반드시 마무리해야 한다.

10~12세

영어 리딩의 뼈대를
확정하는 시기

영어시험 100점은
논픽션과 코스북이 만든다

10~12세는 엄마표 영어책 읽기 대장정의 클라이맥스로 다다르는 시기다. 이때 영어책 읽기를 어떻게 하느냐로 일평생 영어 리딩의 뼈대가 확정된다. 또 이때 픽션과 논픽션의 리딩 배분을 정확하게 50 대 50으로 해야 중고등학교는 물론 평생 리딩 영어 실력이 빈틈없게 된다. 여기서 빈틈이란 구멍 난 논픽션 영어 문해력을 뜻하는데 흔히 중고등학교 가면 세계사, 사회, 지리, 과학 등의 영어 지문 때문에 발목이 잡혀 영포자가 수두룩하게 생긴다. 그래서 10~12세 때 논픽션의 비중을 의도적으로 더 많이 높이는 대치동 학원생들을 볼 수 있다.

대치동 영어학원에서는 미국 교과서, 미국 교과 연계 도서, 다양한 기관용 논픽션 리더스를 수업 리딩 교재로 채택하여 학원생들이 1년에 평균 4,000~5,000권을 읽게 리딩 숙제를 내준다고 한다. 이렇게 함으로써 중고등학교 때 아이들의 발목을 잡는 난도 높은 논픽션 영어 지문들을 막힘없이 술술 읽고 풀 수 있게 리딩 다지기를 하는 것이다. 그렇다면 엄마표 영어책 읽기를 하는 집에서도 이 부분을 놓치지 말아야 한다.

8~10세에 해당하는 초등학교 1~3학년 때 쉬운 책으로 패턴을 쌓거나 다양한 픽션 리더스로 즐거운 리딩을 했다면 초등학교 고학년인 10~12세는 규칙적인 영어 리딩과 공부 습관도 같이 다지는 시기다. 그야말로 '두 마리 토끼'를 다 잡아야 한다. 픽션과 논픽션의 균형 잡힌 영어 리딩은 앞으로 수없이 마주하게 될 영어시험을 잘 보기 위해서 필수다. 또한 이 시기에는 시험 스킬도 익혀야 한다.

물론 엄마표 영어책 읽기의 목표는 즐겁고 행복한 영어 독서 습관을 기르는 것이겠지만 대한민국 교육 시스템에서 영어시험 점수를 잘 받지 못하면 대학뿐만 아니라 평생 발목이 잡힌다. 특히 고등학교 때 영어는 이수 단위 수가 매우 높으므로 반드시 이 시기에는 영어시험 스킬도 익혀야 한다.

고득점을 받기 위해 듣기, 독해 시험을 푸는 요령, 그리고 수행 평가 말하기, 듣기 테스트 스킬도 익혀야 한다. 이때부터는 4대 영역 시험 연습을 의도적으로 시작해야 하는데, 어휘력이나 문해력 같은 일부 스킬은 영어책 읽기로도 해결할 수 있다. 리스닝 문제 푸는 요령도 이때 익혀야 한다. 영어책 읽기와 영어시험을 잘 보는 것은 다른 영역이다. 현진이 또한 처음에는 영어책 읽기에만 집중하였는데 그러다 보니 학교 영어시험 점수가 잘 나오지 않는 적도 많았다. 그 이유는 간단하다.

제한된 시간 안에 지문을 빨리 읽고 문제를 풀어야 하는데 문제 유형을 연습하지 않으면 당황하게 되고, 몇 번이나 다시 읽으면서 풀다 보면 시간이 부족하기 때문이다. 그래서 나는 이 시기에 논픽션 읽기와 다양한 코스북 풀기 연습을 충분히 해야 한다고 강력히 주장한다. 현진이도 처음에는 영어시험 점수를 보고 충격받았지만 그때마다 나는 이렇게 말했다.

"괜찮아 현진아, 영어책 읽기는 잘하고 있는 거야. 지금처럼 계속 읽자, 단 시험 점수를 잘 받기 위해 반복적으로 문제 유형을 파악하고 문제를 빨리 푸는 연습을 엄마랑 같이 해 보자."

그때부터 현진이는 다양한 코스북을 풀고 또 풀고 복습하면서 문제 푸는 속도가 서서히 빨라지고 점수가 높아지기 시작했다. 그러므로 엄마들에게 꼭 당부하고 싶은 게 있다. 영어시험 점수가 안 좋다는 이유로 늘 잘해 오던 엄마표 영어책 읽기를 때려치우고 학원으로 아이들을 내모는 엄마들이 많은데 그건 잘못된 방식이다. 지금까지 해 오던 리딩은 계속하고 우리가 추가해야 할 것은 코스북 푸는 습관을 들이는 것이다.

영어 시험 100점 맞게 해 주는 마법의 코스북

코스북이란 무엇일까? 코스북은 아이들이 4대 영역, 즉 듣기, 말하기, 읽기, 쓰기를 통합적으로 발전시키는 교재를 뜻하는데 대부분 기초 문법, 파닉스, 사이트 워드, 독해, 말하기, 듣기, 쓰기 등의 개념과 문제 풀이가 나오는 워크북을 뜻한다.

엄마들이 도대체 코스북을 어떤 것으로 사야 하는지 자주 묻는데, 콜린스, 맥밀런, 옥스퍼드, 케임브리지, 피어슨 등의 영미권 교과서를 만드는 대형 출판사의 코스북을 강추한다. 우리나라 출판사가 만드는 코스북도 물론 좋지만, 영어를 모국어로 쓰는 나라에서 체계적으로 쉽고 재미있게 만든 코스북을 더 추천한다.

아무래도 우리나라 코스북은 주입식 문제 풀이에 가까운 경우가 많기 때문이다. 어떤 엄마들은 "왜 코스북을 풀어야 하나요? 책만 읽으면 되지"라고 묻는다.

초등 때는 괜찮은데 중고등학교에 가면 영어시험의 독해 지문이 엄청나게 길고 어렵다. 초등 때 코스북을 안 풀어 본 아이들은 한 문제 푸는 데 시간을 끌다가 망칠 때가 허다하다. 그래서 영어시험에서 100퍼센트 능력을 발휘하기 위해서는 시간 배분 조정 연습이 이 시기에 필요하다. 적은 양이라도 매일 코스북을 풀어 보는 연습을 해야 한다.

오코풀, 에코풀, 5분씩 에브리데이 코스북 풀기, 이것이 이 시기에 가장 중요하다. "5분 동안 뭘 풀겠어" 하지만 코스북이 워낙 쉽게 만들어진 책이라 평균 2~4페이지를 5분 동안 풀 수 있다. 한 달이면 60~120페이지를 푼다는 뜻이다. 평균 한 권의 코스북이 30~50페이지이기 때문에 매일 5분을 푼다면 누구든지 코스북 한 권은 뚝딱 풀 수 있다.

영문법 공부를 해야 할까

중학교 입학 전 초등 고학년 엄마들로부터 가장 많이 받는 질문 중 하나가 바로 문법 공부에 관한 것이다. 수능 영어에 문법 문제가 거의 나오지 않는다고 영문법 공부를 안 하려고 해도 학교 시험, 고등학교 내신 영어에는 영문법 문제가 나오기 때문에 결코 제쳐 둘 수 없다. 또한 영어 말하기와 쓰기, 심지어 영어 독해 문장 안에서도 영문법을 알아야 해결이 되기 때문에 영문법은 반드시 짚고 넘어가야 한다. 그런데 언제부터 어떤 영문법책으로 어떻게 공부해야 하는가가 관건이다. 왜냐하면 1970~80년대에 유행했던 《성문종합영어》 스타일로 요즘 아이들에게 영문법을 가르칠 수는 없기 때문이다. 1형식, 2형식, 목적어, 목적보어 이런 식으로 형식과 품사에 에너지를 쏟아붓기보다는 실용적인 영문법을 익히게 해야 한다. 그래서 요즘 나오는 영어 문법책을 보면 말하기와 쓰기 실력을 높이는 실용 어법책이 매우 많다. 특히 국내 영문법 책보다는 해외 영문법 책이 큰 호응을 얻고 있다. 왜냐하면 복잡한 문법 공식을 알려 주는 것이 아닌 'could have + p.p ~할 수 있었을 텐데 (결국 못했다)'와 같이 반복적인 패턴 형식으로 문법 개념을 문장 속에 녹여 내서 연습시키기 때문이다.

예전에 우리는 이렇게 공식을 배웠는데 요즘엔 다음과 같이 반복적인 패턴 문장으로 말하기와 쓰기 연습을 영문법 코스북에서 다룬다.

I could have gone there(난 거기 갈 수 있었을 텐데).

You could have eaten this(넌 이것을 먹을 수 있었을 텐데).

She could have finished it(그녀는 그것을 끝낼 수 있었을 텐데).

대치동에서도 큰 소리 영문법 낭독이 인기라고 하는데, 이런 반복적인 패턴 문장으로 아이들은 소리 내어 읽으면서 영문법을 익히는 게 대세다.

결론을 말하자면 영문법은 이 시기에 시작하는 것이 좋다. 단 어려운 영문법이 아니라 이렇게 패턴 문장으로 회화나 쓰기에 도움을 주는 문법 코스북을 강추한다. 단, 이때 아이들이 대부분 영문법 코스북을 풀 때 눈으로 읽고 입을 다문 채 손으로 문제를 풀기만 하면 절대 문법 실력은 늘지 않는다.

내가 문법에 맞춰 말을 잘하고 싶고, 영작을 잘하고 싶다면 영문법 코스북울 풀 때 소리 내어 문제를 읽으면서 풀어라. 실제로 영미권 아이들은 문법 코스북을 풀 때 소리 내어 읽으면서 문제를 푼다. 그래야 그 문법 규칙이 구구단처럼 내 입에서 자동으로 착착 달라붙어서 자동발사가 되는 것이다.

'입툭퉤'
스펠링 암기법

스펠링은 우리말로 철자, 즉 영단어의 철자 방식을 뜻한다. 예를 들어 mother의 스펠링은 'm-o-t-h-e-r'이다. 이런 스펠링 암기는 초등학교 6년 동안 많이 한다. 오히려 중학교 올라가서는 영단어 길이가 길어지고 복잡해지면서 스펠링을 묻는 문제보다는 단어의 뜻, 반대말, 동음이의어, 쓰임새를 묻는 문제들이 많으므로 초등학교 때 스펠링 연습을 주로 한다.

이 시기에 익히는 단어들은 철자를 틀려서는 안 되는 정말 기초 중의 기초 단어들이다. '사이트 워드'인 'like'나 'love' 같은 단어의 스펠링은 틀려선 안 되지 않겠는가. 그래서 이 시기에 스펠링은 필수다. 한국도 미국도 전 세계가 똑같다. 영미권에서도 초등 6년 동안 선생님이 단어를 불러 주고, 아이들이 철자를 받아쓰거나 간단한 문장에 들어갈 단어를 철자에 맞춰서 쓰는 연습을 많이 한다. 우리나라는 초등학교 3학년 때부터 영어를 시작하지만 대부분 그보다 먼저 영어학원이나 영어유치원에서 스펠링 테스트를 시작한다.

깜지 No, 외치면서 스펠 아웃 라이팅!

완벽하게 스펠링을 기억할 수만 있다면 얼마나 좋을까. 창피하지만 나는 가끔 긴 영단어의 스펠링이 생각나지 않아서 사전을 뒤적거릴 때가 있다. 그런데 이건 비단 나만의 문제가 아니다. 조지 부시 전 대통령 재직 시, 부통령이던 댄 퀘일이 초등학교에 방문했는데 한 학생이 칠판에 'potato'라고 쓰자, 퀘일이 틀렸다고 지적하면서 'potatoe'로 고쳐 쓰라고 한 어처구니 없는 일이 있었다.

조지 부시 전 대통령도 영국 런던 경찰국장에게 감사 편지를 보내면서 경찰국장을 뜻하는 단어 'commissioner'에서 'm' 하나를 빠뜨린 채 'comissioner'라고 썼다. 그는 예일대학교에서 학사, 하버드대학교에서 석사 학위를 받은, 엘리트 중의 엘리트다. 내 주변에 있는 미국인 성우들 중 미국 명문대 출신이 많은데, 그들도 스펠링은 자주 틀린다. 그래도 창피해하지 않는다. 하버드대 출신인 미국 대통령도 유명 영어 강사들도 스펠링을 틀리는 이유는 간단하다. 대충 눈으로 익혔기 때문이다. 입으로 소리 내어 반복해서 외치지 않았기 때문이다.

우리도 마찬가지다. 고등학교 때 영어 선생님이 과제로 내 준 영단어 외우기를 위해 깜지로 수없이 필기하며 암기했지만, 졸업과 동시에 싹 까먹지 않았는가. 역시 눈으로 보고 손으로 썼기 때문이다. 내가 20년 동안 영어학원에서 스펠링을 수없이 다양한 방법으로 가르쳤고, 내 딸 현진이에게도 여러 가지 암기법을 시도해 봤는데 오랫동안 까먹지 않고 스펠링을 기억할 방법은 다음과 같다.

① 소리 내어 스펠링을 두 번 외치고, 통단어 두 번을 외친다. 예를 들어 p-o-t-a-t-o, p-o-t-a-t-o 두 번 외치고 potato, potato 두 번 외친다.
② 소리 내어 스펠 아웃하는 속도에 맞춰 철자를 흰 종이에 빠른 속도로 쓴다. 이때 주의할 점은 절대 느릿느릿 철자를 쓰지 말아야 한다. 느리게 쓰다 보면 라이팅을 할 때 자동발사로 써지지 않기 때문이다. 잊지 말자. 반드시 소리 내어 철자를 외치면서(스펠 아웃) 동시에 같이 써야 한다.
③ 구구단 외우듯이 빠른 속도로 리듬감을 살려 철자를 외치는 스펠 아웃을 한다. 그래야 노래처럼 입에 착 달라붙으며 암기하게 된다. 너무 느린 속도로 외치면 암기가 잘 안 되고 입에 달라붙지도 않는다.
④ 마지막 단계에서는 통단어를 먼저 외치고 그에 해당하는 철자를 말하고 써 본다.

영단어 스펠링은 천자문 암기와 똑같다. 우리가 어릴 때 '하늘 천(天), 땅 지(地), 검을 현(玄), 누를 황(黃)' 하고 큰 소리로 외치면서 썼던 것과 똑같다. 소리 내면서 쓰지 않으면 절대로 장기기억이 될 수 없다. 초등학교 고학년의 스펠링 공부는 달라져야 한다. 깜지나 빽빽이가 아니라 '입툭튀' 스펠링이어야 한다. 손가락에 힘도 없는 아이들에게 단어를 100번씩 써보라고 시킬 게 아니다. 앞에서 언급한 방법으로 외치고 쓰면서 스펠링을 암기해야 한다. 이때 반드시 철자와 통단어는 함께 외쳐야 한다. 외치고 입에 완전히 달라붙은 뒤 써 보자. 술술 써질 것이다.

진짜 영어 실력은
한국어에서 나온다

절대 영어를 영어로만 알아서는 안 된다. 예를 들어 애국자라는 단어 'patriot'는 한국어로는 정확히 어떤 단어라고 말해야 하는지 모르겠다는 아이들이 있다. 특히 영어 유치원이나 국제학교 다니는 아이들 사이에서 이런 현상이 자주 보인다. "Nationality가 무슨 뜻이냐?"고 물었을 때 "I know"라고 대답하면서도 정작 상응하는 '국적'이라는 한국어 단어를 말하지 못한다. 이런 아이들은 영어나 한국어 둘 다 완벽하다고 할 수가 없다. 이들의 언어는 "나의 내셔널러티가 코리아예요"라든지, "나는 킴치를 러브해요"라는 식의 반쪽짜리 언어로 전락할 수 있다. 이런 불완전한 언어 구사자가 되지 않으려면 반드시 단어는 한국어와 영어 둘 다 뜻을 확실히 다져야 한다. 그러기 위해서는 반드시 한글로 뜻을 불러 주면 영어로 쓰기, 영어로 불러 주면 한글로 적어 보기 방식으로 양쪽을 연습해야 우리 아이를 진정한 영어 능력자로 키울 수 있다.

나는 동시통역가로도 꽤 오래 활동했는데, 통역가들도 순수 국내파가 많다. 영어를 정말 잘하는 통역가는 많지만 결국 한국어 실력이 뒷받침돼야 훌륭한 통역가다. 국내 국회의원이나 기업 CEO가 하는 말을 듣고도 한국어 뉘앙스를 이해하지 못하면 영어로 옮기지 못한다. 나의 영어가 미국 교포만큼은 되지 않더라도 통역 대상자가 하는 한국어의 뜻과 의도를 정확하게 파악해야 한다.

봉준호 감독의 전담 영어 통역사였던 샤론 최는 깔끔하고 센스 있는 통역 실력으로 영화 〈기생충〉을 아카데미 관계자들과 언론, 관객들에게 제대로 알리는 데 혁혁한 공로를 세웠다. 샤론 최는 재미교포가 아니라 한국에서 태어나고 자란 그야말로 토종 한국인이다. 한국어 실력이 있으므로 봉준호 감독이 말하고자 하는 바를 영어로도 정확히 이해하고 전달할 수 있었다. 영자신문사 기자 중에도 국내파가 훨씬 더 많다. 국내 영자 신문 기자 중에 톱으로 불리는 이용성 기자는 순수 국내파인데도 뉘앙스에 맞게 적재적소의 영어로 표현하는 것은 타의 추종을 불허한다. 그런데 이 분은 한글 기사도 맛깔나게 쓰는 것으로 유명하다. 진짜 영어 실력은 한국어에서 나온다. **영어는 영어로만 알면 안 되고 반드시 한국어 표현과 균형 있게 익혀야 그게 진짜 실력이 된다.**

번역본 없이 공부하면
빈틈이 생긴다

학원 첫 수업을 마치고 온 우리 아이가 집에 와서 저에게 "budget 이 있나요?"라고 물어보는 거예요. 저는 왜 물어보는지 의아해하 면서도 "응. 있지"라고 대답해 줬는데, 학원에서 그걸 배웠다면 서 자꾸 'budget'을 보여 달라는 거예요. "아니 예산을 어떻게 보 여 줘. 그건 대략적으로 세우는 건데"라고 설명했더니, 'budget' 이 가계부라는 게 아니겠어요? 아이에게 자세히 물어보니 원 어민 선생님이 'budget'에 대해서 "1 month, food 250,000KRW, transpotation 7,000KRW…"라는 식으로 설명하면서 본인은 그걸 지키려고 노력한다고 했데요. 그래서 아이는 당연히 'budget'이 가계부라고 생각한 거죠.(수퍼맘스토리 카페 회원 티나lly님)

수퍼맘스토리 카페에 올라온 한 엄마 회원님의 후기인데 참고가 될 것 같아 소개한다. 원어민 선생님과 아이 그 누구도 잘못한 사람은 없지만, 이런 일이 벌어질 수 있다. 번역본 없이 영어 원서로만 수업하면 당연히 빈틈이 생길 수 있다. 아이가 영어책을 읽으면서 잘못된 뜻으로 알고 넘어가는 일이 생기게 되는 것이다. 후기를 올린 이 어머니는 이 상황을 보고 수퍼맘스토리 카페에서 혼자서도 충분히 잘할 수 있다는 자신감을 얻어서 학원은 그만뒀다고 한다.

물론 학원에서 배울 수 있는 것도 엄청나게 많겠지만 학원 강의로만 채워지지 않는 것들이 분명히 있다. 예를 들어 진도를 빨리 떼야 하기 때문에 지문을 많이 건너뛰게 되고 그로 인해 정확한 뜻을 모른 채 지나가게 된다. 영어환경 속에서 수많은 시행착오를 거쳐 미묘한 뉘앙스까지 영어로 익힐 수 있다면 더할 나위 없이 좋겠지만 영어를 배우는 한국의 ESL 환경을 고려하면 번역본의 보조 없이 정확한 의미를 파악하기는 쉽지 않다. 내가 수차례 번역본의 중요성을 강조하는 이유도 바로 여기에 있다.

레벨드 리더스북을 읽을 때 무엇보다 중요한 것은 아이의 레벨 파악이다. 특히 미국이나 영국에서 교과서 만드는 회사의 '레벨드 리더스'는 교과서와 연계된 중요 어휘들이 많이 들어 있다. 해당 나이에 배워야 하는 내용이 골고루 들어가 있다는 것도 큰 장점이다. '백년지대계'라는 교육의 핵심인 교과서를 만드는 출판사에서 만들었으니 '레벨드 리더스북'의 지문 수준도 그만큼 좋을 수밖에 없다. 레벨에 맞게 읽어도 되고, 한 레벨 정도는 내리거나 올려 읽어도 괜찮다. 짧은 문장보다는 좀 더 풍성해진 글밥과 내용에 빠져들기 때문이다. 원래 우리 아이 수준에서 한 단계 레벨을 낮추거나 올리는 건 좋다. 그러나 이 범위를 넘어서면 어휘를 소화할 수 없어서 영어 문장이 와닿지 않는다. 두 단계나 세 단계씩 레벨업을 해서는 안 된다는 뜻이다. 특히 과학, 사회 같은 비문학 논픽션에서는 개념을 모르거나 용어뜻을 모른 채 대충 추측해서 넘어가는 것이야말로 가장 바보 같은 짓이다. 용어의 뜻을 모르면 이해가 안 되기 때문에 용어를 모른 채 술술 넘어가면 절대 안 된다. 특히 단어 뜻을 찾는 게 아니라 문장 속에서 해당 단어가 어떤 뜻으로 쓰였는지 이해하는 게 중요하다. 과학 용어는 개념과 용어를 제대로 알지 못하면 문장이 통째로 이해가 안 되기 때문이다.

논픽션에서 단어를 모르면 '말짱 도루묵'이다. 요즘 아이들의 한글 문해력이 점점 떨어지는 게 문제인데 어휘의 정확한 뜻을 모르면 한국어든 영어든 문해력이 떨어지는 것은 당연하다. 특히 논픽션에서는 정확한 뜻을 아는 게 중요하다.

우리나라 최고의 사교육 시장의 최강자 M사 일타 강사 조정식 씨가 〈티처스〉라는 프로그램에 나와 엄청나게 강조했다.

"영어만 맨날 보면 뜻을 어떻게 아느냐?"
"백날 읽어도 모르는 단어는 평생 모른다."

"우리말부터 먼저 보고 뜻을 익혀라."

"해석이 먼저다."

"해석이 안 되면 문맥 파악이 안 되고 문제를 풀 수 없다."

번역본 보지 말고 영어로만 많이 읽으면 뜻이 유추된다는 말은 쉬운 단어에만 해당한다. 유추가 도저히 안 되는 단어나 문장은 무조건 번역본의 도움을 받아야 한다. 그뿐만 아니라 영어 단어의 발음을 모르는데 대충 뜻을 유추한 다음 넘어가면 그 단어는 절대로 외워질 수가 없다. 그러므로 나는 수퍼맘스토리 카페에서 내가 소개하는 책들은 다 번역본을 만들어서 제공했다. 왜냐하면 나 역시 뜻을 모르는 과학이나 세계사의 영단어들을 만나면 정확하게 설명을 해 주기 어려웠던 적이 있었기 때문이다.

와이드 리딩과 번역본은 고득점을 위한 필수 장비

높은 레벨로 가면 남북전쟁 같은 역사 내용이나 어려운 과학 이론이 나오면서 눈알이 핑핑 돈다. 아이가 학교에서 배운 역사, 과학 지식과 읽고 있는 영어책 수준이 다르면 이 또한 레벨이 맞지 않는 것이다. 선행학습이 중요하다고 하지만 그만큼 위험한 게 또 선행학습이다.

무차별적인 레벨업 리딩보다는 '와이드 와이드'가 중요하다. 현진이의 예를 들어 보면, 레벨 3을 리딩할 때 그 수준에 해당하는 책만 1,000권 넘게 읽었다. 이제 레벨 3은 다 통달한 것 같았는데 레벨 4로 넘어가려고 하니 어려워했기 때문이다. 그래서 다른 출판사의 레벨 3 책들로 와이드 와이드 리딩을 시작했더니 신세계가 열린 것처럼 신나게 읽었다. 현진이는 아기 때부터 초등학교 6학년 때까지 레벨별로 읽은 책이 1만여 권이 된다. '와이드 와이드 리딩'으로 시간은 많이 걸렸지만, 그만큼 리딩 실력이 단단하게 다져졌다. 다독을 통해서 미처 몰랐던 내용과 단어를 배우는 것이 중요하다. 단어를 따로 외우는 것은 금세 까먹는데, 독서를 통해 수없이 반복해서 읽은 단어는 절대 잊지 않는다.

내용과 단어를 완전히 자기 것으로 소화하기 위해서는 번역본이 꼭 필요하다. 민사고를 졸업하고 미국 코넬대학교 영문학과에 들어간 김결 양도 어렸을 때 엄마가 책을 몇천 권씩 사주셨다고 한다. 김결 양도 인터뷰에서 번역본 없이 뜻을 제대로 모른 채 쭉쭉 읽는 것은 '밑 빠진 독에 물 붓기'라고 했다. 영어에 난다 긴다 하는 민사고나 외고 학생들도 한영 쌍둥이 번역본을 보면서 SAT 만점을 받고, GRE 고득점을 받는다고 한다.

미국과 영국식 영어를 공부할 때도 번역본이 필요하다. 예를 들어 'cupboard'를 '찬장'으로만 알고 있는데 영국 영어에서는 '벽장'으로 많이 쓰인다. 요즘 미국 영어책에서도 'cupboard'를 '벽장'으로 많이 사용한다. 이처럼 미국과 영국식 영어의 경우 같은 단어라도 다른 의미로 사용될 수 있으므로 균형 있게 공부해야 한다. 세계적으로 유명한 출판사 중 영국 출판사가 많고, 요즘 영어 능력 평가시험에도 영국식 영어 지문이나 단어가 많이 나오므로 영국식 영어도 공부하지 않으면 고득점을 받는 데 불리하다. 그러려면 영국 출판사의 리더스를 많이 읽는 것을 강력히 추천한다.

내가 책을 소개할 때 번역본을 직접 만드는 이유는 엄마들이 번역본이 없으면 활용 자체를 못 한다는 것을 너무나 잘 알기 때문이다. 특히 과학 논픽션 리더스는 동시통역사 출신인 나도 어려울 정도니 보통 엄마들은 더 고생할 거다. 그래서 단순 번역뿐 아니라 참고할 만한 내용도 꼼꼼히 적어 놓는 것이다.

벽돌처럼 두꺼운 국어 문제집도 그중 반이 해설집이지 않은가. 수학만 해도 수학 참고서, 해설서 보는 게 부끄럽거나 이상한 게 아니다. 수학 문제집 풀 때 막히거나, 못 풀어도 그냥 넘어갈 것인가? 우리가 문제 풀이 해답을 보고 '아하 이렇게 푸는구나' 하면서 이해하고 푸는 거 아닌가. 영어 해석도 수학 해석과 마찬가지다. **이해가 돼야 진정한 리딩이 되는 것이다. 영어에서 번역본은 고득점을 위한 필수 장비다.** 레벨이 높은 두꺼운 책을 읽는다고 자랑하는 이웃집 아들딸들의 쇼잉 리딩에 속아 부러워하지 말고 얇은 책 한 권이라도 제대로 번역하는 우리 아이들 등 두드려 주고 칭찬 한마디 더 해 주자.

엉딱 5분 코스북
풀기 습관

초등학교 고학년에 들어가면 엉덩이 딱 붙이고 공부하는, '엉딱' 습관 들이기가 시작된다. '엉딱' 하고 봐야 하는 필수 책은 앞에서 여러 차례 강조한 코스북이다. 강연에서도 "10~12세 아이들은 엉딱하고 '오코풀' 해야 한다"라고 강조해 왔는데, 엉덩이 딱 붙이고 5분씩 코스북 풀기를 해야 한다는 뜻이다.

　나는 영어공부라면 그야말로 질리도록 했고, 영어 실력도 어디 가서 꿀리지도 않았지만 토플 시험을 처음 응시했을 때, 그야말로 박살이 났다. 시험장에는 자신 있게 갔는데 문제 풀이 유형도 잘 모르는 채 헤매다가 시간이 모자라 난리가 났다. 시험이 어려웠나, 너무 '불토플'이었구나 싶었는데 나보다 훨씬 영어를 못 하던 친구가 고득점을 받은 게 아닌가. 알고 보니 그 친구는 열심히 토플학원에 다니면서 유형별 풀이법을 익힌 거였다. 약이 올라서 "두고 보자!"라며 주먹을 불끈 쥐었다. 2개월간 토플 학원에 다니면서 토플 시험 유형을 분석하고 연구했더니 감이 잡혔다. 그리고 보란 듯이 여유 있게 문제를 풀고 고득점을 받았다. 그때 누구든지 영어시험 100점을 받고 싶으면 엉딱 코스북 풀기 습관을 가져야 한다는 것을 깨달았다.

리딩북과 코스북의 균형 있는 병행

초등학교 고학년에 접어들면 시험 문제 풀이 실력도 자연스레 익혀야 하는데, 이때 코스북이 제격이다. 리딩북과 코스북이 균형 있게 병행돼야 한다. 영어 코스북이나 영어 문제 풀이로 아이가 스트레스 받게 할 필요까지는 없고 오코풀이면 충분하다. 오코풀을 유지하되 5~6학년 때는 주말이나 방학을 이용해서 오코풀에서 십코풀로 업그레이드해 보자. 5분에서 10분으로 늘리는 것은 아이나 엄마에게도 부담이 적다.

　5~6학년 때는 정독에서 다독으로 자연스레 넘어가는 시기이기도 하다. 이때 얼마나 많은 책을 읽었느냐에 따라 쌓이는 지식의 양도 달라진다. 5~6학년 때 읽는 책은 과학, 수학, 사회, 역사 등으로 분야가 늘어나고, 그 안에는 다양한 지식들이 넘쳐난다. 창작 스토리만 고집하지 말고 픽션과 논픽션의 비율을 4 대 6에서 3 대 7로 과감하게 늘려야 한다. 논픽션의 비율을 이렇게까지 늘려야 하는

이유는 뭘까? 중학교 교과서 내용의 70퍼센트가 논픽션, 고등학교 교과서는 80퍼센트가 논픽션이기 때문이다. 논픽션이라고 지루하거나 딱딱하기만 하지도 않다. 요즘은 워낙 좋은 책이 많아서 논픽션도 흥미진진하고 재미나게 구성된 매거진 리더스나 레벨드 리더스로 많이 나왔다.

정독에서 다독으로 넘어가려면 읽는 속도도 빨라져야 한다. 그동안 집중했던 다지기 리딩보다는 빨리 읽는 연습에 슬슬 들어갈 때다. 읽기를 습관화해서 속도를 높이고, 그렇게 빨라진 속도로 더 많이 문장을 보고, 문장 속에서 더 많은 단어와 숙어를 익혀야 하는 시기가 온 것이다.

영단어 기준으로는 5~6세는 일주일에 5개, 7~8세가 주당 10개, 9~10세는 주당 12개, 11~12세는 주당 15~20개는 외워야 한다. 그런데 "그거 밖에 안 외워?"라고 반문하는 엄마들이 있을 것 같다. 단어만 외울 때는 일주일에 15개가 쉬워 보이지만 리딩북 안에서 자연스레 체득해서 내 것으로 소화하게 만들려면 꽤 어려운 과정이다. 미국 초등학생용 영어 코스북을 보면 단어 하나를 가지고도 정말 다양한 문제를 풀게 한다. 그렇다 보니 영어가 모국어인 미국 초등학교 6학년 아이들도 일주일에 20개를 완전히 자기 것으로 만드는 것을 힘들어한다. 그런데 한국의 학원에서는 일주일에 200개씩 외우게 한다. 학원에서 보는 시험 전에 억지로 머릿속에 집어넣어 외운다고 치지만, 시험이 끝나고 집에 가면 절반, 다음 날은 그 나머지 절반을 다 까먹는다.

시험 끝나는 족족 잊어버리는 단어라면 누구를 위한 단어시험일까. 예전에는 교육열이 높은 강남 학원에서 하루에 단어 300개씩 외우게 한다고 해서 놀랐는데 요즘은 지방도 똑같다. 전주에 사는 어머니가 영어학원에서 하루에 200개씩 영단어를 외우게 해서 초등학교 아이가 밤 12시까지 학원에 있다는 얘기를 들려줬다. 그래서 "그렇게 하면 아이가 영어에 질리지 않아요?"라고 물었더니 "요즘 다들 그렇게 한다"라고 하시는 게 아닌가. 하루에 200개면 주 5일 학원에서 한 주에 1,000개고 한 달이면 4,000개다.

이 얘기를 영국 옥스퍼드대학교 출신의 영국 지인에게 얘기했더니 완전 미쳤다며 흥분했다. 자기도 어려서부터 천재 소리 들으면서 컸고 옥스퍼드대학교까지 입학했지만, 하루에 10개씩만 외워도 며칠 지나면 많이 까먹더라는 것이다. 10개씩만 해도 일주일에 60개나 된다. 그래서 자기는 하루에 5개씩만 외웠다고 고백했다. 미국 아이들이 공부하는 영단어 코스북을 보면 하루에 5개씩 공부하게끔 돼 있다. **단어만 달달 외우는 게 아니라 단어의 쓰임새를 알 수 있게 지문이 들어간 독해 문제가 있는 코스북과 함께 외워야 한다.** 손으로만 푸는 게 아니라 눈과 말로도 단어를 익혀야 한다.

스팀 리더스를 읽지 않으면
영포자가 된다

4차 산업혁명으로 기존의 수많은 기술이 연결되고 융합되어 경제와 사회의 모든 영역에 영향을 미쳤다. 우리 아이들이 살아갈 시대는 융합이라는 말이 무색할 정도로 융합이 보편화할 것이다. 어떤 분야의 공부를 하든, 또 나중에 어떤 직업을 갖든 다양한 사고가 필수적인 요소가 된다. 이런 시대를 살아갈 아이들에게는 스팀(STEAM) 리더스가 필수다. 스팀은 과학(Science), 기술(Technology), 공학(Engineering), 수학(Mathematics), 예술(Arts)의 앞글자를 딴 단어로 융합인재 교육을 의미한다. 특히 여기에서 'Arts'는 단순한 예술이 아니라 스티브 잡스가 언급해 더 유명해진 'Liberal Art'에 가까운 뜻이다. 르네상스 시대 인재들에게 요구됐던 최소한의 인문 소양을 뜻한다. 교육과정에서 빼놓을 수 없는 핵심 단어인 창의와 융합이 바로 스팀 교육이다.

초등학교 5~6학년은 바로 '스팀 리더스'가 필요하다. 한국어책 읽기 수준도 지구의 미래, 환경, 4차 산업 혁명으로 넘어갔는데 영어책이라고 《피터팬》이나 《백설공주》만 붙잡고 있을 순 없다. 그랬다가는 중학교 영어에 돌입해서 멘붕이 올 수 있다. 중학교 영어 교과서 지문이 17세기 미술사, 지구 온난화 등이 나오는, 그야말로 스팀 지문이기 때문이다. 초등학교 5~6학년 수준에 맞춘 쉬운 스팀 리더스로 읽어 보지 않으면 중학교 때 "난 못 해"라면서 영포자가 돼 버릴 수 있다. 왜냐하면 스팀 주제의 어휘와 배경 지식이 없으면 독해가 안 되기 때문이다.

스팀 리더스는 과학기술, 공학, 예술, 수학 융합 지식의 기초로 어휘력을 다지기 위해 만들어졌다. 돌고래들이 어떻게 초음파로 의사소통을 하는지, 나무가 어떻게 종이가 되는지, 일목요연하게 정리돼 있다. 초등학교 고학년 때부터 스팀 리더스 맛보기를 해 놓아야 중학교 때 본격적인 스팀 지문에서 살아남을 수 있다.

스팀 리더스북은 반드시 원서를 선택해야 한다. 겉멋이 들어서 원서를 보자는 게 아니라 과학기술 기반의 융합적 소양과 그와 관련된 진짜 영어를 익히기 위해서다. 한국어를 잘하는 외국인이 쓴 한글 스토리북과 한국 전래동화와 한국의 국어학자가 쓴 스토리북이 있다면, 어떤 책을 읽고 자란 아이가 더 한국어를 잘할까? 답은 뻔하다. 모국어를 쓰는 사람들의 어휘력과 문장력을 당할 수가 없다. 그러니까 영어책도 특히 스팀 리더스의 경우 원서를 강조할 수밖에 없다.

특히 초등학교 3학년 이상부터는 평생 영어를 책임질 허리 단계다. 튼튼한 허리로 만들어 평생 쓰려면 무조건 원서로 공부해야 한다. 스팀 리더스는 반드시 한글 번역본이 있는 레벨드 리더스로 갖춰야 한다. 과학기술, 공학, 수학 등의 융합에 관한 전문 용어들이 많이 나오기 때문이다.

핵꿀팁 **서머리 프리뷰를 활용하면 스팀 리더스 읽기가 쉬워진다**

영화에서 '미리보기(preview)'가 있듯이 책 읽기에서도 '줄거리 미리 읽기'를 뜻하는 '서머리 프리뷰(summary preview)' 또는 '북 리뷰(book preview)'가 있다. 이는 아이들이 영미 문학이나 챕터북, 논픽션 리더스나 스팀 리더스를 읽을 때 겪는 어려움을 극복하게 해 주는 효자 역할을 한다. 왜냐하면 이런 책들은 종종 복잡하고 어려운 내용, 깊이 있는 주제를 다루기 때문에 처음부터 끝까지 읽기가 힘든데 이럴 때 '서머리 프리뷰'나 '북 리뷰'를 활용하는 것이 큰 도움이 된다.

'서머리 프리뷰'는 책의 주요 내용을 간략하게 요약해 놓은 것으로, 책을 읽기 전에 미리 내용을 파악하면 책의 전체적인 흐름을 이해하고, 어떤 부분에 집중해서 읽어야 할지 미리 알 수 있다. 또한 '북 프리뷰'는 책의 중요한 부분들을 미리 소개하는 건데. 이를 통해 리딩 시간이 절약되고, 내용 이해도도 높아진다.

지도를 통해 경로를 파악하고 운전을 하면 중간에 헤매지 않는 것처럼 책의 줄거리를 미리 읽고 나서 책을 읽으면 주제, 저자의 의도, 이야기의 배경 등을 정확히 알게 되어, 독서 중에 어려움을 겪지 않고 끝까지 완독할 수 있다.

현진이의 경우 초등학교 고학년이 되면서 다양한 스팀 리더스를 읽기 시작했는데, 처음에는 줄거리를 읽지 않고 영어 원서를 바로 읽으려다 보니 어려운 주제의 책에서는 스토리의 흐름을 파악하기가 쉽지 않았다. 그래서 한글 번역본으로 줄거리를 대충 훑은 다음 영어로 읽게 했더니 훨씬 수월하게 읽어 나갈 수 있었다. 스팀 리더스를 읽기 전에 '한글 번역본'으로 줄거리를 한 번 훑어서 책의 주요 내용을 간략히 파악하면 전체적인 맥락을 이해하기 쉽고 책을 읽는 동안 큰 그림을 유지할 수 있다.

초등 5~6학년도
엄마표 영어 파트너가 필요하다

초등 5~6학년도 아이나 마찬가지다

초등 5~6학년은 어떻게 보면 엄마표 영어를 마지막으로 평가할 수
있는 시기라고 해도 과언이 아니다. 태교 때부터 배 속 아기와 대화
나누며 꾸준히 엄마표 영어를 해 온 엄마도 있고, 중간에 힘들어 포
기한 엄마도 있을 것이다.

초등 5~6학년 때쯤 되면 아이들이 이차 성장도 오고 덩치가 산만
하다 보니 엄마들은 아이가 다 컸다고 착각한다. 그래서 "이제 아이
가 다 컸으니 엄마표 영어를 뗄 시기가 아닌가" 하는 생각이 들어서
"이제 네가 알아서 읽어"라고 말한다. 이는 아이들이 파닉스를 다 떼
고 혼자 암기를 하니까 독립적으로 영어책 읽기를 할 시기가 됐다고
착각하는 것이다.

영어 책벌레가 아니라면 엄마가 "오늘은 영어 코스북을 두 페이지 풀고, 책 한 권 읽어라"라고 했을 때, "네, 알겠습니다. 어머니"라고 대답하면서 문제집 풀고 책 한 권 뚝딱 읽는 아이는 거의 없다. 초등 5~6학년 아이들이야말로 엄마의 코칭과 보살핌이 가장 필요하다. 성장이 빨라서 키만 컸지 초등 5~6학년도 여전히 아이나 마찬가지다. 키와 공부 집중도는 절대로 정비례하지 않는다. 키가 170센티미터라고 자기 주도 학습 능력도 그만큼 자랐다고 생각하면 착각이다. 덩치에 속지 말라.

나도 중학교 들어가서야 경쟁심이 생겨서 스스로 공부하기 시작했지, 초등학교 때는 놀기 바빴다. 엄마가 감시하면 공부하는 척하다가 엄마가 일하러 나가시면 바로 숙제 때려치우고 놀았다. 현진이도 마찬가지였다. 본인이 읽을 줄 알아도 때론 나더러 읽어 달라고도 했고, 코스북 풀 때 내가 채점해 주길 바랐으며, 자기가 읽는 걸 지켜봐 달라고도 했다. 그렇지 않고 알아서 하라고 하면 코스북 책을 풀려고 하지 않고 들여다보지도 않았다. 또한 읽으라는 영어책도 안 읽을 때가 많았다. 아이든 어른이든 공부보다 노는 게 더 '개꿀'이다.

박현영식 엄마표 영어는 행복한 '추억'이다. 엄마가 굳이 하나하나 가르쳐 주라는 게 아니라 아이가 영어 문제 풀 때 같이 옆에도 있어 주고, 채점도 해 주며 잘했다고 칭찬도 하면서 서로 단어도 테스트하는 거다. 엄마가 아이의 영어 파트너, 영어 공부 베프가 되라는 것이다.

"워킹맘이라 그렇게 시간을 못 내요"라는 엄마들이 있을 텐데, 지금도 그렇지만 나 역시 현진이가 어렸을 때도 워킹맘이었다. 워킹맘이어도 아침이든 밤이든 집에 있는 시간에는 현진이의 충실한 영어 공부 베프이자 파트너가 돼 줬다. 방송 스케줄로 집에 오면 녹초가 됐지만 단 한 권이라도 10~15분 동안 큰 소리로 리듬감 있게 영어 책을 읽어 주니 현진이가 책 읽기에 푹 빠졌다. 영어책 한 권 읽는 데 시간이 오래 걸리는 것도 아니다. 워킹맘이라고 매일 12시에 퇴근하는 건 아니지 않은가. 마음이 있다면 얼마든지 할 수 있다. 엄마표 영어의 핵심은 몇 권을 읽느냐가 아니라 얼마나 강력히 재밌게, 아이의 기억에 남게 읽어 주느냐다.

엄마는 아이의 영어 리딩 파트너

현진이가 5~6학년 때 코스북을 풀 때도 나는 항상 현진이 옆에서 "빨간펜 맘 나가신다" 하면서 채점을 해 줬다. 현진이가 다 풀었다고 하면 바로 빨간펜 선생님이 돼서 채점을 해 줬다. 단 절대 가위 표는 하지 않았다. 대신 별표를 그려서 한 번 더 눈길이 가게 해 줬다. 별표 표시를 한 오답은 다시 설명해 주고 현진이랑 소리 내 읽어 보면서 익혔다.

코스북 푸는 데 옆에 앉아 있어 주는 것은 5분이면 충분하다. 오코풀이면 짧고 간단하게 끝낼 수 있다. 습관으로 자리 잡히면 서서히 10분으로 늘리면 된다.

엄마표 영어의 목표는 나 혼자 공부하는 게 아니라 엄마와 함께한다는 안도감을 느끼게 해 주는 것이지 엄마가 처음부터 끝까지 가르쳐 주는 게 아니다. 어린 시절을 돌아보면 혼자 공부할 땐 자꾸 딴생각이 들고 외로움을 느꼈다. 영어책을 함께 읽을 수 있는 리딩 메이트가 있다면 아이의 '영어책 읽기 루틴'이 잡힐 것이다. 이 책을 읽는 모든 엄마가 아이의 리딩 티처가 아니라 최고의 리딩 파트너가 돼서 함께하는 공부의 추억을 쌓기를 바란다.

| 마법의 코칭 |

Q. 초등학교 고학년이라 자기 주도 리딩을 하는 중인데 엄마한테 자꾸 읽어 달라고 한다. 어떻게 하면 좋을까?

A. 당연한 반응이다. 아이가 영어책을 못 읽어서가 아니라 엄마와의 추억을 쌓고 살냄새 맡으며 정서 교감을 위해서 대화를 나누려고 하는 것이다. 유대인의 하브루타 수업은 책 한 권을 읽고 끊임없이 질의응답을 하는 방식으로 유명하다. 자전거를 타고 혼자 전국으로 다녀야 자전거를 잘 타는 게 아니다. 엄마와 같이 동네 한 바퀴를 도는 게

진짜 자전거 타기 실력일 수 있다. 현진이도 스스로 읽을 수 있는데도 옆에 있어 달라고 할 때가 있었다. 영어책을 읽어 주지 않더라도 현진이가 책을 읽거나 코스북을 풀 때 나는 옆에 앉아서 간식도 챙겨 주고 리액션도 해 줬다. 추임새를 넣으면서 MSG를 팍팍 쳐 주니까 문제도 빨리 풀고 책도 신나게 술술 읽었다. 때론 엄마가 책을 읽어 주던 때가 그립다면서 읽어 달라고 하기도 했다. 그럼 신명나게 읽어 주면서 예전 추억을 단단하게 만들었다. 이 시기 아이들도 엄마와 같이하고 싶은 것이다. 강남에서도 베드타임 스토리를 초등학교 고학년 때까지 하는 엄마들이 많은 이유도 그 때문이다. 아이가 혼자 공부하는 데 외로움을 느껴서 그러는 것이니 거부하지 말고 열심히 읽어 주면서 아이와 더 많이 교감하고 더 많은 추억을 쌓자.

두꺼운 영어 소설책 No,
얇은 얼리 챕터북 Yes

레벨별로 어휘나 문장난도가 완만한 리더스북과 달리 두꺼운 원서 챕터북으로 바로 건너뛰면 대부분 아이들이 힘들어한다. 챕터북보다 얼리 챕터북(Early Chapter Book)을 디딤돌 리더스로 많이 읽어야 한다.

'밥을 누가 많이 먹나'라는 먹기 대회에 출전했다고 상상해 보자. 밥 다섯 공기라면 "도전해 볼 만하다"라며 열심히 먹겠지만, 만약에 1,000그릇이 놓여 있다면 지레 겁먹고 시작을 안 할 것이다. 영어 소설도 이와 비슷하다. 아이의 도전 능력을 떨어뜨리며 진절머리 나게 하는 두꺼운 영어 소설을 처음부터 읽을 필요가 없다. 아이의 읽기 능력만 떨어지게 할 뿐이다. 내가 대학교 때《Vocabulary 보카 22000》같은 두꺼운 단어 책이 있었는데 'a'로 시작하는 단어 몇십 개 보다가 바로 덮었던 기억이 난다. 아이들 고사리손에 잡히지도 않는 책은 아직 시작할 때가 아니라는 뜻이다. 두꺼운 소설치고 쉬운 단어로만 된 책은 이 세상에 없다. 두꺼운 소설책은 두께에 걸맞은 어려운 어휘로 가득 차 있다. 게다가 양이 많으니 어려운 단어도 많다. 그러다 보니 읽기를 시도하지도 못하고 중간에 책을 덮게 되거나 먼지가 두껍게 쌓여 책꽂이 한쪽에 오래오래 꽂혀 있다가 중고 거래 사이트를 통해 1,000원에 거래되는 걸 수없이 많이 봐 왔다.

두꺼운 영어 소설책은 아이의 기만 죽인다

자기 몸에 맞는 치수의 옷을 입었을 때 아이는 가장 빛난다. 어른 정장이 아무리 예뻐도 아이가 입으면 어딘지 어색하다. "우리 아이가 영어 리딩지수가 높아요" "영유(영어 유치원)에 다니면서 일찍부터 영어책 읽기를 시작해서 이젠 고등학생들이 읽는 영어 소설을 읽어요"와 같은 말은 다 필요 없다. 두꺼운 소설책은 아이의 기를 죽이고 하품만 나오게 한다. 옆집 초등생 아이가《해리포터》시리즈를 원서로 완독했다는 말에 흔들리지 말고, 글밥이 많지 않은 얼리 챕터북을 읽는 게 중요하다.

초등 5~6학년 때는 옆집 아이의 '성공 신화'에 절대 팔랑귀가 돼서는 안 된다. 사실 초등학교 때가 과장이 심한 시기라 '우리 아이 천재'라는 신화가 여기저기 넘쳐나기 마련이다. 그런데 진짜 성공 신화

인지는 좀 지켜봐야 한다.

월 300만 원짜리 강남의 유명 영어학원을 다녀서 영단어를 매일 200개씩 외우고 있는 아이가 있다. 그럼 한 달에 6,000개를 외울까? 누구네 집 아이는 초등 3학년인데 미국 교과서 11학년용으로 공부 한다고 하면, 그 아이가 정말 자기 것으로 만들었을까? 자기 것으로 만들었는지는 알 수 없다. 자기 것이 됐는지가 훨씬 더 중요하다. 다시 한 번 강조하지만, 이 시기에는 글밥이 적은 얼리챕터 리더스로 영어책 읽기를 와이드 와이드 하는 시간이지 몇백 페이지 되는 두꺼운 챕터북을 헉헉대며 읽는 시간이 아니다.

> **핵꿀팁**

챕터북 읽기 전 디딤돌 리더스–얼리 챕터북

쉽고 재미난 영어 리더스북을 레벨에 맞추어 잘 읽어 왔던 아이들이 갑자기 두꺼운 영미 소설이나 챕터북으로 올라가면 한 번씩 정체기를 맞는다. 이건 지극히 당연한 현상이다. 중간 단계 없이 바로 난도 높은 소설이나 챕터북을 읽기가 쉽지 않기 때문이다.

엄마들의 욕심으로 중간 단계를 거치지 않고 '챕터북'으로 올라가는 건 무조건 비추다. 난도가 부담 없는 디딤돌 리더스인 얼리 챕터북(Early Chapter Book) 으로 시작하자. 부담 없이 술술 읽을 수 있을 것이다. 다양한 얼리 챕터북으로 리딩 근력을 다진 후 챕터북을 읽게 되면 훨씬 수월해진다.

영어책 읽기를 거부하는
아이를 위한 처방전

엄마표 영어에서 위기가 가장 많이 찾아오는 시기가 초등 5~6학년 이다. 왜 이때 위기가 집중되는지 살펴보면, 엄마가 "고학년이 됐으니까 이만큼 해야 해"라면서 많은 분량을 주거나 높은 레벨을 요구하기 때문인 경우가 많다. 더 빡세게, 더 많이, 더 어려운 것을 요구하다 보니 아이가 영어를 거부하게 되는 것이다. 엄마표 영어를 거부하는 것은 물론, 아예 영어를 거부하고 학원도 안 가려고 한다. 나 역시 현진이에게 엄마표 영어를 거부당한 적이 있다. 내가 잠시 조바심이 나서 빡빡하게 진도를 나갔더니 너무 힘들다며 안 하려 드는 것이다. 엄마표 영어 거부증인 아이는 무조건 하기 싫다고 떼를 쓰거나, 안 한다고 하면서 울고불고 하며 엄마와 싸운다. 또는 이유 없이 안 하는 때도 있다. 이때는 잠시 쉼표가 필요한데, 쉼표를 잘못 오해해서 끈을 끊어뜨려서는 안 된다. 그러면 정말 영원히 영어와 담을 쌓게 된다. 영어를 일주일 쉬면 다시 돌아오는 데 2주가 걸리고, 한 달을 쉬면 다시 돌아오는 데 두 달이 걸린다. 한번 쉬다 보면 공부의 탄성이 쉬는 쪽으로 기울어져서 돌아오기가 힘들어진다.

그렇다면 어떻게 쉬면 될까? 아이와의 영어 쉼표는 완전히 모든 것을 끊는 게 아니라 아이가 좋아하는 영어 게임, 영화, 노래, 애니 메이션을 즐기거나 레벨 다운을 하는 것이다. 5~6학년이 되면 동요 와는 결별하고 한창 영어 팝송에 빠져들 때다. 재미난 영어 팝송이 나 디즈니 애니메이션 주제가를 같이 듣는 것도 좋다. 요즘 OTT에 서 워낙 다양한 콘텐츠가 많다 보니 넷플릭스 키즈, 디즈니 채널, 유 튜브 키즈에 있는 아이용 영어 영화나 애니메이션, 청소년 미드(미국 드라마)를 안방에서 편하게 볼 수 있다. 특히 레벨 다운은 매우 중요 하다. 갑자기 양도 많아지고 난도도 높아져서 힘들어할 땐 쉽고 부담 없는 양으로 줄여 주는 게 좋다.

피겨의 새 역사를 쓴 '피겨 여왕' 김연아 선수도 통증이 심해서 스 케이트화를 신기도 싫어하던 시기가 있었다고 한다. 그때 어머니 박 미희 씨가 "그럼 오늘은 훈련하지 말고 스케이트 타고 걷기만 하자, 한 바퀴만 가볍게 돌고 오자"라며 다독였다고 한다. 운동을 아예 끊 지 않고 가느다란 실을 연결해 놓은 것이다. 많은 엄마가 입버릇처럼 "하기 싫으면 때려치워"라고 하는데, 때려치우면 안 된다. 가늘고 길 게 끈을 이어 놓아야 한다. 쉼표를 가지되 마침표를 찍지는 말자는 것이다.

거부증이 찾아왔을 땐 쉼표 치료법

영어 거부증을 극복하기 위해서는 학습 동기부여가 정말 중요하다. 입장을 바꿔서 자신에게 질문을 해 보자. 여러분들은 어떤 때 영어공부를 하고 싶은 생각이 드는가.

좋아하는 배우나 정치인, 또는 유명인들이 외국에 가서 영어 인터뷰를 멋지고 여유 있게 하는 걸 보면 영어공부 의욕이 샘솟지 않는가. 배우 윤여정 님의 연기나 삶의 태도도 멋지지만, 오스카 시상식에서 통역 없이 영어로 외국 배우들을 웃음 터지게 하는 모습을 보면 존경스럽다. 아이들도 마찬가지다. 좋아하는 스타가 영어를 잘하는 모습을 보거나 또는 아이 친구가 열심히 영어를 공부하는 모습을 보면 "나도 쉴 때가 아니다"라면서 영어 거부증을 자가 치료하기도 한다.

영어를 좋아하고 영어에 미쳐 있던 나도 동시통역 공부를 하다가 너무 힘들어서 "못 해 먹겠다" 싶을 때가 있었다. 그럴 때마다 동시통역 공부는 안 하더라도 도서관에 갔다. 도서관에 있는 내 또래 학생들이 열심히 책을 읽고 공부하는 모습을 보면 "안 되겠다"라는 생각이 들어 다시 책상 앞에 앉았다. 누가 시키지 않아도 자연스럽게 동기부여가 됐다. 특히 셀럽들이 영어 인터뷰할 때 옆에서 매끄럽게 통역하는 통역사들을 보면 그렇게 멋있을 수가 없었다. 나도 유명한 MC가 돼서 영어로 사회도 보고 인터뷰도 하고 싶었다. 당시에는 음악 채널인 MTV가 꽤 인기가 높았는데, VJ들이 능수능란하게 영어를 하면서 원어민과 같은 발음을 들려주면 영어를 공부하고 싶어서 못 견딜 정도가 됐다. 그만두라고 윽박지르고 공부하라고 혼내는 것보다 백배 더 강력한 자극이 된다

우연히 찾아온 현진이의 터닝 포인트

현진이의 프랑스어 동기부여도 우연한 기회에 왔다. 나는 현진이에게 영어, 중국어, 일본어 이렇게 세 개 국어를 가르쳤다. 프랑스어나 독일어는 발음이나 문법도 어렵고 책도 구하기 어려워서 선뜻 시작하지 못했다. 내가 외국어 대학교에서 독일어를 전공했지만, 독일어를 가르치지 않은 이유도 그 때문이다.

　하루는 현진이랑 인사동에서 쇼핑도 하고 그림도 보는데 한 프랑스 화가가 거리에서 그림을 그리고 있었다. 그 멋진 화가는 현진이에게 붓을 쥐여 주면서 그림을 그려 보라고 했다. 내가 "우리 애는 그림을 잘 못 그린다"라고 말했는데, 그 화가가 현진이 그림을 보더니 "너무 크리에이티브하게 잘 그린다. 프랑스에서 미술을 공부하면 진짜 잘할 것 같다"라고 칭찬을 쏟아 냈다. 그때 현진이가 중학교 1학년이었는데 프랑스어에 반하여 배우겠다고 난리가 났다. 결국 현진이는 남들보다 늦게 프랑스어를 시작했지만 배우려는 의지나 동기

가 정말 강력했다. 그때부터 현진이는 무서울 정도로 열심히 프랑스어를 공부한 결과, 프랑스 고등학교에서 공부도 하고 소르본대학교에도 입학할 수 있었다. 현진이가 프랑스 유학을 하게 될 줄 누가 알았겠는가. 동기부여, 터닝 포인트라는 게 정말 중요하다.

곳곳에 널려 있는 '터닝 포인트' 보물 찾기

인사동에서 우연히 만난 화가가 우리 현진이의 터닝 포인트가 되었지만, 요즘은 디지털 기술의 발달로 멀리 가지 않고도 터닝 포인트를 만날 확률이 높다. 영어를 공부하기 좋은 수단 중 하나가 화상 수업인데, 플랫폼을 통해서 미국, 영국 등지에 있는 다양한 선생님들과 같이 공부할 수 있다. 사실 어렸을 때는 잘생기거나 예쁜 선생님을 순수하게 좋아하는 감정을 품을 수 있고, 그런 감정이 공부를 열심히 하게 만드는 계기가 된다. 외국인과 1 대 1로 줌클래스나 화상영어를 통해서 대화하고 소통하는 것은 굉장한 동기부여가 된다. 오늘은 선생님과 이만큼 얘기했다면, 다음엔 선생님과 더 깊은 얘기를 하고 싶어서 영어를 공부하게 된다. 어떤 아이는 줌클래스에서 선생님이 사라질 때까지, 팔이 빠지도록 손을 흔든다고 한다. 선생님과 만나고 소통하는 게 다른 차원의 즐거움을 주는 것이다.

최근 줌클래스나 화상영어 트렌드는 리딩을 기반으로 아이들의 문해력을 키우는 회화와 독해가 결합한 형식이다. 지문을 따라 읽고 아이에게 지문 내용과 생각을 영어로 물어본다. 과학 같은 논픽션 지문으로 묻고 대답하다 보면 아이들의 어휘 능력이 팍팍 늘 수밖에 없다. 아이들이 혼자 리딩을 하면 지루해하지만, 선생님이 같이 읽고 발음을 교정해 주면서 지문 내용으로 대화를 나누고 질의응답을 하면 독해 실력이 빵 터지는 계기가 된다. 초등 고학년 아이가 영어공부를 힘들어한다면 화상 수업으로 동기부여 하는 방법을 추천한다.

엄마표
영어책 읽기
클리닉

피가 되고 살이 되는 Q&A

처음 영어책 읽기를 시작할 때 엄마들은 파닉스는 언제 시작해야 하고, 영어
책 읽기 순서는 어떤 로드맵을 따라야 하는지 등 궁금해하는 것들이 많다. 수
퍼맘스토리 카페에서 엄마들이 가장 많이 물어본 질문들을 통해 지금 고민하
는 문제의 답을 얻을 수 있다.

Q1 파닉스는 대체 언제 시작해야 할까요?

A 제가 가장 많이 받는 질문이 바로 파닉스 시작 시기인데요. 한국으로 치면 한글을 언제부터 배워야 하냐는 거겠죠. 저는 최적의 시기는 5~9세라고 생각해요. 우리나라 교과과정에서는 초등학교 3학년부터 파닉스를 배우잖아요. 그러니까 10세부터는 학교 수업을 따라가야 하므로 5세부터 시작해야 적당하다고 생각해요. 나이대별로 파닉스 공부법을 구분해야 하는데 5세부터 이른 7세는 알파벳을 보면서 이미지를 각인시키고, 글자를 보면서 어떤 소리가 나는지 따라 외치는 시기예요. 늦은 7세부터 9세까지는 초등학교 영어 수업을 고려해 쓰기까지 해야 하죠. 특히 조심할 것은 글자 발음뿐 아니라 글자 이름도 익혀야 해요. 우리나라의 상당수 파닉스 책들이 "다음 중 b의 발음으로 올바른 것은?" 또는 "b의 발음이 같은 단어는?"이라는 문제 풀이에 집중하고 있어요. b는 브, s는 스라고 발음을 하니까 알파벳 이름을 놓칠 수가 있거든요. 또 하나의 알파벳에서 여러 발음이 나온다는 것도 가르쳐 줘야 해요. b는 bye에서는 '브' 발음이 나지만 comb[코움]에서는 묵음이잖아요.

한국 파닉스 책들을 보면 발음 규칙을 알려 준 뒤 문제 푸는 것에 집중하는데, 이것이야말로 가장 한국적인 파닉스예요. 미국에서는 선생님의 입 모양을 보면서 발음을 큰 소리로 따라하는 교육에 중점을 둡니다. 같은 발음을 고르는 것도 중요하지만 입 모양을 보면서 정확한 발음을 내는 게 중요해요. 'building'이나 'guitar'의 ui의 발음은 입 모양을 '에'에 가깝게 한 상태에서 '이' 발음을 하는 거예요. 보지 않고는 절대 따라 하지 못할 발음이죠. 잊지 마세요. 파닉스는 귀로만 듣지 말고 눈으로 입 모양을 보면서 따라 외쳐라!

Q2 파닉스로 글자 하나하나의 발음 규칙을 익혀가면서 공부해야 할까요? 아니면 통단어로 익혀야 할까요?

A   영어학원에 다니거나 조기교육 하는 집에서는 엄마가 파닉스를 가르칩니다. 'cat'을 예로 들면, c, a, t의 발음 규칙을 각각 익힌 다음 합해서 [캐트] 이렇게 체계적·과학적으로 파닉스를 배우는 경우가 있고, 'cat'은 [캐트]이라고 소리치면서 발음을 통째로 익히는 방식도 있습니다. 전자는 모르는 단어도 규칙에 따라 더듬더듬 읽을 수 있으니 가장 이상적이죠. 그런데 규칙적으로 따지는 걸 싫어하고 무조건 외쳐가면서 통단어로 받아들이는 아이도 있습니다. 그것도 나쁘지 않습니다. 왜 규칙적으로 하지 않냐고 혼내지 마세요. 아이가 원하는 방식대로 하면 됩니다. 그러나 중요한 것은 파닉스를 건너뛰지는 말고 규칙은 반드시 짚고 넘어가야 합니다.

초등학교에서 가장 먼저 보는 시험이 파닉스입니다. ea와 같은 발음의 단어를 고르라면서 'leaf[리~f]' 'bear[베어r]' 'meadow[메도

우]' 같은 단어가 나옵니다. 'ea'인데도 발음이 다 다르게 납니다. 통단어로 외우면 익히지 못한 발음이 나올 때 못 푸는데, 파닉스 규칙을 알면 발음의 차이점을 따져 가면서 문제를 풀 수 있죠. 파닉스 발음 규칙을 묻는 문제는 고등학교까지 나옵니다. 그러니까 파닉스 규칙을 건너뛰어서는 안 됩니다. 통단어로 공부하는 아이라도 꼭 추가로 파닉스 규칙도 가르쳐 주세요.

Q3 우리 아이는 글자에 약한 초등학생이라 파닉스를 깨우치지 못하고 겨우 따라 외치는 정도인데, 너무 늦은 걸까요? 점점 엄두가 안 나요. 학원을 보내서 제대로 읽는 법부터 가르쳐야 할까요?

A 파닉스는 키 성장과 같아요. 아이에게 좋은 영양제를 먹인다고 하루 사이에 20센티미터 크는 게 아닌 것처럼, 학원에 보낸다고 갑자기 파닉스가 빵 터지는 게 아니에요. 성장기도 아이마다 차이가 나잖아요. 문자를 인지하고 파닉스 규칙을 이해하는 속도가 차이가 날 뿐 아이는 때가 되면 읽기 마련입니다. 우리 아이들이 한글 익히는 속도가 다르지만, 시간이 지나면 누구나 익히는 것과 마찬가지예요. 글자 읽기에 자신이 붙을 때까지 다지기 리딩을 해 줘야 합니다. 파닉스 속도가 늦다고 조급해하지 말고 지금이야말로 다지기 리딩에 집중할 때라는 걸 잊지 마세요.

Q4 우리 아이는 6세인데 파닉스는 기초 수준이거든요. 그런데 영어책을 읽을 때 소리 내서 따라 읽어요. 글자를 읽는 건지, 소리 따라 하는 건지 잘 모르겠어요. 아이에게 글자 보고 읽으라고 할까요? 아니

면 기다려 줘야 할까요?

A   파닉스를 떼지 않은 아이가 영어책을 읽어 줄 때 따라 읽는다는 것
은 파닉스를 마스터했다는 의미가 아니라 엄마의 소리를 듣고 기억
했다가 따라 읽는 거예요. 현진이도 5세 때 책에 나오는 "I wash my
face, I wash my foot"을 척척 따라 읽어서 아빠와 할머니는 현진이
가 천재인 줄 알았는데요. 아이는 책을 읽는 게 아니라 엄마가 읽어
준 문장의 소리를 기억하고 읽는 거예요. 이것 또한 엄마표 책 읽기의
최대 장점 아니겠어요. 엄마가 얼마나 재밌게 읽었으면 따라 하겠어
요. 스스로 읽으려는 욕구가 생기면서 책 읽기에 흠뻑 빠졌다는 건 엄
청 좋은 신호예요. 그리고 아이도 의미 없이 따라 읽기만 하는 건 아
니고, 중간에 아는 파닉스 규칙이 나오면 더 자신 있게 읽을 거예요.
아이가 소리만 듣고 따라 읽는다고 불안해하지 마세요. 차차 글자 규
칙을 배우면 술술 읽게 될 거예요. 아이가 따라 읽는 거 자체도 정말
잘하는 것이니 칭찬 많이 해 주면서 자존감을 심어 줘야 해요. '따라
읽기'를 가장 많이 적극적으로 하는 나이가 6~7세거든요. 글자를 읽
지 못 해도 불안해하지 말고 따라 읽는 것 자체에 '폭풍 칭찬'을 쏟아
부어 주세요.

**Q5   우리 아이는 파닉스도 안 했는데 언제 영어책 읽기를 시작하면 좋
을까요?**

A   빠르면 빠를수록 좋아요. 알파벳을 못 읽어도 엄마가 읽어 주는 걸 듣
고 '사이트 워드'만 봐도 '읽기'의 시작이거든요. 자기 주도 리딩, 이
른바 독립 리딩을 하는 것만이 영어책 읽기라고 생각하지 마세요. 아

이가 엄마 목소리로 책 내용을 듣고 그림을 보는 것만으로도 영어책 읽기의 즐거운 시작이랍니다. 하지만 파닉스를 익히면 술술 읽기 훈련이 되므로 가능하면 파닉스를 건너뛰지 마세요. 파닉스를 익히고 나면 글자의 소리 규칙으로 단어의 철자를 유추하고 발음을 할 수 있게 되며 이것으로 인해 단어를 읽고 암기하기가 수월해지므로 모르는 단어를 처음 접해도 비슷하게 읽을 수 있게 됩니다.

Q1 이 책 저 책을 읽고 있는데, 영어책 읽기 순서 로드맵을 알려 주세요.

A ① 그림단어책 → ② 짧은 문장으로 이루어진 리더스북 → ③ 보카 파닉스북 → ④ 패턴북 → ⑤ 생활 그림 동화책 → ⑥ 리더스북 → ⑦ 디코더블 리더스 → ⑧ 스토리북 → ⑨ 얼리 챕터 리더스북 → ⑩ 챕터북

① 우선 가장 먼저 시작할 것은 그림단어책이에요. 단어와 단어 옆에 큼지막한 글자가 있는 책이죠. 그림을 손가락으로 짚으면서 읽어 주세요.

② 그림단어를 이해하게 되면 짧고 쉬운 리더스북으로 넘어가세요. "I go, I eat, I drink" 같이 아이가 이미 익힌 단어 위주로 이뤄진 단문이 있는 책이에요. 매일 아이가 쓰고 접하는 문장들로 구성된 쉬운 리더스북이 필요해요 처음에는 한 줄짜리부터 시작하고 서서히 두 줄, 세 줄짜리로 읽어 주세요.

③ 보카 파닉스북부터는 아이들이 글자를 이미지로 인식하고 접하는 단계에요. 그래서 큼지막한 알파벳 글자를 보여 주면서 글자의

이름, 단어, 발음을 가르쳐 주세요. A를 보면서 '에이'라고, A로 시작하는 'Apple' 같은 단어를 익히는 거예요. 쓰지 못해도 읽지 못해도 상관없어요. 이름과 글자, 단어를 눈으로 많이 보고 듣고 따라 외치게 해 주시면 돼요. "글자 이름은 P[피], 발음은 [프] [프] Pen, Pen"이라고 읽어 주는 게 효과적이네요.

④ 패턴북은 같은 구조의 뼈대 문장이 한 권의 책에서 계속 반복되어 나오기 때문에 노래나 랩을 하듯이 신나게 읽어 주면 문장의 패턴을 빨리 익힐 수 있어요. 페이지마다 바뀌는 새로운 단어를 접할 수 있어서 어휘력을 확장하는 데도 유용해요.

⑤ 생활 그림 동화책은 짧은 몇 문장으로 구성되어 있는데요. 아이가 이 책으로 일상생활 회화 문장을 익히게 돼요. 회화 문장이 많이 들어간 일상 회화 그림 동화책도 많이 읽어 주세요.

⑥ 리더스북은 픽션과 논픽션 5 대 5로 준비하세요. 한 줄에서 두 줄, 두 줄에서 세 줄로 천천히 '레벨드 리딩(레벨에 맞게 읽어 주기)'을 해서 아이들이 스스로 읽을 수 있도록 이끌어 주세요.

⑦ 디코더블 리더스는 파닉스 규칙을 바탕으로 파닉스 규칙 단어를 문장 속에 녹인 책이에요. 글자를 막 익힌 아이들에게는 반드시 파닉스 규칙을 복습해 주는 리더스북이 필요해요. 디코더블 리더스는 많이 읽을수록 아이가 독립적으로 읽기를 할 수 있게 됩니다.

⑧ 이솝우화나 디즈니 스토리, 창작동화처럼 기승전결이 있는 책들이에요. 이해력과 흥미가 폭발적으로 늘어날 때라 영어로 많이 읽어 주세요. 영어책 읽기에 흠뻑 빠지게 될 겁니다.

⑨ 얼리 챕터 리더스는 '챕터북' 전 단계의 책입니다. 일반 챕터북처럼 너무 두꺼운 책이 아니라 얇고 비교적 쉬운 편입니다. 갑자기 두꺼운 챕터북으로 가면 아이들이 버거워하고 완독을 못 하므로 이렇게 가볍게 읽을 수 있는 얼리 챕터 리더스북이 필요해요.

⑩ 드디어 챕터북이에요. 《해리포터》 시리즈가 대표적인 챕터북이죠. 1장, 2장, 3장 이렇게 챕터가 여러 개로 나뉘어 있고 단 하루만에 읽기 어렵고, 며칠 걸려서 완독하는 경우가 많아요. 꽤 두툼한 양의 챕터북까지 아이가 읽게 되면 엄마표 영어책 읽기가 완성 단계에 도달한 겁니다.

Q2 **한글책은 《셜록 홈즈》 같이 흥미진진한 책을 읽는데, 영어는 《I eat rice》 수준의 한 줄짜리 리딩북을 읽고 있으니 아이가 재미없어해요. 한글책과 영어책의 레벨 차이가 심하거든요. 한글책은 재밌게 읽는데 영어책은 "또 시작이냐"라면서 들으려고 하지도 않아요. 어쩌죠?**

A 이건 지극히 당연합니다. 모국어인 한글책을 더 일찍 읽어 주고 더 많이 접하게 했기 때문입니다. 영어책 레벨과 한글책 레벨이 똑같아야 한다는 생각은 버리세요. 오히려 모국어 독해 실력이 앞서 있으면 다른 외국어책의 독해를 더 쉽고 빠르게 이해할 수 있습니다.

아이에게 영어 리딩북을 마스터하면 영어로 훨씬 더 흥미로운 책을 읽을 수 있다고 격려해 주세요. 밤에는 재밌고 신나는 내용의 영어책을 엄마가 읽어 주고, 모르는 문장을 해석본의 도움을 받아 뜻을 알려 주세요. 그러면 아이가 영어책도 흥미진진하구나 이해할 거예요. 만약 아이가 재미없다고 한두 줄짜리 리딩북을 건너뛰고 고난도 책으로 가는 순간 영어책 읽기를 어려워하고 힘들어하게 된다는 걸 꼭 기억하세요. 기초를 무시한 공사는 한 방에 무너질 수밖에 없다는 거 아시죠? 한두 줄짜리 책을 다져야 나중에 가서 챕터북도 읽을 수 있어요. 아이에게 영어니까 당연히 한글책보다 더 쉬운 책을 편안하게 읽는 거라고 설명해 주세요. 지금은 엄마랑 함께 읽고, 나중에《셜록 홈즈》도 영어로 읽게 될 거라고 격려해 주세요.

Q3 **아이 레벨은 낮은 편입니다. 그래서 저는 레벨에 맞는 리더스북을 읽어 주고 싶은데 아이는 글밥 많은 높은 레벨을 원해요. 낮은 레벨부터 다지고 싶은데 어떻게 하면 좋을까요?**

A 스토리북이나 창작북은 내용 자체가 재밌고, 그림이 화려하니까 읽어 달라는 거에요. 영어로는 어렵고 복잡해도 내용이 재밌거든요. 낮은 레벨책은 내용이 흥미롭지 않고 단순 반복의 패턴 문장이 많아 자칫 지루할 수 있다 보니 빠져들 수가 없죠. 영화와 비슷하다고 생각해요. 처음부터 〈어벤져스〉, 〈해리포터〉 시리즈 같은 블록버스터급 영화를 보면 볼거리에 빠져서 못 알아들어도 엄청나게 집중하며 보거든요. 그러나 정작 영어는 하나도 못 알아들어요. 영상은 절대 화려한 것부터 보여 주면 안 돼요. 아주 쉬운 생활 이야기가 듬뿍 담겨 있고, 반복적인 대사가 많은 영상부터 시작해야 해요.

처방전을 드릴게요. 이미 자극적인 책을 접한 아이에게 낮은 레벨책을 강요하기는 힘드니까 쉬운 리더스북 두 권에 높은 레벨의 스토리북 한 권으로 타협을 해야 해요. 주의할 점은 쉬운 리더스북 비중이 더 높아야 한다는 거예요. 높은 레벨은 어휘가 많아서 소화가 안 되지만 아이들은 흥미진진한 스토리를 알고 싶은 것입니다. 그러므로 높은 레벨의 스토리북은 중간중간에 어려운 어휘나 문장이 나오면 반드시 해석이나 간편한 설명을 짧게라도 해 주세요. 쉬운 레벨의 리더스북을 우습게 보고 안 읽거나 팽개치는 순간 읽기 능력은 떨어져요.

Q4 어떤 책은 미국식이고 어떤 책은 영국식이어서 헷갈린다고 아이가 미국식 영어책만 읽자는데 어떻게 해야 하나요?

A 5 대 5가 정답입니다. 영어의 원조는 영국이고, 토플, 토익이나 모의고사에서도 일부러 영국과 미국식 영어를 쓰는 성우를 혼합해서 듣기 시험을 내기도 해요. 영국식 영어도 중요한데, 처음부터 미국식 영어로만 편식하면 영국식 영어는 영원히 못 알아듣게 돼요. 콜린스출판사의 《빅캣 리더스》는 100퍼센트 영국식이고, 《스콜라스틱 리더스》는 미국식이니까 책마다 두루두루 나눠서 들어야 해요. 아이에게 두 마리 토끼를 다 잡아야 한다고 이해시키는 게 중요해요.

Q5 동네 학원에서 한 달에 100권 읽기, 하루에 3시간 읽기를 하고 있어요. 무조건 많은 양의 책을 읽는 게 효과가 있을까요?

A 한 달에 100권이면, 일주일에 25권이잖아요? 그럼 하루에 3~4권을 읽어야 한다는 건데, 두껍고 복잡한 영어책까지 포함한다면 부담감에 숨이 턱턱 막힐 거예요. 저는 영어책 읽기는 무조건 흥미롭고 자율적이어야 한다고 생각해요. 물론 영어책 읽기에 흠뻑 빠져서 매일 여러 권을 읽는다면 아주 좋겠지만, 요즘 아이들은 학교와 학원 숙제만

으로도 엄청 바쁘니까요.

시간이 여유롭지 않다면 아이가 매일 규칙적으로 영어책 읽기를 하는 것만으로도 충분합니다. 무조건 하루에 3~4권, 한 달에 100권을 읽으려고 하면 부담감이 심해 재미있는 책 읽기가 안 됩니다. 유치원생이나 초등학생들에게 부담되는 독서는 부작용이 생길 수 있어요. 다독하면 아이가 그만큼 다양한 지식과 어휘를 익혀서 영어 능력이 향상되겠지만 과유불급이라고 하잖아요. 학교 다니고, 숙제한 후 많은 분량의 영어책까지 읽어야 한다면 공부 지옥처럼 느껴지지 않을까요? 때로는 모자란 듯, 아쉬운 것도 필요하거든요. 어떤 어머니들은 학원에서 아이들을 확 잡아 주기만 원하는데 오히려 독이 될 수 있어요. 과제만 잔뜩 주고 말도 안 되는 목표량을 정해서 읽으라고 하는 영어학원은 당장 그만두라고 말씀드리고 싶어요.

Q6 **책 좋아하는 4세 아이예요. 하루에 많으면 서너 페이지 읽어 주려고 하는데, 아이가 책을 몇 권씩 가져와서 그 자리에서 다 읽어 달라고 떼를 써요. 아이가 많이 읽으려고 해서 걱정이에요.**

A What a good boy! Good girl! 이런 효자(효녀)가! 한 달 100권 읽기 영어학원에서는 우등생으로 상 받겠는데요. 영어책은 밥과 똑같아요. 밥을 많이 먹으려고 하는 게 걱정일까요, 너무 안 먹는 게 더 걱정일까요? 저는 머리숱이 많아서 남편이 청소할 때마다 눈을 흘기고, 미용실에서 드라이나 파마할 때 시간이 1.5배는 더 걸려요. 이런 얘기를 머리숱 적어서 고민하는 분들이 들으면 약 올리냐고 하겠죠? 밥 많이 먹으면 키 크고 좋은 거예요. 많이 읽어 달라고 하면 많이 읽

어 주세요. 영어책 읽기에 흠뻑 빠질 땐 엄마도 함께 빠져서 읽어 주세요.

Q7 **어떤 종류의 책을 다독하고, 어떤 종류의 책을 집중적으로 반복해서 읽도록 할까요?**

A 명작 소설이나 챕터북은 다독하면 좋아요. 흥미진진한 내용을 읽을 수 있기 때문이죠. 리더스북이나 디코더블 리더스북, 짧은 그림 생활 동화, 짧은 픽션이나 논픽션 리더스북은 반복적으로 읽으면 좋죠. 페이지가 얼마 안 되니까 빨리 익힐 수 있고 발화까지 이어지기 때문이에요. 수백 페이지 되는 책을 반복하면 발화까지 이어지지 못하니까 묵독이나 정독이 좋아요.

Q8 **미국 교과서도 중요하고 코스북도 중요한데 논픽션은 읽기 어려워해요. 픽션과 논픽션북의 황금 비율은 뭘까요?**

A 픽션이 재밌지만 중1 이후 영어 지문의 80퍼센트가 논픽션이기 때문에 논픽션을 간과하면 고득점을 얻을 수 없어요. 피할 수 없는 필독서죠. 논픽션을 어려워하면 레벨을 낮춰 주세요. 사회, 과학, 지리 같은 논픽션은 어휘나 내용의 난도가 높아서 영어로 보면 어렵거든요. 픽션은 실제보다 한두 학년 아래 수준을 택하세요. 논픽션은 2~3학년 정도 낮춰도 돼요. 그렇게 하면 다 배웠던 이론이라 술술 익혀지거든요. 논픽션과 픽션의 비율을 무조건 5 대 5로 해야 해요. 첫 단추에 픽션부터 익숙해지면 나중에 논픽션을 안 보려고 하거든요. 첫 단추부터 단단하게 채우세요!

Q9 미국 교과서를 읽게 하고 있는데, 핵심 단어를 공부한 다음에 읽어야 할까요. 아니면 본문을 일단 읽다가 모르는 단어가 나올 때 공부하면 될까요?

A 둘 다 맞아요. 아이들마다 사례별(case by case)이거든요. 어떤 애들은 단어 공부 미리 하려다 본문 보기 전에 지치고 진이 빠져요. 그리고 중요한 단어를 먼저 익히더라도 본문에서는 다른 뜻으로 나오기도 해요. '선 단어 후 본문'이 나쁜 건 아니지만 박현영 방식이라면 일단 본문을 술술 읽다가 이해가 안 가면 해석본을 보면서 뜻을 익히고, 그런 다음 정리된 단어를 보는 거예요. 특히 단어 뜻은 해석본을 보면서 본문에서의 뜻을 유추하고 기억하는 게 좋아요.

"He make a pretty good elephant"라는 문장의 뜻이 뭘까요? "그는 꽤 좋은 코끼리를 만든다"라고 하면 이상하죠. 'make'가 '모방하다'라는 뜻이 있어요. 그러니까 코끼리 흉내를 꽤 잘 낸다는 뜻이에요. 통문장 해석본을 본 다음에 해당 단어의 뜻을 익히면 make가 모방한다는 뜻이 있다는 게 확 박히잖아요. 박현영표 영어 순서는 '본문-해석본-해석본 속에 들어 있는 단어의 뜻 찾기'예요.

Q10 초등학교 입학하는데 듣고 따라 하지도 않고 글자 익힐 생각도 안 해요. 아이가 딴청을 피워도 계속 읽어 줘야 하나요?

A 아무것도 하지 않으면 아무 일도 일어나지 않습니다. 아무것도 안 읽어 주면 아무것도 못 듣는 거죠. 따라 읽는 건 엄마가 강요해선 안 돼요. 엄마가 MP3를 들으면서 따라 하는 모범을 보여야 해요. 엄마가 음악 들을 때 가만히 서 있으면 애들도 춤을 안 추잖아요. 현진이도

낯가려서 춤을 안 췄는데, 제가 먼저 음악이 나오면 신나게 춤을 추니까 현진이도 어깨를 들썩거리다 어느 날인가는 같이 추더라고요. 습관이 정말 무섭거든요. 엄마가 사운드펜으로 따라 읽는 것을 자주 보여 주면 아이는 "내가 따라 할 거야" 이러면서 하거든요. 글자 인지를 안 하더라도 엄마들이 글자를 따라 쓰고 외치는 것을 보여 주세요. 아이 무관심을 탓하기 전에 엄마의 관심 있는 모습을 보여 줘야 합니다.

Q11 엄마가 영어책 읽어 주는 건 싫어하고 아이가 혼자 다 읽으려고 해요.

A 원인은 엄마가 재밌게 읽어 주지 않거나 읽어 주는 횟수가 적기 때문이에요. 저는 워킹맘이라 같이 놀아 줄 시간이 없어서 시어머니가 자주 현진이랑 인형 놀이를 해 주셨어요. 그러다 인형 놀이 같이 하자고 하면 인형 들고 할머니에게 가더라고요. 어찌나 서운하던지. 영어책을 읽어 줄 때 얼마나 재미있게 읽어 주셨는지 한번 점검해 보세요. 가르치려고만 한 게 아닌지, 그래서 아이에게 부담을 준 게 아닌지요. 이럴 때는 아이와 반반 읽기를 하면 좋아요. 한 번은 아이가 읽고, 한 번은 엄마가 읽자고 하거나 각각 한 페이지씩 읽어 보세요.

엄마 발음이 '어륀지'가 아니고 '오렌지'인데 괜찮나요?

Q1 엄마 발음이 안 좋아요. 발음이 '오렌지' 수준인데도 엄마가 읽어 주면 좋은 건가요? 그냥 사운드펜으로 찍거나 원어민 발음을 들으며 해석만 해 주는 게 낫지 않을까요?

A 수천 번 강조했지만, 아이들은 호기심이 많아서 사운드펜으로 찍으면 외국인 음성이 나오는 것을 좋아하지만, 모든 책을 원어민 발음의 MP3로만 들으면 아이는 기계음만 듣게 되죠. 이 시기의 아이들은 발음 향상뿐 아니라 정서적으로 풍요로워지고자 책을 읽어요. 책을 읽으면서 지식도 쌓고 엄마와 의사소통하면서 대화 기술도 배워요. 엄마의 부연설명을 통해서 폭넓은 이해를 하게 되는 거죠. 발음이 좋아져야 한다고 엄마의 음성이 아닌 원어민 기계음만 들려주는 것은 비추예요.

가장 좋은 순서는 안 좋은 발음이라도 엄마가 먼저 읽어 주고 → 이해하지 못 한 부분은 해설본을 보며 MSG를 팍팍 치면서 문장을 설명해 주고 → 엄마의 할리우드 액션이나 율동을 더해서 읽어 주는 거예요. 아이가 영어로 완벽하게 스토리를 이해하면 → 사운드펜으로 찍어서 원어민의 목소리로 스토리를 듣게 하는 것이죠. 그러면 엄마의 설명과 음성을 기억하면서 원어민의 발음도 자연스레 익히게 돼요. '선 마미 보이스 리딩 → 후 원어민 보이스 리스닝' 잊지 마세요.

Q2 **아이가 영어책 읽기를 시작하면서 아이만의 특유한 억양이 계속 들려요. 원어민의 발음과 억양을 많이 들려주는데 자기만의 억양으로 읽으니 걱정돼요.**

A 걱정하지 마세요. 원어민의 소리를 들으면서 아이가 교정할 겁니다. 그런데 듣기만 해선 안 되고 똑같이 따라 하려고 노력할 때 교정이 돼요. 유명한 가수의 노래를 백 번 듣는다고 똑같이 따라 하지 못하잖아요. 소리 내서 따라 할 때 교정이 되는 것이죠. 엄마가 먼저 원어민 발음과 똑같이 따라 하는 것을 보여 주면서 모범을 보이세요. 저도 현진이와 독일어 공부할 때 원어민의 움라우트 발음을 제가 먼저 따라 하면서 노력하는 모습을 보이니까 현진이가 "내가 해 볼게" 하면서 계속 듣고 따라 하더라고요. 발음을 똑같이 따라 할 때 약간의 오버 액션도 필요해요. 혹시 아이가 틀린 발음을 하더라도 지적보다는 칭찬을 해 주세요. 지적만 하면 아이도 마음에 상처를 받고 하기 싫어하거든요. 잘했는데 한 번만 더 해 보자고 하면서 원어민 발음을 들려주고 같이 따라 해 보세요.

Q3 **아이가 영어책을 읽을 때 자신감이 넘쳐서 음원을 안 듣고 틀린 발음으로 혼자 큰 소리로 읽어요. 자신있게 읽는 건 좋은데 틀린 발음은 어쩌나요?**

A   자기 주도 리딩 단계가 되면 아이는 다음 책을 빨리 읽고 싶으니까 원어민 발음을 듣는 걸 귀찮아해요. 아이와 타협안이 필요해요. 아이에게 이렇게 말해 보세요. "빨리 읽고 싶은 네 맘 알아. 그런데 듣기 시험에 나오는 지문을 읽어 주는 속도가 굉장히 빠르니깐 듣기 습관을 안 들이면 풀 수가 없어. 미국 사람들과 말할 때도 속도가 굉장히 빨라. 평생 영어 서바이벌 귀를 가지기 위해서는 들어야 해"라고 말해 보세요. 그리고 듣지 않더라도, 40권 읽었으면 절반인 20권만 듣자고 해 보세요. 그러면 아이들이 받아들여요. 절반이 어렵다고 하면 30퍼센트도 괜찮아요. 우선 들어 보도록 아이와 타협해 보세요. 초중고는 물론 대학교나 직장에서도 토플, 토익 듣기 시험 때문에 괴로운데 듣기를 안 하면 나중에 더 큰 어려움을 겪게 되는 거죠. 요즘 듣기 시험은 'Listen Again'도 없이 긴 지문 끝에 질문 하나만 나오거든요. 직청 직해 능력을 키우려면 반드시 음원을 들어야 한다고 설득하고, 양을 줄이는 것으로 절충해 보세요.

Q4 **아이가 틀린 발음으로 읽으면 바로바로 발음 교정을 해 줘야 하나요?**

A   좋은 질문이에요. 원어민들도 발음 교정 수업이 있지만, 아이가 그 발음이 될 때까지 반복하지는 않아요. 발음이 틀렸을 때 지적하지 않고 살짝 발음을 정확하게 한 번 소리 내 주죠. 제가 미국에서 학교 다닐 때 ESL반이었는데 발음이 틀렸다고 하지 않고, 잘못된 부분만 읽어 줘요. 지적당하면 주눅 들고 자존감도 떨어지잖아요. 그러면 자신감이 없어져서 점점 안 하게 되거든요. 거창하게 지적하며 교정할 필요

없어요. 아이가 읽을 때 맥을 끊지 않는 것도 중요하거든요. 그렇다고 한 페이지 다 끝날 때 한꺼번에 교정을 해 주면, 틀린 게 기억이 안 나니까 즉시 해 주는게 중요해요.

그들 뒤에는 수퍼대디와 수퍼맘이 있다

"좋은 학원이 어디예요?" "이 학원 어때요?"

요즘 수퍼맘 카페에 많은 엄마가 올리는 질문이다.

유아기의 엄마표 영어를 아이가 초등학생이나 중학생이 된 후에도 똑같이 하기는 힘들다. 엄마표로는 전부 다 커버하기가 어렵기 때문인데, 그런 걸 보면서 유아맘들조차 마음이 흔들려서 유아 때부터 학원을 보내겠다는 분들이 하나씩 늘어난다. 그런데 유아기 때는 엄마표가 절대적으로 중요하다. 기초를 잡아 주는 건 무조건 엄마표다. 기초를 잘 닦아야 자신 있게 중급, 고급, 심화 영어로 가면서 스스로 자기 주도 학습이 가능하다.

지구상에 월드 스타로 성공한 사람들을 살펴보자. 여자 피겨 역사 113년 동안 유일하게 올포디움(출전한 모든 대회에서 입상) 기록을 가지고 있는 피겨 여왕 김연아 뒤에는 훈련을 일일이 챙기고 매니지먼트까지 한 어머니 박민희 씨가 있다.

자매 테니스 스타 비너스 윌리엄스와 세리나 윌리엄스를 세계적인 선수로 키운 것은 아버지 리처드 윌리엄스의 집념이었다. 타이거 우즈를 월드 클래스 골프 선수로 만든 것도 아버지 얼 우즈다.

이들의 공통점은 무엇일까. 어렸을 때부터 엄마표나 아빠표 훈련이 있었다는 것이고, 일방적인 가르침이 아니라 엄마 아빠가 기초 훈련을 같이 했다는 것이다. 엄마나 아빠가 프로급의 실력이 있는 것도 아니었지만 기초 단계는 누구든 할 수 있었기 때문에 함께 '같이 연습하기(Together Practicing)'를 했다.

나도 현진이와 영어뿐 아니라 중국어, 일본어 등 여러 언어를 같이 했다. 내가 잘 못해도 같이 하는 게 좋다고 생각했기 때문이다. 현진이와 "봉쥬르" "당케"를 같이 외쳤다. 이런 기초는 나도 할 수 있고, 여러분도 할 수 있고, 누구나 할 수 있다. 왜냐고? 어렵지 않기 때문이다. 엄마들이여, 이렇게 쉬운 것을 왜 같이 안 하는가. 간단한 것조차 해 보는 것은 두려워하면서 가르칠 땐 빡세게 아이를 훈련시키는 타이거 마미와 타이거 대디가 되려는 게 문제다.

엄마표 영어책 읽기도 마찬가지다. 가르치는 것이 아닌 아이와 함께 즐겁게 티키타카 하면서 읽는 '투게더 리딩'이다. 아이가 글자를 못 읽더라도 엄마 목소리로 읽어 주면서 엄마표 발음과 목소리로 아이의 귀에 듬뿍 적셔 주자. 책을 꼭 읽게 만들려고 혈안이 될 필요도 없다. 나중에 글자를 익히게 되면 아이는 자연스럽게 읽게 될 테니까 일단 처음엔 엄마와 함께 읽는 것으로 시작하자. 아이가 글을 배운 뒤에도 엄마가 손을 놓는 게 아니라 좋은 책을 사서 같이 읽자는 것이다. 그래서 무조건 '영어책 읽기'를 '평생 습관'으로 만들어 주는 것이 우리의 목표다.

나는 현진이가 초등 고학년이 됐을 때도 현진이가 읽는 책을 나도 같이 읽거나 같이 읽어 주는 척이라도 하려고 했다. 혼자 책 읽거나 공부할 때 외로움을 느끼지 않게 했다. 공부든 운동이든 훈련이든 아이 스스로 하는 게 맞지만, 엄마 아빠가 함께한다는 느낌만 들어도 아이는 든든해하고 외로워하지 않는다. 포기하지 않게 하려면 무엇보다 '함께한다'는 느낌이 중요하다.

영어는 토플 만점, 토익 만점, 수능 영어 만점만이 목표가 아니다. "엄마가 사 주는 영어책을 읽고 무조건 100점 맞아야 해" "이거 읽고 단 한 개라도 틀리면 안 돼" "이거 읽고 리딩지수 무조건 높여야 해" 같은 욕심을 품고 아이에게 책을 사 주면 안 된다. 엄마가 사 주고 읽어 준 영어책이 아이에게 감동을 주고 지식을 쌓게 해 주며 그 지식이 아이의 꿈을 이루는 데 도움이 된다면 그것이야말로 진짜 목표 달성을 한 것이다.

우리 아이의 영어책 읽기 첫걸음마는 엄마의 목소리로 시작하자. 매일 하루도 빠짐없이 15분씩 읽어 주자. 그러면 꿈을 이루게 될 것이다.

수퍼맘 박현영의 하루 15분 영어책 읽기의 기적

네이버카페 수퍼맘스토리
https://cafe.naver.com/supermomstory
유튜브 수퍼맘 박현영TV
인스타그램 @supermom_jinny
강연&인터뷰 문의 supermom88@naver.com

가정은 생애 첫 번째 학교이고,
엄마는 첫 번째 선생님이며,
엄마의 말은 생애 첫 번째 사전이다.

–바버라 부시

수퍼맘 박현영의 하루 15분
영어책 읽기의 기적

초판 1쇄 발행 2024년 8월 16일
초판 2쇄 발행 2024년 8월 30일
지은이 박현영
펴낸이 배민수 이진영
기획·편집 밀리&셸리
마케팅 태리
펴낸곳 테라코타 **출판등록** 2023년 1월 13일 제2024-000068호
주소 서울특별시 마포구 어울마당로 130 기린빌딩 3층 3604호
메일 terracotta_book@naver.com
인스타그램 @terracotta_book

ⓒ 박현영, 2024
ISBN 979-11-93540-12-1 03740